Peter Reiter: Die zeitlose Weisheit Meister Eckharts

Verlag Via Nova

Peter Reiter

Die zeitlose Weisheit
Meister Eckharts

Schritte ins Erwachen

Verlag Via Nova

1. Auflage 2010
Verlag Via Nova, Alte Landstr. 12, 36100 Petersberg
Telefon: (06 61) 6 29 73
Fax: (06 61) 96 79 560
E-Mail: info@verlag-vianova.de
Internet: www.verlag-vianova.de / www.transpersonale.de

Umschlaggestaltung: Guter Punkt, München
Satz: Sebastian Carl
Druck und Verarbeitung: Fuldaer Verlagsanstalt, 36037 Fulda

© Alle Rechte vorbehalten

ISBN 978-3-86616-163-4

Inhalt

1. **Einleitung** 7
1.1 Heute ist die Zeit des Erwachens.. 7
1.2 Wer war Meister Eckhart? 19

2. **Meisterworte** 29
2.1 Von der Ewigkeit der Seele 32
2.2 Die Rückkehr zur Quelle: das Lebensziel aller Wesen............................... 42
2.3 Einheit im Christusbewusstsein 54
2.4 Die Voraussetzungen und der Weg dorthin 66
2.5 Die Gottesgeburt im Herzen 81
2.6 Das Erleben der Unio, Freude und Seligkeit 93
2.7 Über „Gott" hinaus in das Einssein des Grundes 105
2.8 Funktion und Wirken der Gnade 129
2.9 Wirken mit Gott – Menschensohn und Gottessohn................................ 147

3. **Vorbereitung und Praxis** 167
3.1 Bereitung der Seele durch Ablegen der Wünsche,
    Begierden, Widerstände 170
    Übung 1: Radikale Wunschauflösung... 174
    Übung 2: Radikale Vergebung... 175
    Übung 3: Radikales Loslassen 176
3.2 Bereitung der Seele durch Liebe, Verbindung,
    Aufhebung von Trennung 180
    Übung 4: Fühlen lernen 187
    Übung 5: Joining – Einheitserfahrung durch Seelenverbindung............. 190
    Übung 6: Herzensmeditation 197
3.3 Das Ziel – Erfahrung reinen Gewahrseins 199
    Übung 7: Raummeditation 201
    Übung 8: Die Katze vor dem Mausloch 204
    Übung 9: Das stille Auge 206

4. **Die neue Zeit – kollektives Erwachen** 213

Endnoten 219

Widmung

*Dieses Buch widme ich
meiner wunderschönen und liebevollen Frau Aline Reiter
und unserem zu Weihnachten geborenen Sohn Leon Sebastian Reiter.
Mögen wir die Liebe hier auf Erden verwirklichen und leben,
von der hier die Rede ist.*

Der Verfasser

1. EINLEITUNG

1.1 Heute ist die Zeit des Erwachens

Die Zeit, in der wir jetzt leben, ist eine Zeit des Erwachens, eine Zeit eines größeren Bewusstseinswandels, eine Morgendämmerung des Geistes. Viele Anzeichen deuten darauf hin, dass nicht nur wie früher in einzelnen Individuen, sondern auch kollektiv eine deutlich bemerkbare Bewusstseinstransformation stattfindet. Nicht nur, dass immer mehr Menschen – auch spontan und ohne große spirituelle Vorgeschichte – immer mehr spirituelle Erfahrungen machen, auch das gesellschaftliche Interesse an geistigen Themen nimmt rapide zu und ist nicht mehr wie noch in den 80er Jahren als bloße Modeerscheinung abzutun. Im Gegenteil, der Sog wird immer stärker, immer öffentlicher werden die bislang geheimsten Traditionen und Übungen verbreitet, immer mehr Menschen berichten über Einheitserfahrungen in vielfältiger Form. Dadurch zeichnet sich das Heraufdämmern eines neuen Zeitalters ab, welches das bisherige Informationszeitalter ablösen wird und welches ich das BEWUSSTSEINSZEITALTER nenne, da Bewusstsein und der Umgang damit sein wesentlicher Inhalt sein werden.

Die Zunahme des kollektiven Interesses zeigt sich auch darin, dass immer mehr Bücher zu diesem Thema geschrieben, Seminare abgehalten und Kurse angeboten werden; und wenn schon „Erwachen" sicher kein Lerninhalt ist, sondern letztlich einfach geschieht, wie wenn der Apfel reif ist und er dann plötzlich und unerwartet zu Boden fällt, so ist doch in beiden Fällen vorher eine Reifung erforderlich, eine Ausrichtung und Bereitung, wie sie zu allen Zeiten in den Mysterienschulen auch praktiziert wurde. Im Neuen Testament wird dies am Beispiel der Jungfrauen exemplifiziert, die sich für die Hochzeit bereiten müssen, auch wenn sie nicht wissen können, wann der Bräutigam kommt. Da wir nun in dieser Zeit leben, so können wir gar nicht anders, als uns ebenfalls auf das vorzubereiten, was kommen wird und was manche das neue Zeitalter nennen.

Auch scheint es so, dass es noch nie so viele Meister zur gleichen Zeit auf der Erde gegeben hat wie gerade jetzt, und Erwachen scheint kein so seltenes Phänomen mehr zu sein. Tatsächlich gibt es allein in Deutschland so viele Einheitslehrer und Zentren wie nie zuvor, die unabhängig voneinander entstanden sind. Sie sind gekommen, so sagen sie, weil es jetzt an der Zeit ist, *öffentlich* diese Wahrheiten und Weisheiten zu verbreiten, auszutauschen und Wirklichkeit werden zu lassen. Das ist sehr zu begrüßen, zumal dadurch diese Weisheit nun für viele Menschen zugänglich und umsetzbar wird, die früher nur den intensiv Suchenden oder den sich lange Jahre damit Beschäftigten zuteil wurde. Dadurch wird es jetzt auch möglich, dass es ins kollektive Bewusstsein der Menschen aller Berufsgruppen und Tätigkeitsfelder einsickert und sich somit auch das konkrete Verhalten der ganzen Gesellschaft oder wenigstens gesellschaftlicher Gruppen rapide ändern kann.

Doch wer sind die authentischen Lehrer, die echten, die mit eigener Erfahrung? Denn unter den vielen jetzt sich zeigenden mag es sicher auch manche geben, die vielleicht nur ein bestimmtes Erlebnis hatten oder manche Erfahrungen noch nicht ganz einordnen können oder die einen Teil für das Ganze nehmen und so einseitig bestimmte Erkenntnisse lehren. Jemand sagte einmal, ein Lehrer des Erwachens sollte an der Zahl der Menschen gemessen werden, die er zum Erwachen bringt oder die er zu diesem Weg inspiriert. Ähnlich sagt es Christus, dass der Baum an seinen Früchten gemessen werden sollte. So könnten wir, anstatt nur auf den Jahrmarkt der Neuigkeiten zu schauen, wo noch nicht sicher ist, wie haltbar, heil (im Sinne von „den ganzen Menschen betreffend") und wie effizient diese neu entstandenen Lehren und Praktiken wirklich sind, uns zur optimalen Orientierung auch an jene großen Meister halten, die sich über die Zeit hinweg bewährt haben, die schon viele Früchte auf diesem Gebiet gebracht und beispielsweise Generationen von Suchern begeistert und inspiriert haben. Die Zeit ist nämlich und war schon immer ein gnadenloser und gerechter Richter, ein unbarmherziger Prüfer und Filter der Meinungen, Ideen und Gedanken, und nur wenige Denker oder Lehren überstehen sie. Alles Modische und Zeitgebundene vergeht mit ihr, lediglich das Überzeitliche bleibt bestehen, und so bleiben jene Meister und Lehren schließlich erhalten, die valide, sinnvoll und effizient sind und somit, durch Mitwelt und Nachwelt bereits erprobt, uns den Weg zum Einssein auch wirklich weisen können, ohne dass wir Bedenken haben müssen, einem modischen Trend oder spirituellen „Flötenspieler" aufzusitzen. Wir greifen damit auf etwas Bewährtes und konkret Geprüftes zurück, um schnell selbst valide Ergebnisse erzielen zu können. Selbst wenn manche Philosophen, Meinungsführer und selbst Mystiker in einem bestimmten Zeitgeist hoch im Kurs stehen und sehr populär sein mögen, so sind sie doch meist wenige Jahrzehnte später nicht mehr aktuell, sie sprechen die Menschen nicht mehr an, und nur wenige, wie beispielsweise Platon oder die großen Religionsstifter, überdauern die Zeiten bzw. die Bewährungsprobe des Kronos.

Meister Eckhart als optimale Orientierung für die neue Zeit

Meister Eckhart hat nun diese Prüfung der Zeit bestanden, sogar schon sehr lange, denn seine Lehren sind noch genauso aktuell wie vor 700 Jahren. Sie wurden sogar ohne jede Mithilfe einer Institution aufgezeichnet und überliefert, allein durch die Suchenden, die ihn so sehr schätzen, und inzwischen hat er viele Millionen von Menschen in aller Welt inspiriert. Er wird in Japan von Zen-Meistern genauso geschätzt wie von Buddhisten oder von christlichen Mystikern unserer Zeit. Seine eigene Epoche galt als finstere Zeit, und wie Christus der Legende nach in der dunkelsten Zeit des Jahres geboren wurde, so kam Eckhart wie ein großes Licht in dieses dunkle Zeitalter und sein Stern strahlt noch bis heute, darüber hinaus auch in andere Länder und Kulturkreise. Gerade jene Pioniere verdienen unseren größten Respekt, die wie ein heller Stern in der Zeit der Dunkelheit des Bewusstseins aufleuchteten und nicht einfach nur zu Zeiten kultureller und geistiger Höhen der Zivilisation. Sie mussten die Wahrheit mühsam gegen die engstirnigen und dogmatischen Zeitgenossen lehren zu Zeiten, die wir als dunkel im Geist und unfrei im Ausdruck kennen. Genau zu jener Zeit der maximalen Unfreiheit und Unwissenheit im – wie wir heute sagen – dunklen Mittelalter, als der menschliche Geist vor allem durch die Monopol-Kirche äußerst reglementiert wurde und frei zu denken und zu fühlen (lebens)gefährlich war, erschien der größte deutsche Mystiker Meister Eckhart auf der Bühne des Lebens mit seinen gewagten Aussagen über das Einssein der Seele mit Gott. Doch gerade in der dunkelsten Nacht erstrahlt das Licht bekanntlich am hellsten, und so gilt er noch heute als der größte deutsche und weltweit als einer der größten Mystiker überhaupt. Seine Ideen und Lehren sind für die gesamte weitere deutsche wie internationale Mystik, für die Gottsucher und auch Philosophen der folgenden Jahrhunderte

Inspiration und Nahrung gewesen. So hat der große deutsche Philosoph Hegel sich für seine idealistische Einheitsphilosophie von Meister Eckharts Aussagen und Ideen inspirieren lassen und ihn und seine Lehre sehr geschätzt.

Da Eckhart bis in die tiefsten Bereiche seiner Lehre hinein der Prüfung durch Menschen und Zeiten standgehalten hat und viele Suchende wie auch Meister nach wie vor sich auf ihn berufen und ihm Dank sagen, müssen seine Worte und Lehre nicht nur valide und von zeitloser Weisheit sein, sondern vor allem auch zu konkreten Ergebnissen führen und nachvollziehbar sein. Daher wollen wir hier ihm zuhören, uns an ihm orientieren und sozusagen probeweise diesem Meister und seiner Lehre von dem Einswerden mit Gott, was heutzutage auch Erwachen genannt wird, folgen und uns von ihm den Weg zeigen lassen. Denn Eckhart ist kein „Lesemeister", sondern ein „Lebemeister", der will, dass seine Lehre gelebt und verwirklicht wird, dass also tatsächlich Gott in der Seele geboren wird, wie er es ausdrückt. Dennoch war er kein Schwärmer oder einfach von einer oder wenigen Gotteserfahrungen beeinflusst, ohne sie einordnen oder darüber sprechen zu können wie manche andere, die Gott im Gemüt gefunden haben, ohne dies ausdrücken oder vermitteln zu können. Anders als viele nur gefühlsmäßige Mystiker vereinte er ähnlich wie der indische Siddharta Gautama, genannt Buddha, umfassenden Intellekt und Erkennen mit erfülltem Herzen und Gottesliebe auf einzigartige Weise. Er war keineswegs ein kontemplativer und zurückgezogener Mensch, sondern er war neben seiner praktischen Tätigkeit als Verwalter und Leiter ganzer Ordensprovinzen und vieler Klöster zugleich noch einer der größten Gelehrten seiner Zeit. Er hatte den zu seiner Zeit, wo es noch kaum Universitäten gab, seltenen und hohen Universitätstitel „Magister" inne. In seinen späten Jahren leitete er selbst die „Hochschule" der Dominikaner in Köln (Studium Generale) und somit deren gesamte akademische Ausbildung.

Ausgestattet mit einem hellen Geist und klarem, geradezu brillantem Intellekt, wird er im Folgenden nicht nur unser Gefühl, sondern auch unsere Intelligenz und Einsicht ansprechen und erleuchten, uns zugleich tiefe Erkenntnisse und umfassende Bewusstseinserweiterung bringen. Es ist zwar nicht nötig, den Weg bewusst zu kennen, denn die Seele kennt ihn sowieso, aber es ist ganz nützlich, die Landkarte zu kennen, vor allem, wenn man dies weitergeben und anderen zeigen will. Doch daneben sind seine Worte zugleich immer Nahrung für unsere Seele, unser Gemüt, enthalten zugleich, was über alle Worte hinausgeht, bringen innere Realisation über alle Erkenntnis hinaus. Seine Worte und Sätze wirken oft wie die berühmten Zen-Koans in der Seele, bringen den Geist zum Kochen, erschüttern die Seele, arbeiten und wirken im Unterbewusstsein weiter. Speziell für uns im Zeitalter des Erwachens werden seine Worte wie Hammerschläge das Bewusstsein erweitern, können daher vor allem bei der Umsetzung des Gehörten äußerst nützlich und hilfreich sein, weisen sie dem Sucher doch den wirklichen Weg bis in den tiefen Grund seiner Seele, damit bis in den Gottesgrund hinein, der jenseits von SEIN und NICHTS reines Gewahrsein ist, wo daher Seelengrund und Gottesgrund nur *ein* Grund sind. Dies heißt nichts anderes, als dass die totale Selbsterkenntnis ganz von selbst zur Gotteserkenntnis führt (wie auch umgekehrt), so wie es schon das uralte Orakel zu Delphi dem Fragenden verheißen hat.

Ferner ist es vielsagend und erstaunlich und spricht für die nachhaltige Wirkung und Qualität seiner Worte, dass vor allem seine mündlichen, also irgendwo frei gesprochenen Worte und Predigten die Zeiten überdauert haben, obwohl er selbst kaum etwas aufgeschrieben oder veröffentlicht hat. Sie wurden also von begeisterten Hörern mitgeschrieben und, da es noch keinen Druck gab, immer wieder abgeschrieben und weitergereicht. So werden sie seit über 700 Jahren immer wieder neu rezipiert, weitergegeben, begeistert gelesen und zitiert und inzwischen sogar in anderen Kulturen eifrig aufgenommen. Dies zeigt klar: Meister Eckharts Worte haben und hatten immer schon großes Gewicht und gewaltige Wirkung, wie immer sie interpretiert werden. Seine meist nur aufgeschriebenen, nicht einmal publizierten Werke haben nicht nur den unpersönlichen Filter der Zeit überlebt, während viele andere Schriften großer Zeitgenossen ausgesiebt wurden, sie haben sogar an Bekanntheit und Berühmtheit im Lauf der Jahre immer mehr zugenommen. So werden Meister Eckharts Predigten und Traktate heute weltweit gelesen und haben sogar in Japan eine begeisterte Gefolgschaft, obwohl die dortige religiöse Tradition sonst wenig nicht-buddhistische oder gar christliche Lehrer akzeptiert. Auch bedeutende derzeit lebende „Erwachte" und große Lehrer unserer Zeit wie Adyashanti in Kalifornien oder Roshi Wolfgang Kopp aus Wiesbaden und viele andere Meister aus verschiedenen Religionen greifen auf Meister Eckharts unglaublich tiefgehende Worte zurück und zitieren ihn im Satsang wörtlich oder indirekt, wie ich schon oft erlebt habe. Dies ist ein klarer Hinweis darauf, dass seine Aussagen sehr modern und auch heute für den Zweck der Bewusstseinserweiterung und des Erwachens nützlich sind.

Aus diesem Grund ist es mir ein Bedürfnis, in diesem Buch einmal zusammenhängend und – über das sonstige sporadische Zitieren seiner Worte hinaus – zu Themen geordnet und systematisch seine Aussagen über die Natur der Seele, ihre Einheit mit Christus und das Einssein in Gott zusammenzufassen und das jeweilige Thema durch eine Vielzahl von Zitaten von verschiedenen Standpunkten zu beleuchten. Da sich solche Wahrheit jenseits des Verstandes und der Logik – da sind sich alle Mystiker einig – nur indirekt und nur durch Verweise und Analogien vermitteln lässt, gehen solche Annäherungen durch Worte am besten von verschiedenen Perspektiven aus. Daher möchte ich nicht mit vereinzelten Worten, die vielleicht *als einzelne* falsch verstanden werden können, sondern mit zahlreichen Zitaten zu einem Thema seine Sichtweise und mystische Lehre möglichst ganzheitlich vermitteln, so wie Blinde einen Elefanten nur dann gut erfassen können, wenn sie ihn von möglichst vielen Stellen aus betasten und nur so einen zutreffenden Gesamteindruck gewinnen. Vielleicht gelingt es damit auch zugleich, mehr Nuancen seiner Einsichten zu vermitteln und sie von verschiedenen Textstellen aus zu beleuchten, um damit so umfassend wie möglich seine Weisheit zu erfassen.

Daher wurden also zu den für das Erwachen wichtigen Themen, wie über Gott, Seele und deren Einheit und Einssein sowie der letzten Bestimmung des Menschen, die bedeutendsten Sätze und Worte Meister Eckharts ausgewählt und in Kapiteln zusammengefasst. Zugleich sind sie geordnet in einer Reihenfolge gemäß der Entwicklung der Seele und ihrer Erkenntnis, angefangen vom Suchen des Lebenszieles bis zur Realisierung ihrer Göttlichkeit, über die Gottesgeburt im Herzen bis hin zum völligen Einssein in der göttlichen Liebe, die dann wiederum großes Wirken und Tun nach sich zieht. Allen Gottsuchenden unserer Zeit ist somit ein Buch mit einer über Jahrhunderte bewährten Weisheit unseres größten abendländischen Mystikers an die Hand gegeben, das sowohl helfen möge, eine klare Erkenntnis dieser Thematik und ihrer wichtigsten Aspekte zu gewinnen, das aber durch die mit Kraft geladenen „Meisterworte" auch den Menschen erschüttern und zur Umkehr und Einkehr bewegen möge, schließlich ihm aber auch auf seinem Weg nach Hause sein Herz erfreuen, ihn erwärmen und seinen Geist inspirieren soll.

Darüber hinaus können diese Worte und Sätze auch einzeln als Wegweiser, als Koans, als „Geistöffner", ja manchmal sogar als geistiger Sprengstoff dienen, und wie ein geheimes, der Seele zugeflüstertes Codewort in ihr weiterwirken, um die bisherigen, traditionellen und normativen Begrenzungen der Seele und des Geistes zu überwinden und aufzulösen. Ich sage dies aus eigener Erfahrung, denn seit meiner Jugend hat mich dieser große Meister in meiner geistigen Entwicklung begleitet, hat mich fasziniert und mir durch seine radikale Art der Gottsuche geholfen, *alle* Grenzen und *alle* Hindernisse zu überwinden, und mir immer neuen Mut gegeben. Denn er will keinen nur gewussten oder bloß geglaubten Gott und somit nicht bloß religiöse Gefühle wecken, sondern er will weit darüber hinaus das göttliche Sein erfahrbar machen, und dies nicht von Ferne, sondern in seiner Reinheit, Ganzheit, Dreieinigkeit, in seiner überwältigenden Glückseligkeit; ja, er will dies sogar bis in die absolute Einheit, in das eine Sein, in den (Ab)Grund, der grundlos ist. Vorher hört er nicht auf, alle Formen zu zerschlagen, alle Begrenzungen aufzulösen, ja Gott selbst, solange er noch als Gegenüber der Seele da ist, genau wie es im Zen der große Meister Huang-Po getan hat.

Christliches Erbe als Fundament, aber nicht als Begrenzung

Trotz dieser Suche nach dem Absoluten hinter jeder Form, dem Einen ohne Zweites, bekennt sich Meister Eckhart ganz zu seinem christlichen Erbe, zum christlichen Hintergrund und Glauben, in dem er und seine Aussagen eingebettet sind, und dies sogar als aktiver Christ, führend in der Leitung eines Ordens und aktiv seelsorgerisch tätig. Aber er sieht dies nicht als Dogmatiker und diesen Weg wohl kaum als den einzig möglichen Weg zu Gott, betrachtet er doch alle Menschen als wesensgleiche Gotteskinder auf dem Weg zurück zum Licht, und er zitiert öfters den alten Kirchenlehrer Origines, der sagte, dass, wie jeder Birnbaumsame zum Birnenbaum wird oder Nussbaumsame zum Nussbaum, so jeder Same Gottes wieder Gott wird, notwendigerweise. Ganz anders als seine Glaubensgenossen jener Zeit, die sogar Kreuzzüge predigten, glaubte er keineswegs, dass nur der christliche Glaube selig mache. An keiner Stelle seiner Schriften, noch aus seinen Predigten ist überliefert, dass er gegen Andersgläubige polemisiert oder deren Glauben abgewertet hätte, im Gegenteil zitiert er die „Heiden" positiv und erklärt sogar, dass sie auch Wunder gewirkt hätten.

Andererseits ist er auch keiner, der die eigenen Traditionen abwertet, auch wenn er sie oft übersteigt, nicht einmal, als ihm die Inquisition zu Leibe rückte und er der Häresie angeklagt wurde. Ganz so, wie es der heutige tibetische Religionsführer Dalai Lama betont, geht es auf dem spirituellen Weg nicht darum, die eigenen religiösen Wurzeln zu verleugnen oder gar zu verachten, wie es heute viele westliche Suchende tun, sondern es gilt vielmehr, auf den erlernten religiösen Formen aufzubauen, um sie schließlich in der Mystik zu transzendieren. So ist es auch sehr bemerkenswert und zutreffend, dass sich die Mystiker aller Zeiten und Religionen gegenseitig nicht nur zu verstehen und zu akzeptieren scheinen, obwohl sie stets bei ihren Traditionen bleiben, sondern zugleich sehr ähnliche Aussagen über Gott und die Seele und über den mystischen Weg machen. Auf jeden Fall ist ihnen allen stets gemeinsam, dass sie tatsächliche Erfahrung suchen und nicht bloßes Wissen und dass sie – wie Meister Eckhart sagt – die Menschen zu Lebemeistern und nicht zu Lesemeistern erziehen wollen. Von diesem Standpunkt aus spielt das menschengemachte dogmatische Wissen keine große Rolle, das sich wirklich oft voneinander unterscheidet, sondern die Erfahrungen, die sich empirisch gesehen so sehr ähneln. Daher verstehen sich Mystiker untereinander viel besser als Religiöse, die noch im Vorhof des Tempels leben und Gott nicht von Angesicht zu Angesicht schauen können. So lebt und praktiziert Meister Eckhart zwar seinen religiösen Glauben als Voraussetzung und Basis seiner Erfahrung wie auch seiner Tätigkeit und Seelsorge, aber übersteigt ihn gleichzeitig in einen universellen Glauben, basierend auf innerer Erfahrung, den er mit Mystikern aller Zeiten teilen kann und auch bis heute teilt.

Nun ist es gerade in der heutigen Zeit im Abendland Mode geworden, die eigenen Wurzeln zu verleugnen, das Religiöse als überholt zu betrachten und in seiner überlieferten Form zu verschrotten und sich dann entweder eine eigene Religion zu basteln oder sie gegen eine fremde und angeblich bessere Religion einzutauschen. Was aber hat man damit gewonnen, den einen Vorhof gegen den anderen zu tauschen, anstatt ihn zu überschreiten und tatsächlich in den Tempel zu gehen, um im Bild zu sprechen? Gegen solches Vorgehen spricht sich auch der angesehene Religionsführer Dalai Lama aus, der sicher nichts gegen mehr Anhänger hätte und sicher bei seiner Beliebtheit auch viele bekehren könnte. Doch er empfiehlt diesen entwurzelten Menschen stattdessen, zunächst bei ihrer eigenen Religion zu bleiben. Da ferner niemand zufällig an einem bestimmten Ort, in einer bestimmten Zeit oder Situation geboren wurde und auch nicht zufällig in eine bestimmte Religion hineingefallen ist (es sei denn, man glaubt noch an Opfer), so hat es seinen Sinn, diese Wurzeln zu akzeptieren, diese Situation und

Religion wie Kultur zunächst völlig anzunehmen, um auf diesem Fundament aufzubauen und sich dann erst über diese Formen zu erheben. Aber dies kann ich eben erst dann, wenn ich schon das Innere des Geistes, auf das die Religionen hinführen wollen, selbst gefühlt, geschmeckt oder erfahren habe. Bin ich dann im Inneren und Innersten des Tempels, dann erst kann ich sehr wohl alles Äußere weglassen, alle Rituale und alle Form und – wie Christus sagte – nur noch *ein* Gebot haben, das Gebot der Liebe, aber erst dann.

Ziel ist das tiefste Einssein mit dem Göttlichen jenseits aller Form.

Da nun die meisten von uns einen christlichen Hintergrund haben, so macht es ganz besonders Sinn, uns vor allen anderen Vorbildern und Meistern zunächst einem großen Mystiker unseres Kulturkreises und unserer Religion anzuvertrauen und uns von ihm über die Bilder, Mythen, Elemente und Denkinhalte unseres eigenen geistigen Umfeldes anregen und inspirieren zu lassen. Doch zugleich wollen wir ihm auch folgen über alle (religiöse) Form hinaus – ja, sogar noch über Gott hinaus, insofern er noch Form hat. Dies geschieht bei Meister Eckhart so radikal wie im Zen, der Mystik des Buddhismus, wo der Spruch gilt: „Wenn du den Buddha triffst, so töte den Buddha". Auch ihm genügt es nicht einmal, bis zu heiligen Erscheinungen, Visionen oder gar Ekstasen und Lichterlebnissen zu kommen wie anderen christlichen Mystikern. Ja, ihm reicht es nicht einmal, zu dem dreieinigen Gott zu kommen und dort „Hütten zu bauen" oder Einheit und Freundschaft mit Gott zu haben, wie Neale Walsch es heute ausdrückt. Er will und führt uns über alle Formen hinaus in den göttlichen Grund, der grundlos ist, in die Tiefe des Bewusstseins, in das große Nichts, in die Leere jenseits von allem Sein oder, wie wir heute sagen würden, in das Einssein (Advaita), in dem Sein und Nichts erst ihren letzten Grund haben. Keiner der mir bekannten Mystiker unseres Kulturkreises ist hier je so weit gegangen, aber auch kein anderer hat je die Menschen so erschüttert und auf den Weg gebracht und für das reine Göttliche begeistert wie dieser Meister Eckhart, der deshalb zu Recht der größte deutsche Mystiker genannt wird.

Indem wir seinen Fußstapfen folgen, uns auf seine Worte einlassen oder sie in uns einlassen, indem wir ihnen einfach wie einem Koan lauschen, ohne sie verstehen zu müssen, indem wir diesen Energien in unserem Herzen Raum geben, sie einfach wahr-nehmen (die Wahrheit nehmen) und sie wirken lassen, so entsteht über das Gesetz der Resonanz ganz von selbst ein Gleichklang zu dem damit Gemeinten, ein Einschwingen, ein Ahnen, poetisch ausgedrückt ein Hauch in der Seele, der uns ans andere Ufer trägt. Oft wirken seine Worte beim ersten Hören verwirrend, ja sogar zerstörend, vor allem, wenn es um alte Glaubenssätze geht, aber zugleich verspüren wir auch ein Wiedererinnern in unserer Seele, wie schon Platon erkannte (Dialog Menon), eine innere Einsicht und Gewissheit, jenseits aller Verstandeserwägungen. Wenn Sie also diese Worte und Sätze in sich einlassen, offen und mit Anfängergeist, d.h. ohne vorgefasste Meinungen, so wird der verborgene göttliche Kern in Ihrer Seele angeregt und zum Erscheinen gebracht, wird erfahrbar und fühlbar. Und so wird auch Gott erfahrbar ganz gemäß Eckharts berühmtem Zitat: „Das Auge, mit dem ich Gott schaue, ist dasselbe Auge, in dem Gott mich schaut…dasselbe Erkennen." Denn es gibt in der Einheit des Bewusstseins letztlich nur ein Erkennen, ein Sein.

Das „Himmelreich" ist bereits in uns, ist jetzt hier.

Dies bedeutet ganz konkret, dass dieses Göttliche, dieses allumfassende Bewusstsein wie ein verborgener Schatz bereits in uns liegt – hier und jetzt – *es sogar durch unsere eigenen Augen schaut*; oder wie es die Sufis (Mystiker im Islam) oft in einem Gleichnis ausdrücken: Wir sind wie Bettler, die auf einer Kiste mit einem Diamanten sitzen, ihn aber nicht erkennen und nichts davon wissen und stattdessen überall woanders danach suchen. Nun nützt es aber auch nichts, dies theoretisch zu wissen oder das einfach nur zu glauben. Was nützt es zu glauben, dass ich ein Konto mit einer Million Euro habe, aber ich habe keinen Zugriff darauf? Wir sind erst wirklich reich, wenn wir den Schatz selbst gefunden haben, ihn wahrnehmen und nutzen können. Eben dieser innere Schatz tritt mit uns in Resonanz, sobald wir gewisse hoch schwingende Worte hören wie jene Meister Eckharts, und diese Art der Übertragung gilt für alle wahren Meister, an deren Satsang wir teilnehmen oder deren Worten wir lauschen. Nie geht es nur um die Botschaft und den bloßen Inhalt der Informationen, sondern es werden Energien und Bilder ausgetauscht, geistige Schwingungen, die diesen inneren Schatz anregen und zum Leuchten bringen, so wie morgens ein Wecker klingelt, dass wir langsam wach werden, ohne genau zu wissen, wie und warum. So wollen wir also hier Satsang mit Meister Eckhart halten, uns gemeinsam in die Energie seiner Worte einschwingen und uns öffnen. Denn Sie können nicht über das reine Lesen dieser Worte erwachen, sondern indem

Sie sie in Ihrem Herzen erwägen, ihnen in Ihrer Seele Raum geben, Sie sich ihnen öffnen und sie wieder und wieder wie ein Mantra wiederholen. So werden sie zu Wirkkräften in Ihrer Seele, arbeiten wie ein Koan, wie ein Mühlstein in Ihnen unbewusst weiter, werden zu wirkenden Faktoren in Ihrem System und erschließen Ihnen neue, ungeahnte Bereiche des Geistes – nicht durch das vermittelte Wissen, sondern vielmehr durch innere Erfahrung, inneres Erleben.

Die Kraft und Wirkung dieser Worte ist über die Jahrhunderte belegt und zeigt sich allein schon dadurch, dass sie uns nicht über ein totes Medium wie Bücher tradiert, sondern fast ausschließlich durch begeisterte Zuhörer überliefert worden ist, die die mündliche Predigt dieses Meisters mitgeschrieben, schriftlich fixiert und aufbewahrt haben. Nur durch solche Hingabe und Begeisterung der Hörer sind diese Worte erhalten geblieben und über die Jahrhunderte hinweg tradiert worden, bis sie schließlich in neuerer Zeit vor allem von dem Forscher Quint zusammengestellt und veröffentlicht wurden. Obwohl nun Meister Eckhart wie viele andere christliche Mystiker in seinen Predigten oft von ganz bekannten christlichen Bildern und einfachen Glaubenswahrheiten ausgeht, so bleibt er nie dabei stehen, sondern ist schon nach wenigen Sätzen bei seinem Lieblingsthema angekommen: der Ewigkeit und dem Adel der Seele und ihrer Vereinigung mit dem göttlichen Geist. Etwas anderes interessiert ihn auch nicht, ganz im Gegensatz zu seinen scholastischen Kollegen oder den Theologen seiner Zeit, die selbst über die Haarfarbe der Engel oder sonstigen Kleinkram diskutiert haben, wie auch manche Esoteriker heute. Eckhart interessierte sich nur für das, was nach seiner Meinung der Mensch wirklich braucht, und das ist einzig das Göttliche, auch das Göttliche in der Seele, was er den Seelenfunken nennt, oder der Weg zur mystischen Einheit. Davon jedoch waren die Zuhörer in den Klöstern oder Kirchen, in denen er predigte, so beeindruckt, dass daraus schnell ein großer Bekanntheitsgrad resultierte. Er selbst sagte einmal von dieser mystischen Passion und dem Drang, dies den Menschen mitzuteilen: „Selbst wenn niemand in dieser Kirche gewesen wäre, so hätte ich doch diesem Opferstock gepredigt." Dies zeigt, wie hoch er motiviert und inspiriert war und wie er selbst zur göttlichen Quelle wurde, aus der es nur so heraussprudelte und von derem klaren und reinen Wasser wir heute noch trinken können. Und er sagt von dieser Quelle oder diesem Grund, dass, wer nur einmal in sie hineingeschaut und von ihr gekostet habe, dem sei die ganze Welt wie ein bloßer Heller (Pfennig), also völlig unbedeutend und nichtig.

Die Zeit ist reif für die Verwirklichung seiner Vision.

Nun ist eine Zeit gekommen, die mehr wie jede andere zuvor bereit ist, in dieses Bewusstsein einzutauchen, es zu erforschen, dem Geist auf den Grund zu gehen, das Göttliche in uns wiederzufinden. Die Botschaft aller Mystiker und speziell die Meister Eckharts ist nun reif, von vielen Menschen gehört und umgesetzt zu werden. Ein neues Zeitalter des Geistes dämmert am Horizont, wo die uralte Unbewusstheit des Menschen, durch das viele Leid geläutert, sich jetzt in Bewusstheit transformiert. Die entsprechenden Zeichen der Zeit sind nicht mehr zu übersehen, obwohl durchaus noch offen ist, wie der Wandel stattfinden wird. Kaum eine Zeit war und ist daher besser geeignet, die kühnen Worte Meister Eckharts aufzunehmen und Wirklichkeit werden zu lassen. Lassen wir uns also von ihm zu einer Zeit inspirieren, die wie keine andere genau für seine Worte geschaffen ist, eine Zeit, in der die Samen, die Meister Eckhart vor 700 Jahren gesät hat, nun endlich auch für viele aufgehen können wie Samen in einer Wüste, die nach langer Wartezeit und nach dem lange ersehnten Regenschauer nun endlich keimen und Früchte tragen können. Lassen wir uns dabei auf unserem Weg gerade da abholen, wo unsere abendländischen und christlichen Wurzeln sind, so dass wir uns nicht erst in ein fremdes System einarbeiten oder einfühlen müssen, welches wir vielleicht nie ganz verstehen werden. Dennoch werden wir auch auf diesem Weg sehen, dass Meister Eckharts Lehren letztlich völlig mit denen der geschätzten Mystiker anderer Religionen übereinstimmen, mit denen der Sufis, mit denen der hinduistischen Meister des Advaita, mit den großen Weisheitslehren des Buddhismus, vor allem des Zen und Dzogchen, wie ich nach langen eigenen Forschungen bestätigen kann. Gelegentlich werde ich auf diese Übereinstimmungen verweisen.

Das sind zugleich Schritte ins Erwachen.

Doch selbst dies ist gegenüber dem heute notwendigen Erwachen des Menschen unwichtig. Denn wir suchen nicht mehr nur nach Zustimmung und Übereinstimmung, auch nicht einmal mehr nach bloß religiösen Erfahrungen und seelischer Tröstung, oder kurzfristigen veränderten Bewusstseinszuständen und Visionen, sondern wir Mystiker unserer Zeit suchen heute wieder – ganz wie jener gotische Meister in jener dunklen Zeit – das Erwachen aus dem Welten-Traum oder das Erwachen aus dem Nichts der Kreaturen in die Einheit mit Gott. Wir suchen die Unio Mystica, die mystische Vereinigung, in deren Grund letztlich nur noch **die eine Liebe ist und bleibt, die alles erschafft**, und die daraus folgende wahre Glückseligkeit, kurz das Erwachen von Geist und Herz, wie wir noch zeigen werden. Kurz gesagt, wir suchen mit ihm nicht nur mystische Erlebnisse und Zustände, große Visionen oder Freundschaft mit Gott, sondern noch darüber hinaus **das Eine, das Absolute, in dem alle Dinge und Wesen eins sind** oder, wie Meister Eckhart sagt:

> „ Eins in Einem, Eins mit Einem, Eins durch Eines
> und Eins in Einem ewiglich."

Wer dies sucht, für den insbesondere ist dieses Buch geschrieben, und ich wünsche ihm von Herzen, dass er nun ankommen, die Suche jetzt aufgeben und hinter sich lassen kann, indem er in sich diesen Schatz findet, von dem ich hier schreibe und die Meister aller Zeiten gesprochen haben.

1.2 Wer war Meister Eckhart?

Das gesellschaftlich-religiöse Umfeld zur Zeit seiner Geburt

Ganz ähnlich wie in unserer heutigen Zeit des gesellschaftlichen, sozialen, religiösen und auch wissenschaftlichen Wandels, lebte Meister Eckhart in einer Zeit der Umwälzungen, der Veränderung normativer Werte, des Zusammenbruchs bestehender Ordnungssysteme und Autoritäten und zugleich des Aufkommens neuer Werte und Strukturen in der Morgendämmerung von Renaissance und Neuzeit – man könnte es wie heute als eine Zeit des Paradigmenwechsels bezeichnen: Das Mittelalter mit seinen ritterlichen Werten und normativen Glaubensvorstellungen neigte sich dem Ende zu und es dämmerte ein neues Zeitalter.

Eckhart wurde 1260 in Hochheim, nicht weit von Gotha, in Thüringen geboren und stammte aus einem Rittergeschlecht. Zu jener Zeit führten die beiden bisherigen Autoritäten und Leitbilder, die Päpste und Kaiser, einen alles zersetzenden Kampf miteinander. Auch nach dem Sieg von Papst Innozenz III. und Papst Gregor IX. über den letzten großen Staufer-Kaiser Friedrich II. und der kurz darauf folgenden anarchischen, kaiserlosen Zeit von 1256-73 kämpften die beiden geistlichen und weltlichen Autoritäten des Abendlandes, Kaiser und Papst, weiter mit allen Mitteln, wie Kirchenbann, Interdikt, politisch wie militärisch um die Macht und Vorherrschaft, bis schließlich auch die päpstliche Macht und Autorität durch die Vertreibung der Päpste aus der heiligen Stadt Rom und ihr Exil in Avignon 1309-77 dauerhaften Schaden nahm und viele Bewegungen sich von der Kirche abzuspalten begannen.

Der machtvolle, über tausend Jahre alte Bau der Kirche, einer Monopolkirche zumindest für das Abendland, deren Wahrheiten und Dogmen die Menschen bis dahin als absolut wahr und selbstverständlich hinnahmen und hinnehmen mussten, geriet durch die eigene Intrigen-, Ränke- und Machtpolitik ins Wanken. Ihre Glaubwürdigkeit wurde durch die Mittel und Methoden, die sie selbst anwandte, erschüttert, und eben zu dieser Zeit wurde die Inquisition, Verfolgung Andersdenkender, auf- und ausgebaut. Dadurch wurde die Kirche moralisch immer mehr angreifbar. Statt sich zu reformieren und zu erneuern, versuchte sie durch ständig neue Dogmatisierungen und Abgrenzungen – beginnend mit der Spaltung von der orthodoxen Ostkirche wegen einer theologischen Haarspalterei, später Abgrenzung gegenüber Katharern, Gottesfreunden, Beginen, Hexenwahn u.v.m. – die immer stärkere Flucht der Menschen vor ihr und aus ihr zu stoppen. Dennoch oder vielmehr gerade deswegen entstanden im Spätmittelalter immer mehr religiöse Abspaltungen, zunächst noch innerhalb der Kirche, wie die vielen Kloster- und Armutsbewegungen (z.B. Franziskaner) zeigen, dann auch außerhalb der Kirche in sektiererischen Bewegungen, die das Heilsmonopol und die Dominanz der katholischen Kirche und ihre immer zahlreicher werdenden Dogmen zuerst heimlich und dann zunehmend öffentlich in Frage stellten und sich dagegen auf die Grundwerte des Neuen Testaments beriefen.

Zunächst konnte die Amtskirche die neuen Armutsbewegungen (zu denen übrigens auch Eckhart als Dominikaner gehörte), die wieder zu den Werten des NT zurückkehren wollten, nach anfänglicher Abwehr und Auseinandersetzungen noch einigermaßen innerhalb der Kirche integrieren. Dies gelang durch die Gründung der Dominikaner-, Franziskaner- und anderer Orden, womit das religiöse Bedürfnis jener Menschen, die dem Lebensstil Christi nachfolgen wollten, kanalisiert werden konnte, ohne zugleich die protzige und korrupte Amtskirche ändern zu müssen. Bei den neuen mystischen Strömungen war dies schwieriger, zumal die Kirche selbst sich nun in ihrem Machtwahn – ganz anders als in den ersten tausend Jahren – immer mehr gegen die direkte Gotteserfahrung der Mystik abgrenzte, entsprechende Lehren der alten Kirchenväter, wie beispielsweise die des Origenes und Dionysios, immer mehr ausgrenzte oder – die eleganteste Methode – einfach nicht mehr beachtete und lehrte, sondern sie durch die Theologie des Thomas von Aquin ersetzte. Als philosophische Grundlage der Kirche wurde damals der für die frühen Christen und Kirchenväter so bedeutende Platon gegen Aristoteles getauscht. All dies brachte eine gegenüber den Mystikern immer feindseligere Grundhaltung mit sich.

Folgerichtig dazu hatte die Kirche im 11.Jh. mit den Kreuzzügen bereits begonnen, den Glaubenskampf nun auch physisch auszutragen, und bei den Katharern begann die Kirche im 12. Jh. zum ersten Mal, ganze mystisch geprägte Glaubensströmungen physisch auszurotten. Es folgten der Kampf gegen Waldenser, Gottesfreunde, dann auch gegen Naturheiler und Hexen und viele andere, die irgendwie Zugang zu magischem, mystischen Wissen hatten, und während Eckharts Lebenszeit der heuchlerische Kampf und die Zerschlagung selbst der eigenen christlichen Tempelritter, die zuvor in den Kreuzzügen eben dieser Kirche gute Dienste geleistet hatten. Der kaum kaschierte Grund für diese Eliminierung dürfte schon gar kein geistlicher, sondern ein rein materieller gewesen sein, also der Reichtum der Templer. Denn innerhalb der Kirche herrschten damals Gier, Korruption, Misswirtschaft, Vetternwirtschaft, Ämterkauf, Verschwendung, Heuchelei. Immer stärker wurde der Ruf nach einer Reform der Kirche an Haupt und Gliedern, die aber zu Eckharts Zeiten vergeblich auf sich warten ließ. Es war eben der „Herbst des Mittelalters", und so zogen sich viele Menschen in die Klöster zurück, um Gott ernsthaft im eigenen Herzen zu suchen. Ähnlich wie heute brachte der Verfall der kirchlichen Strukturen zugleich ein Anwachsen der mystischen Bewegungen mit sich, da die Menschen nun gezwungen waren, entweder leere Formalistik und tote Rituale weiter mitzumachen oder Gott im Inneren zu suchen. Dadurch entstand damals noch innerhalb der Klöster, heute überall, eine Blüte der Mystik und des Erwachens.

Die Entfaltung und Blüte der deutschen Mystik

So entfaltete sich eben in dieser Zeit der Krise und des Umbruchs, die noch verstärkt wurde durch zahlreiche äußere Naturkatastrophen, auch durch neue schreckliche Krankheiten wie die Pest, die Glanzzeit der deutschen Mystik. Die Menschen, erschüttert durch die Wirren der Zeit, durch den gleichzeitigen Verfall der geistigen wie weltlichen Ordnung, durch die Zersetzung überkommener Werte, suchten verstärkt nach Heil und Heilung, religiösem Trost, nach Errettung von den zahlreichen Übeln der Welt und damit auch nach direkter, unmittelbarer Gotteserfahrung. Diese Suche, dieses urreligiöse Bedürfnis brach in immer breiteren Schichten der Bevölkerung auf, deren äußere Werte zerbrachen, und wurde zugleich immer weniger durch die an Haupt und Gliedern erkrankte Kirche und deren Institutionen befriedigt. So wandten sich die Menschen wieder den Grundlagen der christlichen Religion, dem Neuen Testament und den Aussagen und Vorgaben Christi zu und versuchten diese Vorgaben auch praktisch umzusetzen. Während manche es in den Armutsbewegungen eher äußerlich versuchten, erkannten und propagierten Mystiker wie auch Eckhart die Notwendigkeit der *geistigen* und *inneren* Nachfolge und der inneren Umsetzung unabhängig von den äußeren Lebensbedingungen. Diese innerliche Tendenz der mystischen Suche nach Gott in der eigenen Seele zeigte sich zu jener Zeit sowohl in außerkirchlichen Laienbewegungen wie auch in den Klöstern selbst, in denen eine Begeisterung für das Ziel des eigenen Gotteserlebens und Gotterfahrens einsetzte und die viele bedeutende Mystiker hervorbrachten.

Mystik lag also in der Luft, und die Frauen spielten hier eine besondere Rolle. Nach Hildegard von Bingen und Elisabeth von Schönau haben vor allem die Mystikerinnen Mechthild von Magdeburg und die flämische Suster Hadewich diese Bewegung vorbereitet und publik gemacht, andere folgten ihrem Vorbild. Zahlreiche verwitwete und verwaiste Frauen, viele aus dem Adel – vermutlich auch eine Folge der hohen Ritterverluste der von der Kirche angezettelten Kreuzzüge –, strömten im 13. Jahrhundert in die Klöster, und hier wieder vor allem zu den neu gegründeten Armutsorden. So kam es zu zahlreichen Neugründungen, vor allem von Frauenklöstern. 1267 wurde dem Dominikanerorden die geistige und geistliche Betreuung dieser neu entstandenen Klöster übertragen, in denen viele adlige Frauen der höheren Gesellschafts- und Bildungsschicht mit Eifer nach religiöser Unterweisung wie Entwicklung suchten, denn ein Gott nur im Glauben zu haben war damals nicht genug, es war nur der Ausgangspunkt. Man wollte ihn im eigenen Herzen erfahren und hat – wer sucht, der findet – auch entsprechend zahlreiche Erlebnisse und Visionen gehabt, wie aus vielen Berichten jener Zeit zu entnehmen ist. Vor allem die Frauenklöster im Rheinland und im süddeutschen Raum wurden zu Eckharts bedeutendstem Wirkungskreis. Hier vor allem hatte er seine begeisterte Gefolgschaft und Schülerschaft.

Eckharts Leben

Der 1260 geborene adlige Eckhart trat bereits in jungen Jahren (1275) in den Dominikanerorden ein. Früh zeigt sich und fördert man seine herausragende Begabung. Der Orden schickt ihn schon 1277 an die Universität in Paris, der damaligen geistigen Metropole, wo er zunächst das Studium der freien Künste aufnimmt. Noch vor 1280 beginnt er mit dem Theologie-Studium am zentralen Studienort seines Ordens (Studium Generale) in Köln. Hier hört er vielleicht noch Vorlesungen von Albertus Magnus, einem der letzten Vertreter der platonisch-neuplatonischen (mystischen) Strömung, die von Platon und Plotin über Proklus, Dionysios, die meisten Kirchenväter, über Gregor, Eriugena, den Victorinern, Bonaventura und Dietrich von Freiberg reichte. Dies war eine sich durch das ganze Abendland hindurchziehende Weitergabe von Einheitsphilosophie und Weisheit, auch philosophia perennis genannt, welche für die Mystiker des Abendlandes stets fundamental und passend war, um ihre Erkenntnisse und Erfahrungen auch philosophisch auszudrücken. Eckhart stellt sich ebenfalls in diese Tradition und zitiert viele ihrer Vertreter in seinen Schriften. Vermutlich um 1293/94 hält er Vorlesungen an der Universität Paris über Petrus Lombardus und wird zwischen 1294-98 Prior in Erfurt und Vikar der Ordensprovinz Thüringen. So hat er alles andere als ein beschauliches Leben. Im Jahre 1300 schickt ihn der Orden noch einmal nach Paris, wo Eckhart 1302 der Magister-Titel verliehen wird. Damit hat er die höchsten wissenschaftlichen Weihen seiner Zeit erreicht. Doch dies genügt seinem Geist nicht. Eckhart kehrt in seine Heimat zurück und bekleidet von 1303 bis 1311 hohe und verantwortungsvolle Ämter in seinem Orden. Zunächst wird er 1303 Leiter der neuen sächsischen Ordensprovinz, vier Jahre später auch Generalvikar der verwaisten böhmischen Provinz mit dem Auftrag, durchgreifende Reformen durchzuführen. Hier schreibt er auch sein berühmtes „Trostbuch" für die Königin Agnes von Ungarn nach der Ermordung ihres Vaters König Albrechts I.

Wir sehen also, dass der größte deutsche Mystiker trotz der Fülle seiner Erfahrungen und Erkenntnisse keineswegs ein müßiges, zurückgezogenes, kontemplatives Leben führte, sondern im Gegenteil ein sehr aktives und reges, wobei er stets bereit war, in großem Stil Arbeit sowie Verantwortung für andere zu übernehmen. Er zeigt also anhand seines eigenen Lebens, dass das eine das andere nicht ausschließt. 1310 wollte man ihm auch noch die süddeutsche, alemannische Ordensprovinz anvertrauen. Doch wegen der damals ausgebrochenen geistigen Rivalität zwischen Franziskanern und Dominikanern wollte die Ordensleitung ihren klügsten Kopf auf dem Lehrstuhl in Paris haben und sandte Eckhart 1311 abermals an die Pariser Universität, wo er bis 1313 lehrte. Nach seiner Rückkehr ist er von 1314-1322 Vikar des Ordengenerals von Straßburg und Leiter des dortigen Dominikaner-Konvents. Dadurch ist ihm auch die Führung und Betreuung der vielen Frauenklöster des oberen Rheintals anvertraut. Hier, in den Zentren der deutschen Mystik dieser Zeit, ist er auf dem Gipfel seines Wirkens, und die meisten seiner Reden, Predigten und Werke, die wir heute kennen, sind uns aus dieser Zeit überliefert.

1323 entsendet der Orden den inzwischen weithin berühmten Meister nach Köln als Leiter des Studium Generale. Er wird somit verantwortlicher Leiter der Bildungs- und Ausbildungsstätte des Ordens auf eben dem Posten, den vor ihm Albert der Große innegehabt hatte – ein großer Vertrauensbeweis seiner Kollegen und Vorgesetzten für ihn und seine Leistungen. Doch in Köln gibt es auch Kleingläubige und Neider, vor allem unter denen, die zwar Macht haben, aber bei den geistigen Höhenflügen Eckharts nicht mithalten können. Der Erzbischof von Köln, Heinrich von Virneburg, der bereits die Verfolgung andersdenkender Christen, wie der Gottesfreunde, der Begarden und der „Brüder vom freien Geiste", radikal betreibt, eröffnet 1326 gegen Eckhart ein Inquisitionsverfahren. Eckhart wehrt sich energisch und appelliert an den Papst, zu dem er nach Avignon reist. Während des Verfahrens stirbt Eckhart zwischen 1327 und 1329 an unbekanntem Ort, vermutlich in Köln oder Avignon.

Eckharts Wirken

Eckharts Wirken zeichnet sich vor allem dadurch aus, dass er den Menschen zu Gott bringen will. Nicht zu einem gedachten Gott, sondern zu einem realen und wahren Gott, und dieser *Gott ist Geist* gemäß dem Johannesevangelium, das Eckhart immer wieder zitiert, und daher muss er im eigenen Geist gesucht und gefunden werden, also in der Tiefe der eigenen Seele, in ihrem Grund. Dahin will Eckhart den Menschen führen, das griechische „Erkenne dich selbst" ist auch seine Losung, und die Gottesgeburt im Herzen, der Durchbruch zur Gottheit, sein Ziel. Der Mensch soll nicht nur mit Gott vereint, sondern mit ihm eins werden: „Soll ich Gott erkennen, so muss Gott geradezu ich werden und ich geradezu er, so völlig eins..", und das nicht nur teilweise, sondern „…eins in der Einheit, nicht gleich in der Gleichheit". Seine Einheits-Philosophie und seine Überwindung dualistischer Denkweisen sind zumindest für das Abendland einzigartig und finden in solcher Deutlichkeit eine Parallele nur in der ebenfalls mystisch geprägten indischen Advaita-Philosophie, die heute von viele modernen indischen Gurus und Mystikern als philosophische Grundlage der Gotteserfahrung verwendet wird.

Eckharts Bildung war für seine Zeit geradezu universal. Er war nicht nur Theologe und Kirchenlehrer, sondern auch Philosoph und Mystiker, zudem noch Seelenführer, Therapeut, spiritueller Lehrer, der viele Schüler um sich scharte, von denen Tauler sein bekanntester war. Sein Wissen und seine Weisheit gestatteten ihm eine umfassende Sicht der Dinge, weit über die zeitgebundenen Vorstellungen und Begrenzungen hinaus, was ihn bis heute zeitlos-aktuell erscheinen lässt. Er kennt nicht nur die Philosophie und Theologie seiner Zeit, sondern auch griechische und arabische Philosophen, die er öfters zitiert. Doch alle Gelehrsamkeit, Philosophie, Theologie, die damals zur Zeit der Scholastik hoch im Kurs stand, alle Heilslehre und selbst die Heilige Schrift sind für Eckhart nur Mittel zum Zweck, sozusagen nur ein Sprungbrett hin zum Wesentlichen.

Er wusste bereits früh, wie Thomas von Aquin es erst am Ende seines Lebens in einer Vision erfuhr, dass alles bloße Theoretisieren und Philosophieren letztlich „leeres Strohdreschen" ist. Eckhart ist vor allem erfahrungsbezogener Mystiker und weiß bereits von einer anderen Ebene der Erfahrung, einer Ebene des Erkennens durch Wesensverschmelzung von Gott und Seele, durch Aufheben von Subjekt und Objekt in dem die Welt und das ganze Sein tragenden göttlichen Grund. Und er hat erkannt, dass dieser Grund zugleich der Grund der Seele ist, dass – wie die Inder sagen – „Atman" und „Brahman" wesenseins sind:

> „Hier ist Gottes Grund mein Grund und mein Grund
> Gottes Grund… Wer in diesen Grund je nur einen Augenblick
> lang schaute, dem Menschen sind tausend Mark roten,
> geprägten Goldes wie ein falscher Heller."[1]

Eckhart als Mystiker

Eckhart muss also eigene Erfahrungen gemacht haben, denn er schildert emotional die Folge dieser Gotteinung mit Worten wie: „Seligkeit und übergroße Freude, unermessliche Süßigkeit und Fülle", „so großer Freude und so großer unermessliche Wonne, dass es niemand erschöpfend auszusagen oder zu offenbaren vermag". Oder er spricht von dem lauteren klaren Licht, in das die Seele versetzt ist, von Erfahrungen, die so groß und schön sind, dass ein Blick in diese Kraft genüge, jedes nur erdenkliche Leid aufzuheben, ja, er behauptet sogar: „Alles, was je erdacht werden könnte an Lust und Freude, an Wonne und an Liebenswertem, hält man das gegen die Wonne, die in dieser Geburt liegt, so ist es keine Freude mehr", vielmehr sind „aller geschaffenen Dinge Lust recht wie ein Nichts gegenüber dieser Lust", und der Mensch, „der diese Süße einmal kostet", könne sich nicht mehr von Gott abkehren.

So kann nur ein Mensch sprechen, der solche Erlebnisse selbst gehabt hat, und es ist für diejenigen gesprochen, die solche Erfahrungen suchen und machen werden. Daher ist es, wie schon gesagt, im Folgenden wichtig, nicht nur die bloßen Worte und Gedanken dieses Meisters aufzunehmen, sondern sich in das durch die Worte und Sätze Beschriebene, Angedeutete hineinzu*fühlen*, energetisch offen zu sein, es auf sich wirken zu lassen und sich auf das hinter den Worten liegende Unbeschreibliche und Unsagbare auszurichten, auf das die Worte und Bilder nur verweisen, wie auch die Zen-Lehrer immer wieder die Funktion der Worte erklären. So entsteht Resonanz, so werden ähnliche Schwingungen in uns angeregt und alles kommt an seinen Platz, so entsteht Verstehen, das schließlich zu einer Ausrichtung auf das Göttliche, zu einer Anziehung von Ähnlichem, letztlich zu eigenem Erleben führt. Dies wünsche ich von Herzen allen, die dieses Buch, diese Kraftworte des Meisters lesen und den Weg Eckharts ein Stück weit mitgehen und in sich wirken lassen wollen.

Die folgenden Abschnitte sind nun nach Themen zusammengefasst und mit einer kurzen Einleitung und Erläuterung von mir versehen, um ihren Inhalt deutlich und verständlich zu machen sowie sein Denken und seine Philosophie dahinter. Sie können aber auch jederzeit übersprungen werden, da sie nur meine Interpretation darstellen. Wichtig sind die Worte Eckharts selbst, die heute aktueller sind als je zuvor.

Danksagung

Eine der größten Tugenden ist die Dankbarkeit, denn letztlich sind wir das, was wir geworden sind, immer nur im Zusammenhang mit allem und allen anderen geworden. Unabhängigkeit, wie sie heute so viel propagiert wird, ist eine fatale Illusion, wie auch die Quantenphysik längst bestätigt hat. So liegt es mir am Herzen, wenigstens den wichtigsten Lehrern und Freunden meine Dankbarkeit zu erweisen.

Dazu gehören vor allem meine spirituellen Lehrer aus allen Religionen, darunter natürlich Meister Eckhart, der mich von Jugend an begleitet hat, später Chuck und Lency Spezzano, denen ich so viel verdanke. Ferner gilt den Meistern wie Sai Baba, Dilgo Khyentse Rinpoche, Adyashanti, Wolfgang Kopp, Sögyal Rinpoche, dessen Winterretreats ich oft besucht habe, mein ganz herzlicher Herzensdank, für ihre Geduld mit mir und ihre selbstlose Liebe, auch allen meinen großherzigen und erwachten Schülern wie Rose, Nora, Sarah, Tino, Angelika, die ich nicht alle namentlich erwähnen kann, und auch all den anderen wunderbaren Studenten und Klienten – von jedem von euch habe ich so viel bekommen. Danke.

In meinem persönlichen Umfeld danke ich zuerst meiner engelhaften Frau Aline Reiter, die mir stets vertraut, mir wahre Liebe gezeigt hat und mir zukünftig die Engel noch näher bringen will, und all meinen geliebten Kindern Christian,

Jasmin, Michael, Alexander, von denen ich so manches tief Unbewusste und Ungeliebte gespiegelt bekam, sowie dem neugeborenen Leon Sebastian, der eben jetzt zu uns gekommen und sich uns anvertraut hat. Seid versichert, ich liebe euch von ganzem Herzen bis ans Ende dieses Traums. Danke auch meiner lieben Mutter Anneliese, einer guten Seele, von der ich viel Herzensgüte gelernt habe.

Schließlich noch Dank an die Freunde Rudolf Pfitzner, Wolfgang und Tweety, Sebastian Graf und Sarah Bahlmann, auf die ich immer zählen konnte, sowie an meinen Arbeitskollegen Gert Weissengruber und an meinen neuen Geistesfreund Günter Horn. Schließlich großen Dank an meinen Verleger und Freund Werner Vogel, der mir diese Arbeit ermöglicht und der für diese Botschaften den Weg bahnt. „Vergelt´s Gott", wie meine Vorfahren zu sagen pflegten, oder möge es euch mit Liebe vergolten werden.

2. MEISTERWORTE

Mit Worten, Zitaten und Ausschnitten aus seinen Werken, vor allem aus den deutschen Predigten, wollen wir nun den wortgewaltigen Meister Eckhart selbst sprechen und uns von ihm inspirieren lassen. Mit seinen Feuerworten wollen wir das Feuer in unserer Seele entfachen und uns von seinen Schritten ins Erwachen, ins Göttliche hinein leiten lassen, später ihnen auch praktisch folgen, so gut wir es vermögen. Aber selbst wenn Letzteres nicht gleich gelingt, so sind diese Samen in die Seele gesät und werden zu passender Gelegenheit keimen und Wurzeln schlagen, und seine Gedanken werden aufgehen, wie sie es über die Jahrhunderte in vielen Menschen immer wieder getan haben. Denn sie sind nicht Menschenwort, sondern wie Eckhart sagt, „die Wahrheit spricht es selbst".

Beginnen werden wir mit den Aussagen über die Seele, über ihre Edelkeit und ihre Verbindung mit dem Göttlichen. Dann betrachten wir das Ziel der Seele und aller Existenz, die Rückkehr zur Quelle, wenn das Absolute im und durch den Menschen zu sich selbst erwacht, gehen dorthin zurück, wo sie immer schon war und ist und ewig sein wird. Diese Einheit, die auch Christusbewusstsein oder Buddhabewusstsein genannt wird, ist zugleich noch eine Vielheit „wie der Weinstock und die Reben", die wir näher betrachten werden. Zugleich in diesem Durchbruch der Seele in diese göttliche Einheit, wenn der Mensch hierin göttlich wird, wird zugleich das Göttliche im Menschen geboren, geschieht die Gottesgeburt im Herzen, so dass Menschensohn und Gottessohn nur *ein* Sohn sind. Mit Aussagen von Eckhart und anderen Mystikern wollen wir diese Einheit und die damit verbundenen Gefühle erfahren und erforschen. Wir betrachten auch die gefühlsmäßigen Folgen dieser Rückkehr, die Aussagen über die zu gewinnende Seligkeit, über die alle echten Mystiker zu berichten wissen.

Doch dabei, bei dieser glückseligen Verbindung von Mensch und Gott in einer unfassbaren Einheit, bleibt der große Mystiker nicht stehen. Ähnlich wie Huang Po im Zen oder wie es nur wenige seinesgleichen gewagt haben, will er über Gott und Sohn und Heiliger Geist hinaus in den Grund, in das darunter liegende

Einssein, wo nicht mehr Zwei (Gott und Mensch) vereint sind, sondern wo jede Unterschiedenheit aufhört. Hier im Gottesgrund jenseits der Dreieinigkeit ist nur reines Bewusstsein übrig, ist nach Hegel das reine Sein zugleich das reine Nichts, da es keinerlei Unterschiedenheit mehr gibt. Daher sagt Eckhart auch: „Hier im Grunde ist Gottesgrund und Seelengrund ein Grund." Reines Einssein. Sozusagen der Nullpunkt des Bewusstseins, bevor es sich entfaltet, einfach reines Gewahrsein in der Leere.

Um ein anderes Beispiel zu gebrauchen: Wenn das menschliche Bewusstsein die Welle und Gottes Bewusstsein der Ozean ist, so sind sie im Meer beide vereint, doch nicht dasselbe. Wenn wir sie beide (Ozean und Welle) aber in ihrem Wesen betrachten, so sind beide einfach Wasser und als solches absolut gleich und eins. Daher nennen wir dies *das Einssein des Grundes*, wo Mensch und Gott als getrennte Objekte verschwunden sind und doch reines ununterscheidbares Gewahrsein bleiben.

Hier im Grunde, sagt Meister Eckhart, ist niemand ausgegangen und wird nie jemand wieder heimkehren (wie als Seele oder verlorener Sohn vom Standpunkt der Trennung), sondern hier warst du, bist du und bleibst du immerdar ungeworden und ungeschaffen ewiglich. Es ist schwer, dies mit Worten noch zu sagen, doch wollen wir uns dieser höchsten Wahrheit annähern, deren bewusste Erfahrung die ist:

Man erlebt, dass alles reine Liebe ist, die alles erschafft, eins in Einem ewiglich.

Zuletzt wollen wir auch die Funktion der Gnade sowie der Hingabe beim Erwachensprozess beleuchten, denn die Seele wird mit fortschreitender Entwicklung zur Braut (Christi) und kann immer weniger tun, und schließlich den Fortgang und die Zeit nach solchem Erwachen, über das weitere Wirken in der Welt zugleich in dieser Einheit mit dem Göttlichen. Jeder Abschnitt ist neben den Worten Eckharts mit meinen Erläuterungen versehen und endet mit einer kurzen Zusammenfassung des Gesagten.

Noch eines ist nun vorauszuschicken, und dies soll mit den Worten Meister Eckharts gesagt und belegt werden. Es ist absolut nötig, seine Worte mit dem

Herzen zu verstehen, mit der Offenheit eines Kindes und mit der Hingabe eines Liebenden, und wenn eine solche Voraussetzung nicht gegeben ist, werden diese Samen nur in der Ratio auf unfruchtbaren Boden fallen, allenfalls endlos diskutiert werden. Seine Worte enthalten viel mehr als eine intellektuelle Aussage, sie sind „eine unverhüllte Wahrheit, die da gekommen ist aus dem Herzen Gottes unmittelbar". Sie sind also wie Mantren oder Feueranzünder, die Resonanz im Empfänger hervorrufen sollen, ähnlich wie Koans oder Geschichten im Zen oder Aussagen, die nach Platon die Seele wieder an ihr uraltes Wissen erinnern sollen. Nur wer diese Resonanz verspürt und diese innere Erschütterung, wird Meister Eckhart verstehen, selbst wenn er oder sie ihn intellektuell nicht verstünde. Wir müssen also Hingabe an diese hohe Wahrheit haben, und nur wer mit dem Herzen sieht oder hört, kann sie unmittelbar empfangen:

> *„Denn, solange der Mensch dieser Wahrheit nicht gleicht,*
> *so lange wird er diese Rede nicht verstehen;*
> *denn dies ist eine unverhüllte Wahrheit, die da gekommen ist*
> *aus dem Herzen Gottes unmittelbar."*[2]

> *„Die Propheten, die da wandelten im Licht,*
> *die erkannten und fanden die geheime Wahrheit*
> *unter dem Einfluss des Heiligen Geistes."*[3]

> *„Und grobsinnige Leute müssen dies glauben, die erleuchteten*
> *aber müssen es wissen (d.h. es innerlich erfahren!)."*[4]

> *„…denn ich sage euch bei der ewigen Wahrheit:*
> **Wenn ihr dieser Wahrheit, von der wir nun sprechen wollen,**
> **nicht gleicht, so könnt ihr mich nicht verstehen.…**
> *versteht ihr sie aber nicht, so bekümmert euch deswegen nicht,*
> *denn ich will von so gearteter Wahrheit sprechen,*
> *wie sie nur wenige gute Leute verstehen werden."*[5]

Daher sind diese Worte nicht nur Erkenntnisse oder weise Lehren, sie sind noch viel mehr Schritte ins Erwachen, und dies wünsche ich allen Lesern nun von Herzen.

2.1 Von der Ewigkeit der Seele

Der Begriff „Seele" ist im Abendland sehr vielfältig gebraucht worden. Bei Meister Eckhart bedeutet dies sowohl den geistigen Teil des Menschen, also die **Geistseele**, die er auch den oberen Teil der Seele nennt. Bei den Theosophen wäre dies vielleicht die Monade. Dieser sozusagen göttliche Teil ist „ein erkennendes, vernünftiges Sein", oder wie wir heute sagen würden, ist **Bewusst-Sein,** denn dies ist Sein, das sich selbst erkennt und erkennen kann. Hier als Geist oder Bewusstsein ist Gott und Seele identisch, da auch Gott ebenso wie die Seele Geist ist, wie es im Johannesevangelium so schön heißt, und demnach kann Eckhart sagen:

> *„Die Seele hat ein vernünftiges, erkennendes Sein;* ***daher:***
> ***wo Gott ist, da ist die Seele, und wo die Seele ist, da ist Gott."*** [6]

> *„..dieses Fünklein ist Gott so verwandt, dass es **ein einiges Eines** ist, unterschiedslos, das (doch) die Urbilder aller Kreaturen in sich trägt, bildlose und überbildliche Urbilder."* [7]

Dieser geistige Teil ist jenseits der Zeit, demzufolge ewig, ganz im Gegenteil zu dem zeitlichen, geschaffenen Teil der Seele, den wir auch „die Persönlichkeit" nennen können, die sich sowohl im Leben – wie wir alle wissen – ständig ändert und auch in jedem neuen Leben neu geschaffen wird. Jenen nennt Eckhart auch den niederen Teil der Seele, der aber, da er sich ständig ändert und äußeren Einflüssen unterworfen ist, für ihn weniger von Bedeutung ist als jener ewige Teil oder unser Bewusst-Sein, in dem sich zwar wie in einem Spiegel alles Geschaffene abbildet, in dem und durch den alles Zeitliche auch erlebt und erfahren wird, der aber selbst nicht (von außen) gesehen oder erlebt werden kann. Es ist der Seher, der nicht gesehen, der Hörer, der nicht gehört werden kann. Unser ewiges Bewusstsein ist also wie ein Spiegel, in dem sich alles Zeitliche abspiegelt, der aber letztlich nicht von der Zeit und den Erscheinungen beeinflusst wird und auch niemals werden kann, wie auch die Bilder im Spiegel den Spiegel selbst niemals tangieren. Sie, die Seele, hat also zwei Aspekte, einmal den unserer sich wandelnden Persönlichkeit (unteres Antlitz), das wir auch nach außen zeigen, und unsere mit Gott vereinte Geistseele oder Monade (oberes Antlitz):

> „Die Meister sagen, die Seele habe **zwei Antlitze:** das obere Antlitz schaut allzeit Gott, und das niedere Antlitz sieht etwas nach unten und lenkt die Sinne; **das obere Antlitz aber ist das Höchste der Seele, das steht in der Ewigkeit** und hat nichts zu schaffen mit der Zeit und weiß nichts von der Zeit noch vom Leibe. Und ich habe zuweilen gesagt, in ihm liege so etwas wie ein Ursprung alles Guten verdeckt und so etwas wie ein leuchtendes Licht, das allzeit leuchtet, und wie ein brennender Brand, der allzeit brennt, und **dieser Brand ist nichts anderes als der Heilige Geist.**" [8]

> „Die Seele hat zwei Augen, ein inneres und ein äußeres. Das innere Auge der Seele ist jenes, das in das Sein schaut und sein Sein ganz unmittelbar von Gott empfängt: dies ist sein ihm eigenes Werk. Das äußere Auge der Seele ist jenes, das da allen Kreaturen zugewendet ist und sie in bildhafter Weise und in der Wirkweise einer Kraft wahrnimmt." [9]

Dieser obere Teil steht im „Ewigen Jetzt", wie Eckhart Tolle sagen würde:

> „Es gibt ein oberstes Teil der Seele, das steht erhaben über die Zeit und weiß nichts von der Zeit noch vom Leibe. Alles, was je geschah vor tausend Jahren, der Tag, der vor tausend Jahren war, der ist in der Ewigkeit nicht entfernter als der Zeitpunkt, in dem ich jetzt eben diesmal stehe. Oder (auch) der Tag, der nach tausend Jahren oder so weit, als du zählen kannst, kommen wird, der ist in der Ewigkeit nicht entfernter als dieser Zeitpunkt, in dem ich eben jetzt stehe." [10]

> „(Es gibt)…eine edle Kraft der Seele, die so hoch und so edel ist, dass sie Gott in seinem bloßen, eigenen Sein erfasst. Diese Kraft hat mit nichts etwas gemein; sie macht aus nichts etwas und alles. Sie weiß nichts vom Gestern noch vom Vorgestern, vom Morgen noch vom Übermorgen, denn in der Ewigkeit gibt es kein Gestern noch Morgen, da gibt es (vielmehr nur) ein gegenwärtiges Nun; was vor tausend Jahren war und

was nach tausend Jahren kommen wird, das ist da gegenwärtig und (ebenso) das, was jenseits des Meeres ist." [11]

*„O, wie edel ist jene Kraft, die da **über die Zeit erhaben** steht und ohne Stätte ist! Denn damit, dass sie über die Zeit erhaben steht, hält sie alle Zeit in sich beschlossen und ist sie alle Zeit.. was jenseits des Meers liegt, das ist jener Kraft nicht entfernter, als was jetzt gegenwärtig ist."* [12]

Daher ist nach Meister Eckhart **die Seele als Geistseele ewig**, da hier keine Zeit hineinkommen kann und kein Vorher oder Nachher, als Erscheinung in der Welt ist sie aber zeitlich. Die Kreatürlichkeit der Erscheinung aber wird einst vergehen, und sie wird (bzw. realisiert) wieder das, was sie ewig ist und bleibt, ihre unabänderliche Einheit und Verbindung mit und im göttlichen Sein, oder christlich ausgedrückt ihre Einheit mit dem Vater:

*„Nun sprach unser Herr: ‚Ich bin in dem Vater, und der Vater ist in mir' (Joh.14,11). So auch (also genauso!!) ist Gott in der Seele, und **die Seele ist in Gott**."* [13]

*„Wohl kann man die Hitze ohne das Feuer und den Schein ohne die Sonne denken; Gott aber kann sich nicht ohne die Seele und die Seele nicht ohne Gott denken; **so völlig eins sind sie**."* [14]

*„Wo die Seele ist, da ist Gott, denn die Seele ist in Gott. Darum ist auch die Seele, wo Gott ist, es sei denn, die Schrift lüge. **Wo meine Seele ist, da ist Gott, und wo Gott ist, da ist auch meine Seele, und das ist so wahr, wie Gott Gott ist**."* [15]

Die Geistseele ist in Gott wie Licht im Licht.

Wo auch immer unsere reine Geistseele, unser reines „ICH BIN" ist, da ist auch Gott, und daher ist dies eine unteilbare Einheit, wie Licht im Licht, wie es der moderne Autor Neale Walsch ausgedrückt hat. Licht im Licht kann man nicht mehr unterscheiden, es ist völlig ineinander, und somit sind wir in diesem Aspekt, was immer auch unsere Persönlichkeit tut, mit Gott vereint und daher hier immer glückselig, ganz und heil, wie Lichter im Licht. Daher müssen wir dies auch nicht erst machen oder herstellen oder dazu kommen, sondern müssen es einfach nur wieder entdecken, indem wir das Andere, das Verdeckende, abscheiden und den Menschen dadurch reinigen. So wie man nur die Wolken beseitigen muss, um die Sonne wieder zu sehen und erleben zu können, die aber immer da ist. Wir sind also nicht einesteils in Gott und einesteils nicht, oder manchmal ja und manchmal nein, sondern schon immer da und werden es auch immer sein, sonst käme Zeit in Ewigkeit, und dies kann nicht sein:

> *„Wenn einer mich fragte, wo Gott wäre, so würde ich antworten: Er ist überall. Wenn einer mich fragte, wo die Seele wäre, die in Liebe ist, dann spräche ich: Sie ist überall; denn Gott liebt, und* **die Seele, die in Liebe ist, die ist in Gott,** *und Gott ist in ihr, und da Gott überall ist und sie in Gott ist, so ist sie nicht einesteils in Gott und andernteils nicht; und da Gott in ihr ist,* **so muss die Seele notwendig überall sein,** *weil der in ihr ist, der überall ist. Gott ist überall in der Seele; und sie ist überall in ihm: so denn ist Gott ein All ohne (dingliches) Alles, und sie ist mit ihm ein All ohne Alles."* [16]

> *„Nirgends ist Gott so eigentlich Gott wie in der Seele. In allen Kreaturen ist etwas von Gott, (erst) in der Seele aber ist Gott göttlich, denn sie ist seine Ruhestatt."* [17]

> *„…denn alle Kreaturen sind ein Fußstapfe Gottes, die Seele aber ist naturhaft nach Gott gebildet."* [18]

> *„Im ersten Berühren, in dem Gott die Seele als ungeschaffen und unerschaffbar berührt hat und berührt,* **da ist die Seele der Berührung Gottes nach ebenso edel wie Gott selbst."** [19]

> *„Es ist eine Kraft in der Seele…. so lauter und so hoch und so edel in sich selbst, dass keine Kreatur dahinein kann, sondern einzig Gott, der wohnt darin."* [20]

„…(es ist etwas in der Seele). **Es ist eins,** *es hat mit nichts etwas gemein, noch ist ihm irgendetwas von alledem gemein, was geschaffen ist. Alles, was geschaffen ist, das ist nichts (!). Nun ist dies aller Geschaffenheit fern und fremd."* [21]

„Wohl kann man die Hitze ohne das Feuer und den Schein ohne die Sonne denken; Gott aber kann sich nicht ohne die Seele und die Seele nicht ohne Gott denken; **so völlig eins sind sie.**" [22]

„Die Nähe zwischen Gott und der Seele kennt keinen Unterschied (zwischen beiden), fürwahr. **Dasselbe Erkennen, in dem sich Gott selbst erkennt, das ist eines jeden losgelösten Geistes Erkennen und kein anderes.** *Die Seele nimmt ihr Sein unmittelbar von Gott; darum ist Gott der Seele näher, als sie sich selbst ist;* **darum ist Gott im Grunde der Seele mit seiner ganzen Gottheit.**" [23]

Wir können in unzähligen weiteren Zitaten die Grundüberzeugung dieses Mystikers finden, die er in immer neuen Bildern ausdrückt. Gott und die Seele sind eins in einer gemeinsamen Einheit, sind vereint, so wie es auch Christus immer wieder sagte: „Ich und der Vater sind eins." Wir können – soweit wir in der Liebe sind – mit ihm in dieser Einheit sein wie der Weinstock und die Reben. Aber noch etwas anderes und sehr Bedeutendes wird im letzten Zitat ausgesprochen, das später von Hegel und anderen Philosophen immer wieder zitiert wurde:

„Dasselbe Erkennen, in dem sich Gott selbst erkennt (also sein Bewusstsein), ist eines jeden losgelösten Geistes Erkennen und kein anderes." Dies bedeutet nichts anderes, als was auch die Mystiker des Ostens und aller Zeiten sagten: **Wir sind *ein* Geist, *ein* Bewusstsein mit Gott**, und dies erfahren wir, wenn wir losgelöst sind von den Dingen, von der Kreatürlichkeit, von der „Anhaftung" an die Dinge, wie Buddha es formulierte, oder frei von Zeit und Raum und deren Phänomenen. Wenn wir *ein* Erkennen, *ein* Bewusstsein mit Gott sind, *und kein anderes*, wie Eckhart ausdrücklich betont, um Interpretationen auszuschließen, dann gibt es nur *einen* Geist, *ein* Bewusstsein, und soweit wir dieses Bewusstsein sind oder als solches erfahren, so weit sind wir in Gott und sind Gott selbst, da es hier keine zwei „Bewusstseine" gibt. (Schon die deutsche Sprache sträubt sich hier gegen den Plural).

Wir sind also – wie in dem bekannten „Bild von der Welle und dem Meer" – als Welle stets auch *dasselbe* Meer und nichts anderes, immer vereint als *ein* Ozean, als *ein einziges* Bewusstsein, und dies begründet den Adel der Seele, die Kostbarkeit menschlicher Natur, wie Buddha sagen würde, und einzig hier – in diesem Tempel – können wir als Menschen sogar mehr noch als die höchsten Engel diese Gotteinung, diese mystische Hochzeit erfahren.

> *„Dieser Tempel, darin Gott gewaltig herrschen will nach seinem Willen, das ist des Menschen Seele, die er so recht als **ihm selbst gleich** gebildet und geschaffen hat, wie wir lesen, dass unser Herr sprach: „Machen wir den Menschen nach unserm Bilde und zu unserm Gleichnis!" (1. Mos. 1,26). Und dies hat er auch getan. **So gleich ihm selber** hat er des Menschen Seele gemacht, dass im Himmelreich noch auf Erden unter allen herrlichen Kreaturen…keine ist, die ihm so gleicht wie einzig des Menschen Seele."* 24

> *„Diesem Tempel ist wirklich **niemand gleich als der ungeschaffene Gott allein**. Alles, was unterhalb der Engel ist, das gleicht diesem Tempel überhaupt nicht. **Die höchsten Engel (!!) selbst gleichen diesem Tempel der edlen Seele bis zu gewissem Grade, aber doch nicht völlig**. Dass sie der Seele in gewissem Maße gleichen, das trifft zu für die Erkenntnis und die Liebe. Jedoch ist ihnen ein Ziel gesetzt; darüber können sie nicht hinaus. Die Seele aber kann wohl darüber hinaus. Stünde eine Seele – und zwar die (Seele) eines Menschen, der noch in der Zeitlichkeit lebte – auf gleicher Höhe mit dem obersten Engel, so könnte dieser Mensch immer noch in seinem freien Vermögen unermesslich höher über den Engel hinausgelangen in jedem Nun (Jetzt) neu, zahllos, das heißt ohne Weise, und über die Weise der Engel und aller geschaffenen Vernunft hinaus."* 25

> *„Ich sage, dass es etwas gibt, was über der geschaffenen Natur der Seele ist. **Manche Pfaffen aber verstehen das nicht**, dass es etwas geben soll, was Gott so verwandt und so eins ist. Es hat mit nichts etwas gemein. Alles, was geschaffen oder erschaffbar ist, das ist*

> nichts; jenem aber ist alle Geschaffenheit und alle Erschaffbarkeit fern und fremd. Es ist ein Eines in sich selber, das von außerhalb seiner selbst nichts aufnimmt (ergo: reines Bewusstsein)" [26]

> „Es gibt etwas, das über dem geschaffenen Sein der Seele (niederes Antlitz) ist und an das kein Geschaffensein, das (ja) nichts ist, rührt; **selbst der Engel hat es nicht**, der (doch) ein reines Sein hat, das lauter und weit ist; selbst das rührt nicht daran. Es ist göttlicher Art verwandt, **es ist in sich selbst eins**, es hat mit nichts etwas gemein. Hierüber geraten manche großen Pfaffen ins Hinken." [27]

Hierüber geraten erst recht die Pfaffen unserer Tage ins Hinken, die von der Mystik und Gotteserfahrung heute noch viel weiter entfernt sind als die Theologen früherer Tage, wie beispielsweise Bonaventura oder Gregor der Große oder der frühe Kirchenlehrer Maximus Confessor, der noch wörtlich aussprach: „Wir sind Teilchen Gottes" (griech.: „moira theou"). Die Seele des Menschen, genauer gesagt, ihr oberes Antlitz oder in meiner Terminologie die Geistseele oder Monade, ist daher göttlicher Natur und daher stets mit Gott vereint, da es nur *ein* Bewusstsein, *einen* Geist, *eine* Natur, *ein* Erkennen gibt und nicht zwei oder viele. Wir sind sozusagen Lichter im Licht, und insofern wir Licht sind, stets in *einem* Licht und können hier nie getrennt werden. Die Seele ist **in der ewigen Geburt dieses Lichts mitgeschaffen**, oder besser mitgezeugt, ist also ebenso Sohn wie Christus und daher, wie Eckhart unten sagt, sein direkter Bruder/Schwester, und hier ewig vereint mit Gott, ewig innebleibend in dieser ersten Lauterkeit, also im reinen Licht oder reinen Bewusstsein. Sie ist daher nicht zu vergleichen mit den Geschöpfen oder körperlichen Dingen, so edel jene auch sein mögen:

> „**Weil Gott ein Geist ist**, deshalb ist das Geringste, das Geist ist, edler als das Oberste, das körperlich ist. **Deshalb ist eine Seele edler als alle körperlichen Dinge**, so edel sie auch sein mögen. Die Seele ist wie auf einem Punkt zwischen Zeit und Ewigkeit geschaffen, die sie beide berührt. Mit den obersten Kräften berührt sie die Ewigkeit, mit den niedersten Kräften aber berührt sie die Zeit. Seht, so wirkt sie in der Zeit nicht nach der Zeit, sondern nach der Ewigkeit." [28]

*„…damit ist uns zu verstehen gegeben, dass wir **ein einiger Sohn sind**, den der Vater ewiglich geboren hat aus dem verborgenen Dunkel ewiger Verborgenheit (und doch) innebleibend im ersten Beginn der ersten Lauterkeit (wir sind also zugleich ewig dort, in der Quelle), die da eine Fülle aller Lauterkeit ist. Hier habe ich ewiglich geruht und geschlafen in der verborgenen Erkenntnis des ewigen Vaters, innebleibend unausgesprochen. Aus dieser Lauterkeit **hat er mich ewiglich geboren als seinen eingeborenen Sohn** in das Ebenbild seiner ewigen Vaterschaft, auf dass ich Vater sei und den gebäre, von dem ich geboren bin."* [29]

Die Seele steht zwischen Zeit und Ewigkeit, zwischen „Nichts" und Sein.

Die Seele, mit ihrer Natur im Grunde des Geistes oder Gottes innebleibend und zugleich mit ihrer Geschaffenheit, ihrem niederen Antlitz in der Schöpfung, ist daher der Mittler zwischen den Welten. Sie kann das Irdische erleben, schauen, mitgestalten – wie auch ihre eigene Persönlichkeit in diesem Spiel des Lebens –, steht zugleich aber als Beobachter, als der Spieler, als der Schöpfer stets in Einheit mit dem Göttlichen, wirkt in der Zeit nicht nach der Zeit, sondern nach der Ewigkeit. So wird es übrigens auch in den ältesten Weisheitslehren der Menschheit, in den Upanischaden beschrieben, als sei die Seele wie zwei Vögel, wobei der eine oben nur beobachtet, während der andere von den Früchten nascht und Welt erlebt und darin verwickelt wird. Während wir den letzteren Aspekt ganz gut kennen, haben wir das Bewusstsein darüber verloren, dass wir auch Beobachter, der Wahrnehmende, der stille Zeuge sind und nicht nur das Beobachtete. Auf diesen Teil, der nichts gemein hat mit den Dingen, müssen wir in der Meditation oder auch im Alltag wieder unsere Aufmerksamkeit richten.

*„Denn eine Kraft ist in der Seele, die ist **geschieden vom Nichts** (denn alle Kreatur ist Nichts nach M.E.), denn sie hat nichts gemein mit irgendwelchen Dingen; denn **nichts ist in dieser Kraft als Gott allein**: der leuchtet unverdeckt in diese Kraft."* [30]

> *„Alle Kreaturen sind ein reines Nichts. Ich sage nicht, dass sie geringwertig oder überhaupt etwas seien: Sie sind ein reines Nichts. Was kein Sein hat, das ist nichts. Alle Kreaturen haben kein Sein, denn ihr Sein hängt an der Gegenwart Gottes."* [31]

> *„Alle Kreaturen sind ein reines Nichts; weder die Engel (!!) noch die Kreaturen sind ein Etwas… sie sind aus Nichts gemacht; sie sind und waren Nichts."* [32]

Ganz im Kontrast zu diesem „Nichts" aller Erscheinung, was übrigens sehr buddhistisch klingt, da auch bei jenen alle Erscheinung oder Form letztlich nur Leere ist, ist Gott allein das Sein. Da Gott aber Geist ist (Joh.evang.), ist somit alles Sein geistiges Sein oder Bewusstsein. Die Seele dagegen ist nicht Nichts, sondern Etwas, noch mehr als die Engel, sie ist also Licht oder Sein vom Sein. Und da es nach Eckhart nur *ein* Sein, *ein* Erkennen, *ein* Bewusstsein geben kann, muss die Geistseele, da, wo sie Licht ist, *ein* Licht im Licht, *ein* Sein mit Gott sein, und daher **notwendig immer eins** und daher notwendig überall sein, wo Gott ist, wie wir schon gesehen haben, und somit mit ihm eins sein. Daher kann übrigens unser Bewusstsein diese göttliche Ekstase erfahren, wenn es in sich dieses reine Bewusstsein Gottes entdeckt oder wenn sie das Licht Gottes unmittelbar, rein und entblößt aufnimmt.

> *„Ich habe zuweilen von einem **Lichte** gesprochen, das in der Seele ist, **das ist ungeschaffen** und unerschaffbar. Dieses nämliche Licht pflege ich immer in meinen Predigten zu berühren, und dieses selbe Licht nimmt Gott unmittelbar und unbedeckt und entblößt auf, so wie er in sich selbst ist"* [33]

> *„….wie ich schon öfter gesagt habe, dass etwas in der Seele ist, das Gott so verwandt ist, dass es eins ist und nicht vereint. **Es ist eins, es hat mit nichts etwas gemein**, noch ist ihm irgendetwas von alledem gemein, was geschaffen ist. Alles, was geschaffen ist, das ist nichts. **Nun ist dies aller Geschaffenheit fern und fremd."** [34]

Ziel der Seele ist Rückkehr in ihr wahres Sein.

Dieses Licht oder dieses reine Bewusstsein im Grunde unserer Seele wiederzufinden, was zugleich das göttliche Bewusstsein ist, ist das Ziel aller Mystik. Das Göttliche ist damit nicht weiter entfernt von dir als deine Seele, oder wie Christus sagte: „Das Himmelreich ist inwendig in euch." Es ist die himmlische, die chymische Hochzeit der Alchemie, die *große* Hochzeit, in der sich das Bewusstsein seiner wahren, göttlichen Natur wieder bewusst und damit mit allem Bewusstsein wieder eins wird, was sie eigentlich ewig immer gewesen ist. Nur deshalb wird nach Eckhart die Seele (ewig) geboren, damit sie (zeitlich) die Braut für diese Hochzeit ist. Dies ist ihre ewige Bestimmung:

> „Als Gott die Seele schuf, schuf er sie nach seiner höchsten Vollkommenheit, **auf dass sie eine Braut des eingeborenen Sohnes sein sollte**. Da er (= der Sohn) dies wohl erkannte, so wollte er ausgehen aus seiner heimlichen Schatzkammer der ewigen Vaterschaft, in der er ewiglich unausgesprochen innebleibend geschlafen hat. „In principio": Im ersten Beginn der ersten Lauterkeit, dort hat der Sohn das Zelt seiner ewigen Glorie aufgeschlagen und ist darum herausgekommen aus dem Allerhöchsten, weil er seine Freundin erhöhen wollte, die ihm der Vater **von Ewigkeit her vermählt** hatte, auf dass er sie **zurückbrächte in das Allerhöchste, aus dem sie gekommen ist**. Darum also ging er aus und erlitt seine Pein aus Liebe; und nicht ging er so aus, ohne wieder eingehen zu wollen mit seiner Braut in seine Kammer. Diese Kammer ist das stille Dunkel der verborgenen Vaterschaft. Dort, wo er ausging aus dem Allerhöchsten, dort wollte er wieder eingehen mit seiner Braut im Allerlautersten und wollte ihr offenbaren die verborgene Heimlichkeit seiner verborgenen Gottheit, wo er mit sich selbst und aller Kreaturen ruht." [35]

> „Denn, als der Mensch im ewigen Wesen Gottes stand, **da lebte in ihm nicht ein anderes; vielmehr, was da lebte, das war**

er selber. So denn sagen wir, dass der Mensch so ledig sein soll seines eigenen Wissens, wie er`s tat, als er nicht (erschienen) war." [36]

„Als ich in meiner ersten Ursache stand, **da hatte ich keinen Gott** (Gott und Seele eins), und da war ich Ursache meiner selbst; da wollte ich nichts und begehrte ich nichts, denn **ich war ein lediges Sein** und ein Erkennen meiner selbst (also Bewusstsein) im Genuss der Wahrheit. Da wollte ich mich selbst und wollte nichts sonst; was ich wollte, das war ich, und was ich war, das wollte ich, und hier stand ich Gottes und aller Dinge ledig. (bis hier das obere, ewige Antlitz).
Als ich aber aus freiem Willensentschluss ausging und mein geschaffenes Sein (niederes Antlitz) empfing, da hatte ich einen Gott (Dualität Gott-Seele entstanden); denn ehe die Kreaturen waren, war Gott (noch) nicht „Gott", er war vielmehr, was er war. Als die Kreaturen aber wurden und sie ihr geschaffenes Sein empfingen, da war Gott nicht (mehr) in sich selber „Gott", sondern in den Kreaturen war er Gott." [37]

2.2 Die Rückkehr zur Quelle: das Lebensziel aller Wesen

Wie wir gesehen haben, ist das Wiederfinden und Wiedererleben der im Grunde der Seele schon angelegten Einheit mit Gott das Ziel der Seele in der Zeit. Durch alle Inkarnationen hindurch sucht sie wieder die Quelle, aus der sie geschöpft wurde, oder ihren ewigen Teil, aus dem sie ihrer Zeitlichkeit nach geschaffen wurde, oder wie Eckhart sagt, von dem sie einst ausgegangen ist. Dieses Ziel nennen die Mystiker die „unio mystica" oder die große Hochzeit von Braut (Seele) und Bräutigam (Christusbewusstsein), und die östlichen Lehren nennen es die Vereinigung von Shiva und Shakti, die Sufis die Verschmelzung von Geliebte mit ihrem Geliebten. Die Bilder ähneln sich, deuten aber immer auf eine Vereinigung, die zwar in der Zeit wieder gefunden, aber stets über der Zeit und Kreatur geschieht, im Innersten der Seele.

> *„Die Seele ist für ein so großes und hohes Gut bestimmt, dass sie darum sich bei keiner Weise beruhigen kann, und sie eilt allzeit dazu, dass sie über alle Weisen hinaus zu dem ewigen Gute kommt, das Gott ist, für das sie geschaffen ist."* [38]

> *„Daran nun auch ist **der Seele Vollkommenheit** gelegen: an der Erkenntnis und am Begreifen, dass sie Gott ergriffen hat, und an der **Vereinigung in vollkommener Liebe**."* [39]

Während also der ungeschaffene, ewige Aspekt der Seele nie in die Zeit kommt und mit Zeit und Raum nichts zu schaffen hat, wie wir ausführlich dargelegt haben, so ist der geschaffene oder zeitliche Teil auf einer großen Odyssee oder Reise durch Zeit und Raum, gar durch Jahrmillionen, wenn man der Reinkarnationsforschung Glauben schenken will. Sie ist einesteils in Gott geblieben, mit einem anderen Aspekt (niederes Antlitz) aber ausgegangen in die Schöpfung, wie ein Licht im Kinosaal ausleuchtet auf die Leinwand, aber doch auch immer im Projektorraum bleibt. Die Seele hat durch ihr Ausleuchten in Zeit und Raum (Leinwand) all die Erfahrungen gesammelt und erlebt, was sonst reine Potentialität geblieben wäre, und will nun wieder zurückkehren, ganz wie im Gleichnis des verlorenen Sohnes (Neues Testament) dargelegt ist. Nicht ein Knecht oder Adoptivsohn ist in dieser Geschichte aus dem Vaterhaus ausgegangen, sondern ein leiblicher Sohn, also wesensgleich mit dem Vater, und daher ein Gotteskind, eines Wesens mit dem Vater, wie Eckhart immer wieder betont, beispielsweise mit dem bereits zitierten Satz: „Wo die Seele ist, da ist Gott, und wo Gott ist, da ist die Seele."

Die Heimkehr des „verlorenen Sohnes"

Dieser Gottessohn hat nun zahlreiche Erfahrungen gesammelt und sich immer mehr definiert und daher begrenzt (jede Definition ist eine Negation oder Eingrenzung). Er wurde so immer mehr mit den Dingen verwickelt oder den materiellen Dingen unterworfen, musste sich „ver-dingen", zuletzt als „Schweinehirte". Als dort in der Fremde der Leidensdruck irgendwann zu groß wird und er sich zugleich an seine glorreiche frühere Existenz als Sohn eines reichen Vaters erinnert, entschließt er sich heimzukehren und begibt sich somit auf die Reise zurück zu seiner Heimat, seinem Ursprung. Es scheint dabei, dass der Mensch in dieser Analogie letztlich nur deshalb *ausgegangen* ist oder in der ähnlichen Geschichte vom Prinzen und der Perle sogar *ausgeschickt* wurde, um mit Erfahrung wieder zurückzukehren, denn Eckhart sagt: „Zu dieser Vereinigung (mit Gott) hat unser Herr den Menschen geschaffen"[40], vermutlich um die vorher nur potentiell vorhandene Liebe zwischen Vater und Sohn existentiell und intensiv zu erfahren und konkret zu erleben. So ist es auch logisch, dass er am Schluss der Reise – statt bestraft zu werden – mit dem Vater ein großes Fest feiert.

> „… denn **der erste Beginn ist um des letzten Endzieles willen da**. Ja, Gott selbst ruht nicht da, wo er der erste Beginn ist, er ruht da, wo er Endziel und Rast alles Seins, ist, nicht, als ob dieses Sein zunichte würde, es wird vielmehr da vollendet als in seinem letzten Ziel gemäß seiner höchsten Vollkommenheit." [41]

Diese Rückkehr zur Quelle ist zugleich unsere Bestimmung, Vervollkommnung wie unsere Seligkeit:

> „Wisset nun: **Alle unsere Vollkommenheit und alle unsere Seligkeit hängt daran**, dass der Mensch durchschreite und hinausschreite über alle Geschaffenheit und alle Zeitlichkeit und alles Sein und eingehe in den Grund, der grundlos ist." [42]

> „Gott ist drinnen, wir aber sind draußen; Gott ist (in uns) daheim, wir aber sind in der Fremde." [43]

Wir müssen also früher oder später auf diese Rückreise gehen, aus dem einfachen Grund, dass wir ohne dies niemals glücklich werden können, was aber das Ziel aller Wesen ist und bleibt. Schon Augustinus sagte: „Rastlos ist mein Herz, bis es Frieden findet in dir, o Gott", und Meister Eckhart fügt dem hinzu:

> „…das ist allen Kreaturen versagt, dass irgendeine alles das habe, was den Menschen gänzlich zu trösten vermag." [44]

> „…alles, was wir an irgendeiner Kreatur suchen, das ist alles Schatten und ist Nacht. Selbst noch des obersten Engels Licht, so hoch es sei, es berührt doch nichts von der Seele. Alles, was das erste Licht nicht ist, das ist alles dunkel und ist Nacht." [45]

> „(die Seele)…kann nicht ertragen, dass irgendetwas über ihr sei. Ich glaube, **sie kann sogar nicht ertragen, dass Gott über ihr sei** (!); wenn er ihr ist und sie es nicht ebenso gut hat wie er selbst, so kann sie nimmer zur Ruhe kommen." [46]

> „**Die Seele soll nimmer ruhen** in der vermögenden Kraft, **bis sie ganz eins in Gott werde**." [47]

> „Die Seele muss wieder einfließen in dem Sohne, wie sie in ihm ausgeflossen ist. Denn der Vater hat die Seele in dem Sohne geschaffen." [48]

So wie sie einst (aus jenem ewigen Licht) ausgeflossen oder ausgegangen ist, so muss sie *selbst* wieder zurückkehren, denn, wie auch der „Kurs in Wundern" heute sagt (und diese Koinzidenz ist erstaunlich): Gott kann nichts erkennen und sich schon gar nicht vereinen mit dem, was nicht ebenso göttlich ist. Wasser kann sich nur mit Wasser oder Wässrigem völlig verbinden und nicht mit Öl, also nur Gleiches mit Gleichem. Gott erkennt den Menschen immer nur in seiner Reinheit und Unschuld, soweit wir eben göttlich sind, von seiner Natur sind, und nur soweit wir dies sind, so weit sind wir in ihm, wie im Folgenden zu lesen ist:

> „**Gott erkennt auch nichts außerhalb seiner**, sondern sein Auge ist nur auf ihn selbst gerichtet. Was er sieht, das sieht er alles in sich. Darum sieht uns Gott nicht, wenn wir in Sünden sind. **Drum: Soweit wir in ihm sind, so weit erkennt uns Gott**, das heißt: soweit wir ohne Sünde sind." [49]

> „Da **Gleiches in Gleichem** (!)so viel vermag, darum soll sich die Seele in ihrem natürlichen Lichte (=Bewusstsein) in das Höchste und in das Lauterste erheben und so eintreten in das Engelslicht und mit dem Engelslicht in das göttliche Licht gelangen und

> *so stehen zwischen den drei Lichtern in der Wegscheide, in der Höhe, wo die Lichter zusammenstoßen. Dort spricht ihr das ewige Wort (=logos) das Leben ein; dort wird die Seele lebendig und antwortend in dem Worte."* [50]

Seele muss selbst den Heimweg antreten, mit „Verlangen hinaufklimmen".

Daher müssen wir zu diesem Zustand zurückkehren. Um wieder zu diesem Göttlichen in unserem Bewusstsein zu gelangen, müssen wir selbst den Rückweg antreten, müssen wieder „hinaufgehen" (E-volution), so wie wir durch die Ebenen der Existenz „hinab" (In-volution)- gekommen sind:

> *„So also soll die Seele beständig hinaufklimmen in erkennendes Wirken. Wo sie etwas von göttlichem Lichte oder göttlicher Gleichheit findet, da soll sie eine Hütte bauen (= verweilen) und nicht abkehren, bis sie abermals noch weiter hinaufklimmt. Und so soll sie sich beständig weiter hinauf erheben in dem göttlichen Lichte und so über alle Hütten (= alles Verweilen) hinauskommen mit den Engeln im Himmel in das lautere, reine Anschauen Gottes."* [51]

> *„Wer gottförmig werden will, der muss **mit ganzem Verlangen** hinaufklimmen."* [52]

Unser Meister macht uns dabei auch eindeutig klar, wie Angelus Silesius und viele andere Mystiker erklären, dass es nicht genügt, dass Gott uns einfach so erlöst, sondern dass die Seele selbst „hinaufklimmen" muss, dass wir den Weg *selbst gehen* bzw. *ihm nachfolgen* müssen, wie Christus selbst oft betonte. Der große Mystiker Jacob Böhme hat diese Art von Gläubigen, die nur auf diese Art der Rückkehr aus Lippenbekenntnis hoffen, spöttisch auch „Maulchristen" genannt. Und Christus selbst sagt, dass nicht alle, die da „Herr, Herr" rufen, in das Himmelreich gelangen, sondern nur die, die ihm nachfolgen!! Eckhart nennt also zu Recht Christus unseren großen Bruder, unser Vorbild, unseren Meister, dessem Weg wir aber selbst nachfolgen müssen, genau wie der verlorene Sohn im

Gleichnis auch selbst nach Hause gehen muss und nicht etwa abgeholt wird. Noch anschaulicher und ausführlicher ist diese Geschichte der Heimkehr übrigens in der Geschichte vom Prinzen und der Perle beschrieben, die vom Apostel Thomas verfasst worden sein soll. Jedenfalls müssen wir auch nach Eckhart wieder „mit ganzem Verlangen" hinaufklimmen, und nur, wenn wir zurückgekehrt und im Vaterhaus wieder angekommen sind, kann diese Gottesgeburt in uns wieder geschehen.

> „Gott hat durch den Propheten gesprochen: ,**Ihr seid Götter** und seid Kinder des Höchsten` (Ps.81,6). Und deshalb sage ich: **Im Gleichen gibt Gott die Geburt**. Versähe die Seele sich dessen nicht, sie würde niemals danach verlangen, da hinein- (=in die göttliche Natur) zukommen." [53]

> „Dessen mögen wir uns wohl freuen, dass Christus, unser Bruder, aus eigener Kraft aufgefahren ist über alle Chöre der Engel und sitzt zur rechten Hand des Vaters. Dieser Meister hat recht gesprochen; **aber wahrlich, ich gebe nicht viel darum (!!)**. Was hülfe es mir, wenn ich einen Bruder hätte, der da ein reicher Mann wäre, und ich wäre dabei ein armer Mann? Was hülfe es mir, hätte ich einen Bruder, der da ein weiser Mann wäre, und ich wäre dabei ein Tor?"

Wenn es also an Christus oder an Gott allein läge, dann müsste er folgerichtig, zumal er ja die Liebe ist, uns und die Schöpfung schon längst von allem Leid erlöst haben. Warum sollte er warten? Nur aus dem einzigen vernünftigen Grund, da er uns als Gotteskinder und damit als freie Wesen respektiert und uns nicht gegen unseren Willen holen kann. Sondern wie im Gleichnis des verlorenen Sohnes muss er warten, bis wir freiwillig wieder nach Hause kommen. Eckhart sagt eindeutig, dass es nicht an Gott liegen kann, zumal er die Liebe selbst ist und uns alles geben muss, sobald wir uns dafür öffnen würden:

> „So liebkost Gott uns, **so fleht er zu uns**, und Gott kann es nicht erwarten, bis die Seele sich von der Kreatur abwendet und abschält. Und es ist eine sichere Wahrheit und ist eine notwendige Wahrheit, dass es Gott so not tut, uns zu suchen, recht **als ob**

> *seine ganze Gottheit daran hinge,* wie sie's denn auch tut (!!).
> Und Gott kann uns ebenso wenig entbehren wie wir ihn. Ich will
> ihn vielmehr bitten, dass er mich würdig mache zu empfangen,
> und will ihn dafür loben, dass er der Natur und des Wesens ist,
> **dass er geben muss (!)**. Wer aber Gott dies rauben wollte, der
> raubte ihm sein eigenes Sein und sein eigenes Leben."[54]

Gott *muss* sich uns also geben, er kann gar nicht anders, wenn wir ihn nur wieder suchen und unsere Aufmerksamkeit von der Fixation auf die Kreatur ablösen würden. Doch wenn wir jetzt auch noch Widerstand leisten, früher oder später werden wir zurückkehren, aus dem einfachen Grund, weil wir von Natur aus eben nicht „Schweinehirten", sondern Gotteskinder sind und daher nicht ruhen können, wie Augustinus sagte, bis wir wieder zuhause sind. Eben aufgrund dieser unserer göttlichen Natur haben wir den unauslöschlichen Drang, wieder nach Hause zu kommen. Wir haben sozusagen **den Samen Gottes unauslöschlich in uns,** dieses innere Licht der Quelle, und es führt uns unweigerlich zum himmlischen Vater zurück. Das ist die Re-ligio, die Rückverbindung, von der die Religionen handeln, und sie mündet schließlich in das Heiligste, die Vereinigung, in die Unio der Mystiker und Weisen, in der Gott von Angesicht zu Angesicht geschaut wird, also in die Einheit mit Gott. Eckhart beschreibt diesen Rückweg des Menschen in sechs prinzipiellen Stufen:

> „Keine vernunftbegabte Seele ist ohne Gott; **der Same Gottes ist
> in uns**. Hätte er einen guten, weisen und fleißigen Ackerer, so
> würde er um so besser gedeihen und wüchse **auf zu Gott, dessen
> Same er ist,** und die Frucht würde gleich der Natur Gottes.
> Birnbaums Same erwächst zum Birnbaum, Nussbaums Same
> zum Nussbaum, **Same Gottes zu Gott** (vgl.1 Joh.3,9). Ist's aber
> so, dass der gute Same einen törichten und bösen Ackerer hat, so
> wächst Unkraut und bedeckt und verdrängt den guten Samen,
> so dass er nicht ans Licht kommt noch auswachsen kann. Doch
> spricht Origenes, ein großer Meister: Da Gott selbst diesen
> Samen eingesät und eingedrückt und eingeboren hat, **so kann er
> wohl bedeckt und verborgen und doch niemals vertilgt noch
> in sich ausgelöscht werden;** er glüht und glänzt, leuchtet und
> brennt und neigt sich ohne Unterlass zu Gott hin.

*Die erste Stufe des inneren und des neuen Menschen, spricht Sankt Augustin, ist es, wenn der Mensch nach dem Vorbilde guter und heiliger Leute lebt. Die zweite Stufe ist es, wenn er jetzt nicht nur auf die äußeren Vorbilder... schaut, sondern läuft und eilt zur Ehre und zum Rate Gottes und göttlicher Weisheit und kehrt der Menschheit den Rücken und das Antlitz Gott zu. Die dritte Stufe ist es, wenn der Mensch mehr und mehr sich der Mutter entzieht und... der **Sorge entflieht, die Furcht abwirft**, so dass, wenn er gleich, auch ohne Ärgernis aller Leute zu erregen, übel und unrecht tun könnte, es ihn doch nicht danach gelüsten würde; denn er ist in Liebe so mit Gott verbunden in eifriger Beflissenheit. Die vierte Stufe ist es, wenn er mehr und mehr zunimmt und verwurzelt wird in der Liebe und in Gott, so dass er bereit ist, auf sich zu nehmen alle Anfechtung. Die fünfte Stufe ist es, wenn er allenthalben in sich selbst befriedet lebt, still ruhend im Reichtum und Überfluss der höchsten unaussprechlichen Weisheit. Die sechste Stufe ist es, wenn der Mensch entbildet ist und überbildet von Gottes Ewigkeit und gelangt ist zu gänzlich vollkommenem Vergessen vergänglichen und zeitlichen Lebens (im Buddhismus shunyata=Leere) und gezogen und hinüberverwandelt ist in ein göttliches Bild, wenn er Gottes Kind geworden ist. Darüber hinaus noch höher gibt es keine Stufe, und **dort ist ewige Ruhe und Seligkeit**, denn das Endziel des inneren Menschen und des neuen Menschen ist: **ewiges Leben**."* [55]

Wären wir also nur Geschöpfe, würden wir uns absolut wohlfühlen in der Schöpfung und es gäbe überhaupt kein Problem noch Sehnen nach etwas anderem. Doch seit jeher hat der Mensch dieses Sehnen, es wird in all den Mythen, in der Religion und der Poesie aller Völker zu allen Zeiten ausgedrückt. Dies ist nur dadurch zu erklären, dass wir noch etwas anderes in uns tragen, und wenn es nur eine Erinnerung wäre. Wir sind demnach in der Welt, aber nicht von dieser Welt, sind philosophisch gesprochen nicht nur das Geschöpfte, das Objekt, das Beobachtete und Wahrgenommene, Dinge eben, sondern sind zugleich das Subjekt, der Wahrnehmende, der Beobachter, dessen Bedeutung nun auch die moderne Physik erkennt, und das ist eben etwas völlig anderes. Daher gab es bei den Suchenden auch schon immer die entscheidende Frage: **Wer bin ich?**, die uns zu dieser Wahrheit und Ein-sicht hinführt.

Die Hindernisse auf dem Weg nach Hause

Warum aber, wenn doch das Göttliche stets bereit ist, hat dann der Mensch so viel Widerstand, was hindert uns, und dies selbst dann noch, wenn wir den dazu nötigen Entschluss zur Metanoia, zur Umkehr, einmal gefasst haben, was behindert uns auf diesem Rückweg? Zunächst müssen wir akzeptieren, was ist, und dazu gehört, dass wir bereits in der Fremde und in der Kreation, in Raum und Zeit gefangen und in Begierden und Widerstände mit den Dingen verstrickt sind. Ähnlich wie Buddha diese Anhaftung aus Hass, Neid und Gier als wesentliche Faktoren unserer Verblendung sieht, hindern uns nach Eckhart prinzipiell drei Dinge: **erstens** Zeit bzw. Raumzeit, **zweitens** Körperlichkeit bzw. Begrenztheit und **drittens** Vielheit bzw. unser Glaube an Trennung, der für uns offensichtlich und real, in der Realität der Einheit Gottes aber gar nicht existiert, eine bloße Illusion ist:

> *„Drei Dinge hindern den Menschen,*
> *so dass er Gott auf keinerlei Weise erkennen kann.*
> *Das erste ist Zeit, das zweite Körperlichkeit, das dritte Vielheit.*
> ***Solange diese drei in mir sind, ist Gott nicht in mir,***
> *noch wirkt er in mir in eigentlicher Weise."* [56]

Daher muss sich die verwickelte Seele wieder befreien, indem sie läutert oder abscheidet, oder buddhistisch gesagt wieder frei wird von Anhaftungen. Dies muss aber im Gegensatz zur asketischen Ansicht, die etwas im Äußeren beseitigen will und dadurch fast immer scheitert, innen und im Geiste geschehen. Der freie **Wille** des Menschen, der sich bisher der Kreatur zugewandt hat, muss sich wieder in seinen Ursprung kehren, oder anders gesagt, das Bewusstsein muss im Kino des Lebens wieder klar erkennen, dass dies nur ein Film ist. Er darf sich nicht mehr mit den Phänomenen auf der Leinwand identifizieren oder, wie Eckhart sagt, mit den Kreaturen zerfließen, sondern muss davon frei werden und sich wieder als davon unabhängiger Zuschauer erkennen und erfahren, als einer, der mit dem Film nichts zu tun hat, der auch mit den Gestalten auf der Leinwand nicht untergeht oder stirbt, sondern selbst der Beobachter und damit Bewusstsein ist und bleibt. Eckhart hat diesen Prozess im Traktat von der Abgeschiedenheit ausführlich beschrieben. Dazu ist spirituelle Übung nötig.

> *„So auch bereitet sich die Seele **durch Übung**. Dadurch wird sie von oben herab entzündet. Das geschieht durch das Licht des Engels."* [57]

> *„Die Seele muss **geläutert werden** und subtil gemacht… und völlig abgeschieden und abgeschält werden, was an der Seele ist, (je sogar) auch ein Teil von dem, was sie selbst ist."* [58]

> *„In diesem Einen gebiert der Vater seinen Sohn im innersten Quell. Dort blüht aus der Heilige Geist, und dort entspringt in Gott ein Wille, der gehört der Seele zu. **Solange der Wille unberührt steht von allen Kreaturen und von aller Geschaffenheit, ist der Wille frei.** Christus spricht: „Niemand kommt zum Himmel, als wer vom Himmel gekommen ist"* *(Joh. 3,13). Alle Dinge sind geschaffen aus nichts, darum ist ihr wahrer Ursprung das Nichts, und soweit sich dieser edle Wille den Kreaturen zuneigt, verfließt er mit den Kreaturen in ihr Nichts… **Wenn immer sich dieser Wille von sich selbst und aller Geschaffenheit (nur) einen Augenblick zurück in seinen ersten Ursprung kehrt, so steht der Wille (wieder) in seiner rechten freien Art und ist frei**; und in diesem Augenblick wird alle verlorene Zeit wieder eingebracht."* [59]

Sobald einmal diese Verhaftungen erkannt und gelöst sind – und wir werden im Praxisteil noch moderne und schnelle Verfahren hierzu kennen lernen –, so ist der erkennende oder bewusste Wille frei, sich wieder in sich selbst zu kehren, sich zu erkennen und das hinter den Erscheinungen oder hinter den Gedanken liegende grundlegende Bewusstsein zu erfassen und in Gott zu ruhen.

> *„Soviel die Seele in Gott ruht, so viel ruht Gott in ihr. Ruht sie ein Teil in ihm, so ruht (auch) er ein Teil in ihr; ruht sie ganz und gar in ihm, so ruht (auch) er ganz und gar in ihr."* [60]

> *„Die Seele nimmt ihr Sein unmittelbar von Gott; darum ist Gott der Seele näher, als sie sich selbst ist; darum* **ist Gott im Grunde der Seele mit seiner ganzen Gottheit.**" [61]

> *„***Erkenntnis aber hat den Schlüssel und** *schließt auf und dringt und bricht durch und* **findet Gott unverhüllt** *und sagt sodann ihrem Gespielen, dem Willen, was sie in Besitz genommen habe, wiewohl sie doch den Willen (dazu) schon vorher gehabt hat; denn was ich will, das suche ich. Erkenntnis geht voraus. Sie ist eine Fürstin und sucht Herrschaft im Höchsten und Lautersten und gibt es an die Seele."* [62]

Der Wille zur Befreiung von den Erscheinungen und Verhaftungen einerseits sowie Wachheit bzw. bewusstes Erkennen der entstehenden Leere oder Stille andererseits sind die Schlüssel. In der Dimension des Bewusstseins *jenseits* aller Bilder und Gedanken findet die Seele dann Gott „unverhüllt":

> *„Nun könntet ihr sagen, in der Seele seien doch von Natur aus nichts als Bilder. Nein, keinesfalls! Denn,* **wäre das wahr, so würde die Seele nimmer selig.**" [63]

> *„Nun könntest du sagen. Ei nun, Herr, Ihr wollt der Seele ihren natürlichen Lauf umkehren und gegen ihre Natur handeln! Ihre Natur ist es (doch), durch die Sinne aufzunehmen und in Bildern; wollt ihr diese Ordnung umkehren – Nein! Was weißt (denn) du, welchen Adel Gott in die Natur gelegt hat, der noch nicht voll beschrieben, sondern noch verborgen ist. Denn, die über den Adel geschrieben haben, die waren da noch nicht weiter gekommen, als sie ihre natürliche Vernunft trug; sie waren nie in den Grund gekommen: drum musste ihnen vieles verborgen sein und blieb ihnen unerkannt."* [64]

*„Man kann diesem Worte mit nichts dienlicher sein als **mit
Stille und mit Schweigen;** da kann man's hören und versteht
man's recht in jenem Unwissen. Wo man nichts weiß, da weist
und offenbart es sich…Indessen: man muss hier (ja) in ein
überformtes Wissen kommen, und zudem darf dieses Unwissen
nicht aus Unwissen kommen, sondern aus Wissen muss man in
ein Unwissen kommen. Dann werden wir wissend werden mit
dem göttlichen Wissen, und dann wird unser Unwissen mit dem
übernatürlichen Wissen geadelt und geziert werden."* 65

*„..wenn Gott göttlich in dir leuchten soll, so hilft dir dein
natürliches Licht ganz und gar nichts dazu, sondern es muss
zu einem lauteren Nichts werden und sich seiner selbst ganz
entäußern; dann (erst) kann Gott mit seinem Licht einziehen,
und er bringt alles das (wieder) mit sich herein, was du
aufgegeben hast und tausendmal mehr.."* 66

Ziel ist die Stille oder die Leere hinter den Erscheinungen.

Auch damals, wie übrigens fast zu jeder Zeit, zweifelten viele Menschen daran, dass es jenseits der Gedanken, jenseits der Bilder etwas zu erkennen und zu erfahren geben sollte, und haben sich gewehrt, in diese „Finsternis" oder buddhistisch gesprochen „Leere" hineinzugehen. Und doch ist dies in allen mystischen Schulen so gefordert und wird mit dem großen Tod gleichgesetzt, denn alles Andere und Kreatürliche muss draußen bleiben. Ohne dies ist alles andere Wissen bloße Illusion, bloße Kinobilder, und erst in der leeren Wachheit, großen Weite und Stille des reinen Geistes – den die Tibeter „Rigpa" nennen – erkennt der Geist sich selbst, schaut das Bewusstsein statt nach außen nach innen und sieht sich selbst in seiner reinen Klarheit, vollen Lichtheit, in seiner Essenz und Göttlichkeit.

*„Je nun, Herr, was soll denn meine Vernunft tun, wenn sie so
ganz ledig stehen muss ohne alles Wirken? …Soll ich denn also
völlig in Finsternis stehen? – Ja, sicherlich! Du kannst niemals*

besser da stehen, als wenn du dich völlig in Finsternis und in Unwissen versetzest." [67]

„Was ist das letzte Endziel? Es ist das verborgene Dunkel der ewigen Gottheit... dass wir zu dieser Wahrheit kommen mögen, dazu helfe uns die Wahrheit, von der ich gesprochen habe." [68]

„ 'Ich`, spricht unser Herr im Propheten Osee, 'will die edle Seele führen in eine Einöde, und ich will dort sprechen in ihr Herz' (Os. 2,14). Eines mit Einem, Eines von Einem, Eines in Einem und in Einem Eines ewiglich. Amen." [69]

2.3 Einheit im Christusbewusstsein

In der Tradition der alten griechischen Kirchenväter und Theologen wie Gregor von Nyssa oder Maximus Confessor sieht Meister Eckhart die Seele in ihrem Aspekt der Überzeitlichkeit oder in ihrem ewigen Sein als in einer unauflösbaren Verbundenheit oder Einheit mit dem Logos, also als (holographischen, nicht abgeteilten) „Teil" des Gottessohnes, damit als *derselbe* Sohn wie Christus. Einerseits sagt Eckhart deutlich, es gebe nur *einen* Sohn, und dann sagt er ebenso, dass wir *derselbe* Sohn seien. Daraus könnte man folgern, dass wir wie Licht im Licht hier in einem ewigen Sein als Söhne im Sohn verbunden sind. Da der „Sohn" die zweite Person der Dreifaltigkeit und damit den Logos meint, oder „Chit" im Sanskrit, so sind wir in diesem Logos, im Bewusstsein eine Vielheit und Einheit zugleich. Daher ist diese Einheit holographisch, denn jeder Teil enthält das Ganze in sich, sonst könnte Eckhart auch nicht von *einem* und *demselben* Sohn sprechen, sondern nur von vielen. Dies bedeutet, dass wir als Geistseelen eine Natur und ein Sein mit Gott haben, und genau dies sagt er auch an anderer Stelle explizit. An noch anderer Stelle haben wir bereits zitiert, dass es nur ein Erkennen gibt und dass Gottes Erkennen und unser Erkennen nur ein Erkennen ist. Sonst wäre auch eine derartige intensive Einheit nicht möglich, und wir müssen daher selbst Licht sein, um in diesem Licht eine ewige Einheit bilden zu können, und Eckhart begründet dies auch damit, dass eine echte Einheit nur zwischen zwei

Gleichen möglich ist, wie etwa Wasser mit Wasser und nicht Wasser mit Öl, wie schon belegt. Somit ergibt sich folgendes Bild:

Wir sind in Gott als Gott selbst, sind „ein und derselbe Sohn".

Wir sind in der Ewigkeit in einer Einheit mit Christus, wie dieser auch selbst sagte im Beispiel vom Weinstock und den Reben und an vielen anderen Stellen, dass wir in ihm eins sind. Eckhart betont (zu Recht), dass es in der Ewigkeit keine Zeitfolge gibt und wir daher im ewigen Jetzt immer mit Christus mitgeboren sind, als Teil des ewigen Logos, als Teil des „Sohnes Gottes", und somit ebenso Sohn Gottes und ewiges Licht oder Bewusstsein. Wir sind also – von der Ewigkeit der Seele betrachtet oder in ihrem oberen Antlitz, da, wo wir reiner Erkenner, Beobachter oder Bewusstheit sind – hier immer eins mit Christus, und übrigens auch mit allen Wesen. Hier sind es nicht einmal viele Söhne, wie es in der Zeit erscheint, sondern hier gebärt Gott, das ewige Sein, nur einen einzigen Sohn, eine Lichtheit, eine Bewusstheit. Dadurch ist sich das Ewige, der Geist, ständig seiner selbst bewusst, eben auch durch unser Erkennen. So sind wir bildlich gesprochen eine Einheit, mit Christus nur ein Sohn, und werden es immer bleiben, es sei denn, Zeit käme in die Ewigkeit.

Anders gesagt, es gibt nur *ein* Christusbewusstsein, an dem wir alle teilhaben oder, besser gesagt, dass wir selbst sind. Dies bedeutet, es gibt in Wirklichkeit nur *ein* höheres Selbst, und dennoch gibt es hier auch eine potentielle Vielheit, die aber holographisch zu verstehen ist. Dies bedeutet, alle Seelen, wie auch alle Engel oder andere Geistwesen, haben alle anderen in sich, wie in einem holographischen Bild alle Bruchstücke doch wieder das Ganze enthalten. So sagt auch Eckhart, dass **hier alles ineinander ist und nicht nebeneinander**, wie etwa Licht von vielen Kerzen ein einziges Licht ergibt und man nicht mehr trennen kann, von welcher Kerze welches Licht kommt.

Interessant ist auch, dass im Buddhismus, vor allem in der mystischen Richtung, im Zen, von der gemeinsamen Buddhanatur aller Wesen gesprochen wird, die ebenso eine *einzige* Natur und Einheit ist und an der alle fühlenden oder bewussten Wesen teilhaben. Auch hier gibt es die völlig parallel zum Christusbewusstsein gleichlautende Aussage, dass diese Buddhanatur in allen Wesen *dieselbe* ist und somit alle Wesen Buddha sind, wie bei Eckhart alle Wesen oder Söhne nur ein Sohn sind, und zwar derselbe Sohn, und damit alle Wesen Christus sind. Somit ist auch das Christuswort wörtlich zu verstehen: „Was ihr dem geringsten meiner Brüder (!) getan habt, das habt ihr mir getan", da es eben dieselbe Natur oder dasselbe Bewusstsein ist, und die buddhistischen Lehrer entwickeln daraus das umfassende Mitgefühl. Lassen wir seine Worte für sich sprechen und die Aussagen belegen:

> *„Darum ist der himmlische Vater in Wahrheit **mein** Vater, denn **ich bin sein Sohn** und habe alles das von ihm, was ich habe, und **ich bin derselbe Sohn** (wie Christus) und nicht ein anderer. Weil der Vater (nur) **ein** Werk wirkt, darum wirkt er mich als seinen eingeborenen Sohn **ohne jeden Unterschied**."* [70]

> *„Soll der Mensch Gott erkennen, **so muss er mit Christus ein einziger Sohn des Vaters sein**; und darum: Wollt ihr selig sein; so müsst ihr **ein** Sohn sein, nicht viele Söhne, sondern **ein** Sohn. Ihr sollt wohl unterschieden sein nach der leiblichen Geburt; in der ewigen Geburt aber sollt ihr eins sein, denn in Gott ist nichts als ein naturhafter Ursprung; und darum ist da nur ein naturhafter Ausfluss des Sohnes, nicht zwei, sondern einer. Und darum: Sollt ihr ein Sohn sein mit Christus, **so müsst ihr ein einziger Ausfluss mit dem ewigen Worte sein**."* [71]

> *„**Und da denn sein Erkennen mein ist** und da seine Substanz sein Erkennen und seine Natur und sein Sein ist, so folgt daraus, **dass sein Sein und seine Substanz und seine Natur meine sind**. Und wenn denn seine Substanz, sein Sein und seine Natur mein sind, **so bin ich der Sohn Gottes (!!)**. Sehet, Brüder, welche Liebe uns Gott geschenkt hat, **dass wir der Sohn Gottes geheißen werden und sind (!!)**."* [72]

> *„…und so, wie der Sohn eins ist mit dem Vater nach Sein und nach Natur, **so bist du eins mit ihm nach Sein und nach Natur** und hast es alles in dir, wie es der Vater in sich hat; du hast es von Gott nicht zu Lehen, denn **Gott ist dein Eigen**…"* [73]

*„Eine Schrift sagt: „**Niemand erkennt den Vater als der Sohn**"
(Matth. 11,27), und deshalb: Wollt ihr Gott erkennen, so müsst
ihr dem Sohne nicht allein gleich sein, sondern **ihr müsst der
Sohn selber sein.**"* [74]

*„Darum ist der himmlische Vater in Wahrheit **mein** Vater,
denn **ich bin sein Sohn** und habe alles das von ihm, was ich
habe, und **ich bin derselbe Sohn** und **nicht ein anderer**. Weil
der Vater (nur) ein Werk wirkt, darum wirkt er mich als seinen
eingeborenen Sohn ohne jeden Unterschied."* DW1.454 M/86-87

Ausdrücklich und nicht mehr anders interpretierbar ist hier erklärt, dass wir „derselbe Sohn sind und nicht ein anderer", und da der Sohn der Logos ist, so bilden wir hier eine Einheit im erkennenden Bewusstsein, oder bildlich gesprochen sind wir Licht vom Licht, Licht im Licht und sind hier ein einziges Christus- oder Buddhabewusstsein. Interessant auch, dass in moderner Zeit Neale Walsch davon spricht, wenn er von der Seele redet: „Es gibt nur ein Wesen und damit nur eine Seele. Gleichzeitig existieren viele Seelen in dem einen Wesen... dass es keine Trennung zwischen den Seelen gibt... es gibt keinen Ort, wo die eine Seele endet und die andere beginnt." (Bd.3, S. 226). Er gibt uns das Bild von ein und derselben Luft, die aber in verschiedenen Zimmern verschiedene Färbungen und Gerüche annimmt und somit die eine Luft anders riecht als die andere und so die Vorstellung von Vielheit entsteht. Genauso spricht Eckhart von unseren Seelen als von einer Einheit, wohlgemerkt nicht von einer zusammengesetzten, sondern von einer Einheit von Ewigkeit her, „eins mit ihm nach Sein und nach Natur", und daher „derselbe Sohn und nicht ein anderer", und doch zugleich spricht er auch wieder wie Christus von „Brüdern", also einer Mehrzahl, die aber einander gleich sind. Fassen wir es nochmals mit unseren Worten zusammen:

Die Seelen sind alle ewig, da sie in dem ewigen Jetzt von Gott ewig gezeugt sind (bzw. jetzt ewig gezeugt werden) als sein Sohn, als *ein* Logos („ein einziger Ausfluss mit dem ewigen Worte"), der aber zugleich viele in sich enthält, wie viele Lichter und doch nur ein Licht. Philosophisch gesprochen erkennt das Sein sich selbst und ist damit bewusstes Sein (und erst, indem es sich erkennt kann es sich lieben, was dann der dritte Aspekt Gottes sein wird, im Abendland der Heilige Geist oder indisch Ananda = Glückseligkeit). Wir sind nicht nur ähnliches Licht, wir sind dasselbe Licht, dasselbe Bewusstsein wie der Sohn, wie Christus. Nur deshalb (!), so Eckhart, sind wir eins mit Gott und können überhaupt eins sein, da wir dasselbe Licht haben, das er in sich ist. Einheit gibt es nur unter Gleichem, so Eckhart, und wir können also nur eins mit ihm sein, wenn wir ebenso „Logos" sind, oder wie der zitierte alte Kirchenlehrer sagte, wenn wir „Teilchen Gottes" sind. Nur deshalb kann es überhaupt eine echte Einheit geben, sonst wäre es nur eine Mischung aus Verschiedenem, was aber nicht möglich ist, da sich Ewigkeit und Zeit, das Licht Gottes und die Kreatur, philosophisch Essenz und Existenz, Geist und Kreatur, nie zu einer Einheit vermischen lassen:

*„Geistige Dinge und körperliche Dinge können nicht (miteinander) vereint sein. Soll göttliche Vollkommenheit in der Seele wirken, **so muss die Seele ein Geist sein, wie Gott** ein Geist ist."* [75]

„Göttlichem Wesen ist nichts gleich, in ihm gibt es weder Bild noch Form. Die Seelen, die in solcher Weise gleich sind, denen gibt der Vater gleich und enthält ihnen nichts vor." [76]

Er sagt im Folgenden ja auch: „Wo dann Gott ist, da bin ich, und wo ich bin, da ist Gott." Die Seelen sind also in ihrem ewigen Aspekt dem göttlichen Wesen gleich und daher wird ihnen überhaupt nichts von Gottes Göttlichkeit oder Natur oder Sein vorenthalten, noch können sie irgendwie weniger oder geringer sein. Daher kann Eckhart kühn behaupten: „Du hast es von Gott nicht zu Lehen, denn **Gott ist dein Eigen**…", eben und nur, weil du es selbst bist! Radikal wie immer lässt Eckhart auch nicht zu, dass hier etwa eine Hierarchie oder eine Stufenfolge in diese völlige Einheit hinein interpretiert wird, so dass etwa die Seelen bis dahin hinreichen, aber irgendwie doch noch unter Gott stehen oder irgendwie geringer wären:

*„Wenn aber Gott in mir ist und ich in Gott bin, **so bin ich nicht geringer, und Gott ist nicht höher**."* [77]

*„Der Vater gebiert seinen Sohn im Innersten der Seele und gebiert dich mit seinem eingeboren Sohn als nicht geringer. Soll ich Sohn sein, **so muss ich in demselben Sein Sohn sein, in dem er Sohn ist,** und in keinem anderen."* [78]

> *„...wo dann Gott ist, da bin ich, und wo ich bin, da ist Gott (Identität!!), es sei denn, dass die Heilige Schrift lüge. Wo immer ich bin, da ist Gott: das ist eine reine Wahrheit und ist so wahrhaft wahr wie dass Gott Gott ist."* [79]

Worin liegt nun die Natur dieser Einheit? Was ist ihre Substanz oder ihr Sein, in dem wir so gleich mit Gott sind, dass wir naturhart derselbe Sohn sind und daher mit ihm sagen können: Ich und der Vater sind eins? Die Mystiker und auch viele der großen Scholastiker seiner Zeit wie Bonaventura erkennen es als das bewusste Sein oder Bewusstsein, auch „intellectus" oder „reine Vernunft" genannt. Auch empirisch kann dies jeder nachprüfen, indem er Gedanken und Gefühle und jedwede Erscheinung im Geist ausklingen lässt oder Gedankenstille hervorruft, aber dennoch wird noch irgendetwas jenseits der Gedanken übrig bleiben, aus dem jene erst entstehen und in das sie wieder vergehen. Und dieses „Etwas" ist sich weiter bewusst, auch wenn keine Form mehr da ist.

Gott wie Seele sind sich selbst bewusster Geist, sind Bewusstsein.

Aber auch aus christlicher Sicht ist dies zutreffend, denn wie schon im Johannesevangelium verkündet, ist Gott Geist, und als ein sich selbst bewusster und erkennender Geist ist er Bewusstsein. Anders gesprochen wird das Wort oder der Sohn im griechischen Original auch als Logos bezeichnet, was wir besser als bewusstes Sein oder Bewusstsein übersetzen können. Wenn wir hier also in einer Einheit mit dem Sohn sind, ist diese Einheit eine Einheit im Bewusstsein. Es kann auch nicht anders sein, denn alles andere wäre ja Erscheinung, Kreatur, und somit nach Eckhart nicht ewig, sondern vergänglich. Also kann kein Objekt, keine Erscheinung oder kein Phänomen, wie edel es auch immer sein mag, jemals in dieser Ewigkeit bestehen bleiben oder kann mit Gott sein oder je Gott werden, denn, so sagt Eckhart: „Wisst ihr, wodurch Gott Gott ist? Dadurch ist Gott Gott, **dass er ohne Kreatur ist.**" [80]

In Gott kann also nur kommen oder in Gott kann nur sein, was jenseits der Objekte ist, was die Objekte zwar erschafft oder erschaut, wahrnimmt, ohne selbst eines zu sein, und das ist der Beobachter, das Erkennende, das Bewusstsein. Somit ist diese Einheit in Christus, diese Einheit im Sohne eine Einheit im erkennenden

Geiste, im Bewusstsein, und daher können wir dazu auch Christusbewusstsein oder genauso gut Buddhabewusstsein sagen. Denn dieses reine Erkennen ist die Buddhanatur oder die Christusnatur, wie oben gesagt, dass wir im Sohn *ein* Sein und *eine* Natur mit dem Sohn sind und dass hier Zeitliches nicht hineinkommen kann. Somit ist auch ein Erlangen in der Zeit ausgeschlossen, wie ich schon in meinem Buch „Der Seele Grund" ausführlich bewiesen habe. Da Gott in seinem Sein und seiner Natur ohne jede Kreatur ist, kann die Seele niemals Kreatur sein oder gewesen sein, sondern nur ebenso ewig und von derselben Natur wie Gott. Sonst könnte sie nie in Gott hineinkommen oder mit Gott vereint sein, weil eben nur Gleiches und schon gar nichts Kreatürliches in dieses Licht hinein kann. Dies widerspräche sowohl der Schrift wie auch allen Mystikern, die dies selbst erlebt haben. Also muss die Seele von Natur aus göttlich und ewig sein und schon immer in Gott, auch jetzt, und somit *ein* Geist, **ein Bewusstsein mit Gott, dasselbe Erkennen**:

> „**Dasselbe Erkennen**, in dem sich Gott selbst erkennt, **das ist eines jeden losgelösten Geistes Erkennen** und kein anderes." [81]

> „In dieser **reinen Erkenntnis** erkennt die Seele Gott völlig, wie er eins in der Natur und dreifaltig in den Personen." [82]

> „**Ich sage, dass er Geist ist**: darin liegt unsere Seligkeit, dass er uns mit sich (im Geist) vereint." [83]

> „Wäre an Gott das eine irgendwie edler als das andere, wenn man das sagen könnte, so wäre es **das Erkennen**; denn im Erkennen ist Gott sich selbst offenbar, im Erkennen verfließt Gott in sich selber, im Erkennen fließt Gott aus in alle Dinge, **im Erkennen schuf Gott alle Dinge**. Und gäbe es in Gott kein Erkennen, so könnte es die Dreifaltigkeit nicht geben; so wäre auch keine Kreatur je ausgeflossen." [84]

> „Wenn wir Gott im Sein nehmen, so nehmen wir ihn in seinem Vorhof, denn das Sein ist sein Vorhof, in dem er wohnt. Wo ist er denn aber in seinem Tempel, in dem er als heilig erglänzt? Bewusstsein ist „der Tempel Gottes". Nirgends wohnt Gott

eigentlicher als in seinem Tempel, in der Vernunft, wie jener andere Meister sagte: **Gott sei ein Bewusstsein, die da lebt im Erkennen einzig ihrer selbst, nur in sich selbst verharrend dort, wo ihn nie etwas berührt hat; denn da ist er allein in seiner Stille. Gott erkennt im Erkennen seiner selbst sich selbst in sich selbst."** [85]

„Das Bewusstsein der Seele aber nimmt Gott, wie er ein lauteres Sein (=reines Bewusstsein / Gewahrsein) ist, ein überschwebendes Sein." [86]

„...Die Seele hat ein vernünftiges, erkennendes Sein; **daher: wo Gott ist, da ist die Seele,** *und wo die Seele ist, da ist Gott."* [87]

Einheit von Gott und Seele ist im Bewusstsein und nur hier möglich.

Hier wird noch einmal genau begründet (daher..), warum und wo Gott und Seele identisch sind: beide sind ein *vernünftiges, erkennendes* Sein. Die Seele kann das nicht erst erwerben in der Zeit, da dies jenseits der Zeit ist. Also entweder sie ist schon immer so, wie Eckhart erklärt, oder sie wird nie zu einer Einheit kommen, da „Gott" in seinem Wesen einfach bewusster Geist ist, wie uns der Evangelist Johannes klar verkündet. Wenn dies aber so ist und der Seele diese Einheit möglich ist, dann liegt diese notwendig ewige Einheit jenseits der Zeit immer im Grunde der Seele. Dieser Aspekt ist ihr zwar verborgen, solange sie ihr Bewusstsein auf Zeit und Kreatur richtet oder nach Eckhart ausgeht mit den Kreaturen zu spazieren, wenn also ihr unteres Antlitz in die Zeit ausgeflossen ist. Doch diese innewohnende Verbindung und Einheit mit Christus und damit mit Gott – was schon immer in ihr ist – kann auch in der Zeit jederzeit wieder realisiert werden, und dies nennt Eckhart die Gottesgeburt im Herzen, wo der Menschensohn wieder Gottessohn wird, der er in der Ewigkeit immer schon gewesen ist. Wenn dies geschieht, bin ich wieder derselbe Sohn mit Christus und nicht ein anderer, erlebe wieder die Einheit mit Gott:

„Wo der Vater seinen Sohn in mir gebiert, da bin ich derselbe Sohn und nicht ein anderer; wir sind wohl **verschieden im**

> ***Menschsein (in der Zeit), dort aber (in der Ewigkeit) bin ich derselbe Sohn*** *und nicht ein anderer: „Wo wir Söhne sind, da sind wir rechte Erben" (Röm.8,17). Wer die Wahrheit recht erkennt, der weiß wohl, dass das Wort „Vater" ein lauteres Gebären und ein Söhne-Haben in sich trägt. Darum sind wir hierin Sohn **und sind derselbe Sohn**."* [88]

> *„Wenn die Seele sich der Erkenntnis der rechten Wahrheit hingibt, der einfaltigen Kraft, in der man Gott erkennt, dann heißt die Seele ein Licht (Symbol für Bewusstheit). Und auch Gott ist ein Licht; und wenn das göttliche Licht sich in die Seele gießt, so wird die Seele mit Gott **vereint wie ein Licht mit dem Lichte**."* [89]

> *„Die Seele muss…wieder einfließen in dem Sohne, wie sie in ihm ausgeflossen ist. Denn der Vater hat die Seele in dem Sohne geschaffen."* [90]

Hier im letzten Zitat ist das bisher Gesagte noch einmal kurz zusammengefasst, und der Leser möge die eine oder andere Wiederholung verzeihen, die aber wichtig sind, um in der Seele Fuß zu fassen. Die Seele wird ewig im Sohn und in der Einheit mit dem Sohn geschaffen oder besser gezeugt, denn dieser Prozess ist über der Zeit, geschieht im ewigen Jetzt. Doch die Seele ist aus dieser Einheit mit Christus und daher auch mit Gott (vgl. „ich und der Vater sind eins") ausgeflossen, wie Eckhart sagt, oder ausgegangen, wie im Gleichnis vom verlorenen Sohn aufgezeigt. Sie ist ausgegangen in Raum und Zeit, hat Kreatur angenommen, durch Anhaftung an jene, und sich letztlich sogar ver-dingt, also den Dingen unterworfen, ist deren Sklave geworden. Sie muss eines Tages „wieder einfließen in den Sohn…", und daher muss in ihr in der Zeit Gott wieder geboren werden, wie die Weihnachtsgeschichte aufzeigt, obwohl sie in der Ewigkeit zugleich schon immer in Gott ist und ewig sein wird. Wenn diese beiden Aspekte nicht auseinandergehalten werden, sind die Aussagen Eckharts über die Seele widersprüchlich, denn einmal spricht er von der ewigen Einheit der Seele mit dem Sohne, ein andermal davon, dass wir wieder in diese Einheit kommen sollen. Aber wenn diese beiden Aspekte Zeit und Ewigkeit (oberes und unteres Antlitz) unterschieden werden, ist alles völlig klar. Wir haben in der Zeit (in unserer Wahrnehmung) das verloren, was wir in der Ewigkeit immer schon sind, und müssen nun in der Zeit wieder *gewinnen*, "was wir ewiglich in ihm gewesen sind". Ganz ähnlich Goethes Ausspruch: "Werde, was du bist":

> *"Darum sollen wir niemals ruhen, **bis wir das werden, was wir ewiglich in ihm gewesen sind** (Röm.8,29), denn der Vater treibt und jagt dazu, **dass wir in dem Sohne geboren und dasselbe werden, was der Sohn ist.**"* [91]

> *"Warum ist Gott Mensch geworden? Darum, dass ich **als derselbe Gott** geboren würde."* [92]

> *"Die größte Einheit, die Christus mit dem Vater besessen hat, die ist mir zu gewinnen möglich... Alles denn, was Gott je seinem eingeborenen Sohne gab, das hat er mir ebenso vollkommen gegeben wie ihm und nicht weniger, ja, er hat es mir in höherem Maße gegeben: Er gab meiner Menschheit in Christus mehr als ihm (selber), denn ihm gab er's nicht; mir hat er's gegeben und nicht ihm; denn er gab's ihm nicht, besaß er's doch von Ewigkeit her im Vater."* [93]

> *"Nach eben dem nun, worin der Sohn ein "Bild" Gottes ist und worin der Sohn "eingebildet" ist, danach ist (auch) die Seele gebildet. Aus demselben, aus dem der Sohn empfängt, daraus empfängt auch die Seele. Selbst da, wo der Sohn aus dem Vater ausfließt, bleibt die Seele nicht hängen: sie ist über (jedes) "Bild" erhaben."* [94]

> *"Die Seele hat keinerlei Unterschied gegenüber unserm Herrn Jesus Christus.... Denn, soweit sie (= die Seele) ihre Grobheit ablegt – und könnte sie sie völlig ablegen –, so wäre sie ganz dasselbe (wie Christus); und alles, was man von unserm Herrn Jesus Christus aussagen kann, das könnte man auch von der Seele aussagen."* [95]

Der Weg der Seele zurück ins ewige Sein

Hier sind auch schon der Weg und die Mittel angedeutet, was wir im folgenden Kapitel noch näher beleuchten wollen, zu diesem Ziel der Wiedervereinigung mit Gott und dem bewussten Wiedereintreten in diese ewige Einheit mit Christus oder in das Christusbewusstsein zu kommen. Der in die Zeitlichkeit hinabgetauchte Aspekt der Seele (das untere Antlitz), von mir auch Persönlichkeit genannt (von persona=Maske), dem sozusagen in Raum und Zeit verstrickten Aspekt des Geistes, von den Tibetern „Sem" benannt im Unterschied zum reinen, ewigen Bewusstsein oder reinen Gewahrsein „Rigpa", muss wieder seine „Grobheit" ablegen. Man könnte esoterisch auch sagen, er muss seine Schwingung wieder erhöhen, feiner werden, sich von der Verhaftung mit den materiellen Dingen sowie psychischen Erscheinungen befreien und sich wieder dem ewigen Jetzt, dem ewigen Aspekt der Seele, dem ewigen Erkennen oder Beobachter zuwenden und schließlich hingeben.

> „...je weniger wir unser Streben oder unsere **Achtsamkeit** auf irgendetwas anderes als auf Gott richten und je mehr wir in nichts nach draußen lugen, um so viel werden wir im Sohn überbildet, und **insoweit wird der Sohn in uns geboren** und werden wir im Sohn geboren und **werden wir ein Sohn....**" [96]

> „Der Seele Natur und natürliche Vollkommenheit ist es, dass sie dort in sich eine vernünftige Welt werde, wo Gott aller Dinge Urbilder in sie eingebildet hat. Wer da sagt, dass er zu seiner Natur gekommen sei, der muss alle Dinge in sich gebildet finden in der Lauterkeit, wie sie in Gott sind..." [97]

> „So weit der Mensch sich selbst verleugnet...dann ist er wahrlich (wieder) dasselbe von Gnade, was Gott ist von Natur, und Gott erkennt von sich aus keinen Unterschied zwischen sich und diesem Menschen." [98]

In dieser Gottesgeburt, die *in der Zeit* mit Hilfe der Gnade stattfindet, über die wir noch sprechen werden, kommen wir wieder in völlige Einheit mit Gott, so sehr, dass Gott hier keinen Unterschied erkennt, also so sehr, **dass Gott und Seele gleichgesetzt werden können** und Eckhart die frohe Botschaft ausrufen kann:

> *„Wo die Seele ist, da ist Gott, denn die Seele ist in Gott. Darum ist auch die Seele, wo Gott ist, es sei denn, die Schrift lüge. Wo meine Seele ist, da ist Gott, und wo Gott ist, da ist auch meine Seele, und das ist so wahr, wie Gott Gott ist."* [99]

In dieser Einheit mit Gott, und eigentlich ist es nichts anderes als das Realisieren in der Zeit der schon immer bestehenden Einheit in der Ewigkeit, wird der Seele nichts vorenthalten, weder von seiner Natur noch von seinem Sein, noch von seinem Erkennen oder Wissen,

> *„...denn, wäre es so, dass Gott irgendetwas von seinem Sein oder seiner Wesenheit, mit denen er sich selbst gehört, der Seele vorenthielte, und sei es auch nur so viel wie ein Haar (!!), dann könnte er nicht Gott sein;* **so ganz eins wird die Seele mit Gott.**" [100]

> *„So sehr liebt Gott meine Seele, dass sein Leben und sein Sein daran hängen, dass er mich lieben muss, ob's ihm gleich oder leid sei. Wer Gott dessen beraubte, dass er meine Seele liebte, der nähme ihm seine Gottheit."* [101]

> *„Selig ist der Mensch... dass er mit dem Sohne* **aus demselben empfangen soll, aus dem der Sohn empfängt. Eben dort werden auch wir unsere Seligkeit empfangen**, *dort, worin seine Seligkeit liegt, worin er sein Sein hat: In eben demselben Grunde werden alle seine Freunde ihre Seligkeit empfangen und daraus schöpfen."* [102]

2.4 Die Voraussetzungen und der Weg dorthin

Es dürfte inzwischen deutlich geworden sein, dass unsere Seele keine zeitliche Kreation oder Schöpfung ist und sein kann, sondern als bewusstes Sein eine ewige Einheit bildet mit dem göttlichen LOGOS, SOHN oder WORT, in der ewigen Dreieinigkeit des Geistes vom Vater mit ausgesprochen und mitgezeugt. Daher ist es auch kein Nacheinander, sondern dies geschieht immer im ewigen JETZT, und aus der Verbindung zwischen VATER und SOHN, aus dieser Selbsterkenntnis seines Wesens heraus strömt ewig die Liebe, die im Abendland der Heilige Geist genannt wird, die auch später dann im Schöpfungsprozess alles wieder verbindet und vereint. In diesem ewigen SICHAUSSPRECHEN oder SICHGEGENÜBERSTELLEN, in diesem WORT oder SOHN sind wir ewig mitgesprochen, sagt Eckhart, sind wir Licht vom Licht und sogar dem Wesen nach dasselbe Licht und damit ein holographischer Teil dieses Bewusstseins, das wir daher Christusbewusstsein genannt haben, denn hier sind Christus und alle Wesen unsere Brüder und Schwestern. Hier ist unser Zuhause, hier leben wir als reine Identität, als ICH BIN mit anderen in Einheit wie der Weinstock und die Reben. Da ferner dies ein Prozess ist jenseits der Zeit, sind wir jetzt schon immer dort, haben es wie in einem Kinosessel einfach vergessen und haben uns in den Film verwickelt, sind aber in Wahrheit immer frei vom Film und müssen nur daraus erwachen. Wir müssen also nirgends hingehen, da wir schon dort sind, aber müssen dies realisieren und erwachen; und nur weil die Seele immer auch dort ist, hat sie die unstillbare Sehnsucht, auch in der Zeit wieder bewusst dahin zurückzukommen. Denn – in ihrem Traum, nicht in Wirklichkeit – ist sie nicht in der Einheit mit Gott geblieben, sondern wie uns viele Mythen bis hin zu dem modernen „Kurs in Wundern" erläutern, in die Trennung gefallen bzw. mit Eckharts Worten ist sie in Zeit und Raum ausgeflossen. Oder in meinen Worten wurde sie vom Film so fasziniert, dass sie sich mit dem Hauptdarsteller identifiziert hat und jetzt mit ihm leidet. So hat in unserem Traum „der verlorene Sohn" die Einheit verlassen und ist in die Welt hinausgezogen, in die Vielheit und in die Zahl, in die Verschiedenheit und Kreatürlichkeit und wurde mit der Zeit dort verwickelt und darin gefangen. Dies muss er nun wieder überwinden, und so können wir von Rückkehr sprechen, obwohl wir immer schon dort sind:

*„Dieser Geist muss **alle Zahl überschreiten und alle Vielheit durchbrechen**, und er wird (dann) von Gott durchbrochen; ebenso aber wie er mich durchbricht, so wiederum durchbreche ich ihn. Gott leitet diesen Geist in die Wüste und in die Einheit seiner selbst, **wo er ein lauteres Eines ist** und in sich selbst quillt."* 103

*„Niemand kann den Heiligen Geist empfangen, er wohne denn über der Zeit in der Ewigkeit. **In zeitlichen Dingen kann der Heilige Geist weder empfangen noch gegeben werden.**"* 104

Die Gottesgeburt im Herzen

Dieses Durchbrechen der Vielheit in die Einheit, diesen Durchbruch, dieses Wiederverbinden (wieder in der Zeit, da es ja im ewigen Jetzt immer schon geschieht) mit und in Gott nennen wir in der christlichen Mystik auch die Gottesgeburt. Sie findet im Herzen statt, da hier – wie das Herzsymbol schon anzeigt – zwei in der Liebe wieder eins werden, ohne sich aber darin aufzulösen. Denn würden sie nur eins, wäre nichts da, was lieben oder geliebt werden könnte. Wären Sie aber ewig zwei, kämen sie nie in eine wirkliche Einheit. **Die Liebe** ist es also, die diese unglaubliche Geburt vollbringt, und **ihr Paradox ist, dass zwei *zugleich* eins und zwei sein können,** dass wir nur ein und derselbe Sohn und zugleich doch viele Söhne sind.

Ähnlich heißt es im Buddhismus: Unser Geist, unsere wahre Buddhanatur, ist durch die drei Geistesgifte Gier, Hass und Verblendung an die materielle Welt gebunden oder dadurch verblendet. Wir leiden daher aus Begierde (Gier) oder Widerstand (Hass) oder Unwissenheit (Verblendung). Will der Geist erwachen, muss er von der Verhaftung an jene wieder frei werden. Somit müssen wir auch hier nichts Neues erreichen oder erschaffen oder tun, denn das wahre Licht, diese Einheit, die Buddhanatur ist ja ständig im Grunde der Seele. Wir müssen vielmehr nur den Rost der Kreaturen und Erscheinungen abscheiden, zumindest unsere Verhaftung daran, wie Eckhart ausführlich im Traktat von der Abgeschiedenheit, aber auch an anderen Stellen immer wieder betont:

*„Soll (nun) meine Seele Gott erkennen, so muss sie **himmlisch sein.**"* ¹⁰⁵

*„Der Heilige Geist nimmt die Seele und **läutert sie** in dem Lichte und in der Gnade und zieht sie hinauf in das Allerhöchste."* ¹⁰⁶

*„Was demnach vom „Nichts" (=Kreatur) im Menschen ist, das muss getilgt werden, **denn solange solches Unzulängliche in dir ist, bist du nicht der Sohn Gottes**...Der Mensch ist weder Stein noch Holz (=Geschöpf), denn das ist alles Unzulängliche und „Nichts". **Wir werden 'ihm' nicht gleich, wenn dieses „Nichts" nicht ausgetrieben wird, so dass wir alles in allem werden, wie Gott 'alles in allem' ist.**"* ¹⁰⁷

Dieses „alles in allem sein" kann nur erfolgen, wenn wir wieder frei vom „Nichts", frei von Kreatur wieder Bewusstsein sind, uns als Licht oder Bewusstsein erkennen und uns nicht mehr mit Geschöpflichkeit und Erscheinung auf der Leinwand des Lebens verwechseln oder identifizieren. Denn wir können nicht Erscheinung, Kreatur sein und zugleich in der Einheit mit Gott sein, da in Gott nichts Kreatürliches oder seiner Natur Fremdes kommen kann. Das eine schließt das andere aus, wie das Licht die Finsternis. Die Seele muss wieder reines Erkennen oder reines Licht oder reines Bewusstsein werden, „ohne Vermengung":

*„**Solange noch irgendetwas von Kreatur in dich** (hinein) **leuchtet,** wie klein es auch sein mag, **so lange siehst du Gott nicht.**" (Klare Aussage !)* ¹⁰⁸

„Gottes Natur ist so, dass sie keinerlei Vermengung noch Vermischung dulden kann. So auch hat diese Kraft keinerlei Vermengung noch Vermischung; nichts Fremdes ist darin, und nichts Fremdes kann hineinfallen..... Die Seele muss völlig ohne Vermengung sein." ¹⁰⁹

*„Sollen wir Gott erkennen, so muss es **unvermittelt** geschehen; es darf da nichts Fremdes (mit) einfallen. Erkennen wir in jenem*

Lichte, so muss es ganz eigenständig und in sich beschlossen sein, **ohne jedes Einfallen irgendwelcher geschaffener Dinge.**" [110]

„*Das wahre Licht leuchtet in der Finsternis, wenngleich man es nicht gewahr wird (vgl.Joh.1,5)...dass selbst das Höchste und Beste, das geschaffen und gemacht ist, das Bild Gottes in uns verdeckt und entfärbt. ‚Nehmt weg', spricht Salomon, ‚den Rost von dem Silber, so leuchtet und glänzt hervor das allerlauterste Gefäß (Spr.25,4), das Bild, Gottes Sohn, in der Seele.'*" (also bereits da!) [111]

„*...dafür trägt der große Meister Origenes ein Gleichnis vor: Gottes Bild, Gottes Sohn, sei in der Seele Grund wie ein lebendiger Brunnen.* **Wenn aber jemand Erde, das ist irdisches Begehren, darauf wirft, so hindert und verdeckt es ihn,** *so dass man nichts von ihm erkennt oder gewahr wird; gleichviel bleibt er in sich selbst lebendig, und wenn man die Erde, die von außen darauf geworfen ist, wegnimmt, so kommt er wieder zum Vorschein und wird man ihn gewahr.*" [112]

„*Die Seele, die so über alle Dinge hinausgekommen ist, die erhebt der Heilige Geist und erhebt sie mit sich in den Grund, aus dem er ausgeflossen ist. Ja, er bringt sie in ihr* **ewiges Bild**, *aus dem sie ausgeflossen ist...*" [113]

Der Logos, das Licht schon immer in der Seele, muss nur „vom Rost" befreit werden.

Hier wird noch einmal ganz deutlich, dass Gott, als Gottes Sohn oder Logos, bereits in der Seele ist, als **„ewiges Bild**, aus dem sie ausgeflossen ist." Wir haben darauf aber im Lauf der Zeit „die Erde des Begehrens darauf geworfen", welche diese Einheit verdeckt. Ganz wie im Buddhismus ist es das Anhaften, das irdische Begehren (Wunsch wie Widerstand), das uns vom Bewusstwerden dieser Einheit abhält bzw. die Trennung anhalten lässt. Daher müssen wir es wieder wegnehmen, uns davon befreien. Wir müssen so lange „den Rost" der Kreaturen wegnehmen, bis das lautere Gold unserer Göttlichkeit wieder zum Vorschein kommt. Dieses Reinwerden ist wohlgemerkt nur zu erreichen durch De-identifizierung und Loslassen, aber mit Akzeptanz und nicht etwa durch Askese, was wiederum auch nur ein Widerstand wäre und demnach kontraproduktiv. Es geschieht vielmehr einesteils durch Bereitung, Übung und Läuterung der Seele und andererseits dadurch, dass der göttliche Geist der Seele entgegenkommt (er muss dies nach Eckhart, die Liebe hat gar keine Wahl) und in der Seele wie ein Feuer wirkt und sie läutert.

> *„So auch bereitet sich die Seele **durch Übung**. Dadurch wird sie von oben herab entzündet. Das geschieht durch das Licht des Engels."* [114]

> *„Wenn Gott in der Seele wirkt, so wird **im Brande der Hitze geläutert** und ausgeworfen, was es an Ungleichem gibt in der Seele."* [115]

> *„So ist es mit dem Heiligen Geist: Er erhebt die Seele hinauf und erhebt und zieht sie mit sich hinauf, und wäre sie bereit (daher Bereitung wichtig), er zöge sie in den Grund, aus dem er ausgeflossen ist. So kommt es, **wenn der Heilige Geist in der Seele ist: Dann klimmt sie hinauf, denn er zieht sie dann mit sich**. Wenn aber der Heilige Geist von der Seele abfällt, dann sinkt sie nieder, denn, was von Erde ist, das sinkt nieder; was aber von Feuer ist, das wirbelt aufwärts.*
> *Darum muss der Mensch unter die Füße getreten haben **alle Dinge, die irdisch sind**, und alles, was die Erkenntnis verdecken kann, auf dass da nichts bleibe als nur, was der Erkenntnis gleich ist. Wirkt sie (nur) noch in der Erkenntnis, so ist sie der gleich. Die Seele, die so **über alle Dinge hinausgekommen** ist, die erhebt der Heilige Geist und erhebt sie mit sich in den Grund, aus dem er ausgeflossen ist. Ja, er bringt sie in ihr ewiges Bild, aus dem sie ausgeflossen ist, in jenes Bild, nach dem der Vater alle Dinge gebildet hat, in das Bild, in dem alle Dinge eins sind, in die Weite und in die Tiefe, in die alle Dinge wieder enden."* [116]

Wie gesagt muss Gott der bereiten Seele entgegenkommen und er ist ständig bereit, hier einzufließen, er muss also nicht gerufen oder gebeten werden, einzig die Bereitung genügt:

> „Du brauchst ihn weder hier noch dort zu suchen, **er ist nicht weiter als vor der Tür des Herzens** (daher hier die Gottesgeburt); dort steht er und harrt und wartet, wen er bereit finde, dass er ihm auftue und ihn einlasse. **Du brauchst ihn nicht von weither zu rufen; er kann es kaum erwarten,** dass du (ihm) auftust. Ihn drängt es tausendmal heftiger nach dir als dich nach ihm: Das Auftun und das Eingehen, das ist nichts als ein Zeitpunkt." [117]

> „...der Herr ist hier nahe bei euch, das heißt: in unserm Innersten, **wenn er uns daheim findet und die Seele nicht ausgegangen ist mit den fünf Sinnen zu spazieren (!!)**. Die Seele muss daheim sein in ihrem Innersten und in dem Höchsten (=Vernunft oder Bewusstsein/siehe Zitat unten) und in ihrem Lautersten und beständig innebleiben und nicht auslugen..." [118]

> „**Die Vernunft der Seele, das ist das Höchste der Seele.** Wenn sie in Gott gefestigt ist, dann wird sie geführt vom Heiligen Geiste in das Bild und darein geeint. Und mit dem Bilde und mit dem Heiligen Geiste wird sie durchgeführt und hineingeführt in den Grund." [119]

> „Wille und Liebe richten sich auf Gott, insofern er gut ist, und wäre er nicht gut, so würden sie seiner nicht achten. **Vernunft aber dringt hinauf in das (reine) Sein,** ehe sie (noch) an Gutheit oder Weisheit oder sonst etwas, das akzidentell ist, denkt. Was Gott beigelegt ist, daran kehrt sie sich nicht: sie nimmt ihn in sich (= in seinem Selbst); sie versinkt in das Sein und nimmt Gott, wie er lauteres Sein ist." [120]

Wenn also sich die Seele, statt nach außen zu schauen und sich an die Kreaturen zu heften, sich vielmehr von diesen Anhaftungen befreit und sich nach innen wendet, in ihr Bewusstsein, sich zurückwendet und sich fragt: „**Wer bin ich, wenn ich keine Kreatur bin**, sondern vielmehr Beobachter, wenn ich der Wahrnehmende und nicht das Wahrgenommene bin ?", dann kehrt sie zurück in ihr Höchstes. Es ist vielleicht darauf hinzuweisen, dass Eckhart stets da, wo wir heute Bewusstsein sagen würden, das Wort Vernunft oder Licht gebraucht, und es völlig vom Verstand unterscheidet, wie übrigens auch Hegel, der beide Begriffe völlig voneinander abgrenzt. Während Verstand (lat. ratio) nur ein Vermögen, eine Fähigkeit der niederen Seele, der Persönlichkeit ist, ist die Vernunft das in uns vorhandene Bewusstsein oder die Ein-Sicht (lat. intellectus), wörtlich die Sicht in das EINE. Sie ist damit etwas vom Verstand völlig Verschiedenes. Während Eckhart demzufolge diese ratio zu den niederen Kräften des Menschen zählt, zählt er die Dreiheit von Wille, Vernunft und Liebe zu den ewigen Vermögen jeder Seele und sieht so die Geistseele als Abbild der göttlichen Trinität, somit als Abbild Gottes. Schöpferischer Wille (1), Bewusstheit oder Erkennen (2), und selbstlose Liebe (3) sind uns also ewig, da Eckhart noch die Aussage ernst nimmt, dass wir nach dem Bild Gottes gebildet sind. Obwohl ich unter diesen Vermögen keine Priorität setzen würde, da sie nur zugleich auftreten und dreieinig sind (denn was ich liebe, erkenne ich, und was ich erkenne, will ich, und was ich wollte, erkenne ich, und was ich erkenne, liebe ich usw.), bevorzugt Eckhart die Vernunft und hält sie für die höchste Fähigkeit, da sie als lauterste das Potential hat, in den reinen Grund des Seins oder in das Nichts der negativen Theologie oder in die Leere zu kommen jenseits allen Seins. Hier glaube ich allerdings dagegen zu halten, dass uns neben dem Erkennen auch die Liebe genauso in diesen Grund führen kann.

Erstaunlich, dass auch von Eckhart weit entfernte Religionen und Mystiker zu ähnlichem Ergebnis kommen und immer schon gekommen sind. So bezeichnen die Tibeter unser Bewusstsein, wenn es zur Ruhe gekommen ist und sich frei von Objekten selbst wahrnimmt, als reinen, leeren Geist (Rigpa), und betrachten diese Leere als letzten Grund des Seins. Die indischen Weisen erkennen ebenfalls den Grund des Seins „parabrahman" als das höchste Bewusstsein, wobei ebenso „Atman" (die einzelne Seele) und „Brahman" (die Weltseele oder der Weltgeist) in eins zusammenfallen, vom Wesen nicht unterscheidbar sind. Sie sind also wie hier zwei und eins zugleich. Obwohl Eckhart davon historisch nichts wissen konnte, erklärt er uns ganz genauso die Einheit von Seele und Gott, die einzig im Logos, im Sohn, in Christus, im Erkennen oder Bewusstsein stattfinden kann, niemals aber in den Erscheinungen. Er sagt sogar an einer Stelle, dass das Auge, mit dem Gott mich sieht, dasselbe Auge ist, mit dem ich Gott sehe, dass es also nur *ein* Erkennen, *ein einziges* Bewusstsein gibt, von dem wir „Seelenfunken", also Teilchen sind, „moira theou", Teilchen Gottes, wie es wörtlich einer der großen Kirchenväter (Maximus Confessor) ausdrückte – kaum zu glauben für heutige Pastoren, die den Menschen nur für Kreation und Staub halten und von seiner unsterblichen Herkunft nichts mehr zu wissen scheinen, vielleicht davon auch nichts wissen wollen. Die Frage wäre dann: „Wie kann dieser Staub denn sich und anderes erkennen?"

Wir haben also gesehen, dass Mystiker aller Zeiten, übrigens erst recht die modernen, das Bewusstsein als Grund der Wirklichkeit sehen, und uns zugleich als diesen Grund, da wir in unserem Wesen nicht Erscheinung, sondern Bewusstsein sind. Genau dies will uns Eckhart sagen mit dem Wort, dass das Auge, mit dem Gott mich sieht, und mit dem überhaupt irgendein Wesen sieht und erkennt, dasselbe Auge ist, mit dem ich sehe, dass es also insgesamt nur ein Bewusstsein gibt, an dem wir alle, und ich meine holographisch, teilhaben. Diese Einheit aber nun wieder wahrzunehmen, ist nur möglich, wenn unser Geist frei ist vom „Staub der Kreaturen" bzw. den Erscheinungen, wenn der Geist zur Ruhe und zu sich selbst gekommen ist, sich wieder in seiner Essenz erlebt, ohne die Verhaftung mit Zeitlichem und Irdischem. Daher findet **dieses Selbst-Erkennen** des Bewusstseins **ohne Gedanken und ohne Bilder** im Geiste desjenigen statt, der dazu bereit und bereitet ist:

> *„Das Erkennen hingegen fügt keinen einzigen Gedanken hinzu, vielmehr löst es ab und trennt sich ab und läuft vor und berührt Gott, wie er bloß ist, und erfasst ihn einzig in seinem Sein."* [121]

> *„..über die Gedanken hinaus aber geht die Vernunft, soweit sie noch sucht. Sie geht und sucht; sie späht hier- und dorthin, und sie nimmt zu und ab (der suchende Geist, tib. Sem). Über dieser Vernunft aber, die (noch) sucht, ist noch **eine andere Vernunft** (!!), die da nicht sucht, **die da in ihrem lauteren, einfaltigen Sein steht** (tib. Rigpa), das in jenem Lichte umfangen ist. //..bis die Vernunft, die sucht, in die Vernunft emporspringt, die nicht mehr sucht, die vielmehr in sich selbst ein lauteres Licht (=reines Bewusstsein) ist."* [122]

> *„Nichts hindert die Seele so sehr an der Erkenntnis Gottes wie Zeit und Raum. Zeit und Raum sind Stücke, Gott aber ist Eines. Soll daher die Seele Gott erkennen, so muss sie ihn erkennen oberhalb von Zeit und Raum; denn Gott ist weder dies noch das, wie diese irdischen mannigfaltigen Dinge es sind; denn Gott ist Eines. Soll Gott sie erkennen, so darf sie auf nichts in der Zeit sehen, denn **solange die Seele der Zeit oder des Raumes oder irgendeiner Vorstellung dergleichen bewusst wird, kann sie Gott nicht erkennen. Wenn das Auge die Farbe erkennen soll, so muss sie vorher aller Farbe entblößt sein.** Ein Meister sagt: Soll die Seele Gott erkennen, so darf sie mit nichts etwas gemein haben."* [123]

> *„Kehre ich die Vernunft, die ein Licht ist, von allen Dingen weg geradeswegs auf Gott hin, so **wird diese meine Vernunft**, da Gott ja doch ohne Unterlass mit Gnaden ausfließt, **erleuchtet** und mit dieser Liebe vereint und darin Gott erkennend und liebend so, wie er in sich selbst ist."* [124]

Die Seele wird also durch ihre Abkehr von den äußeren Erscheinungen, von Zeit und Raum und deren Erscheinungen, wird durch das Sich-nach-innen-Wenden ihres Bewusstseins wieder vereint mit dem Bewusstsein Gottes. Das geht nur unter der Prämisse, dass sie selbst Bewusstsein ist, denn sonst wäre ja nichts mehr übrig, was erkennen könnte oder erkannt werden könnte. Sonst müsste sie ja etwas von außen erlangen. Aber weil sie wesentlich SOHN oder LOGOS oder indisch CHIT ist, also reines Erkennen, deshalb muss sie lediglich alles andere abscheiden und kann rein durch Negation der Erscheinungen sich selbst wieder schauen, sich selbst finden. Daher hat der weise Ramana Maharishi auch die optimale Frage gestellt, die jeder sich stellen muss, der dies erkennen will: „Wer bin ich?" Die Frage kann nicht beantwortet werden, sonst wären es ja wieder Gedanken, aber die Frage kann über die Gedanken hinausführen zu dem, was ich bin, und wenn dies Bewusstsein ist, dann werde ich es über diese Ausrichtung in der Leere und Stille wieder erfahren und erleben, denn es ist ja immer da.

Tun oder Nichts-Tun, Selbstrealisation oder Fremderlösung?

Nun sagen manche „Meister" oder halbgaren Lehrer, man könne für diesen Prozess hierfür nichts tun, es geschieht eben, wenn es geschieht. Das ist erst einmal gegen die Worte der Heiligen Schrift, wo sich im Gleichnis Christi die Jungfrauen (Seelen) für die Hochzeit (=Erleuchtung) sehr wohl bereiten sollen, selbst wenn sie nicht wissen können, wann der Bräutigam kommt, also wenn dieser Durchbruch geschehen wird. Diejenigen aber, die sich nicht bereiten, die bekommen auch keine Hochzeit, so viel ist jedenfalls sicher. Demzufolge sagt auch Meister Eckhart, und wir haben es schon zitiert, dass sich die Seele bereiten muss, dass sie sich läutern muss, dass sie sich nach innen wenden muss und vieles mehr. Es ist auch notwendig, dass sie sich selbst entscheiden muss, zur Hochzeit zu kommen oder wie der verlorene Sohn wieder umzukehren, und so wird es auch überliefert. Gott holt niemanden ohne dessen Willen ab, denn wenn Gott der Seele gleich ist (wie gezeigt: wo die Seele ist, da ist Gott) und ihr daher der freie Wille gegeben wurde, muss sie notwendig (um die Not zu wenden) die ersten Schritte machen, sich bereiten und läutern. Dazu gehört auch Training und Übung, gehört als Erstes, sich zu entscheiden, sich auf den Weg zu machen, dann die Lampen (Öl=Bewusstheit) zu füllen und sich zu reinigen und zu schmücken. Nicht etwa, dass dies ausreiche, aber dies ist die Vorbedingung, und sie zeigt damit auch ihre Entscheidung, wieder zurückkehren zu wollen, wie auch der verlorene Sohn sich irgendwann entscheiden muss und der Vater ihn nicht gegen seinen Willen heimholt, sondern „draußen" warten muss, bis sein Sohn umkehrt und nach Hause geht. Dann kann er ihm entgegenkommen und tut es auch, da es ihn, zumal er doch die Liebe ist, noch viel mehr nach dieser Einheit verlangt.

Kurz gesagt, hier gilt nicht Passivität, sondern: Wer sucht, der findet, wer anklopft, dem wird aufgetan, doch dieses Anklopfen muss jeder selber machen. Im Zen sagt man sogar, dass man das Erwachen herbeisehnen muss wie ein Ertrinkender die Luft zum Atmen. Wir können also Erwachen nicht machen oder den Termin der Hochzeit festlegen, aber wir können uns (a) dafür entscheiden, koste es, was es wolle, so radikal wie der verlorene Sohn, dem alles andere egal ist, und (b) uns auf den Heimweg machen, uns bereiten, unsere Achtsamkeit (Öllampe) schulen, uns vom Schmutz der Kreaturen (gemeint ist Anhaftung, nicht die Dinge selbst !!) befreien und unsere Seele so bereit machen. Das ist die Aufgabe eines jeden einzelnen, sich entsprechend zu bereiten, wie es auch im Buddhismus schon zu allen Zeiten gelehrt wurde und wird, und im Ausspruch eines buddhistischen Lehrers klar und deutlich wird: **Wenn dein Geist rein ist, ist jeder ein Buddha.** Erst aufgrund unserer Entscheidung sowie unserer Bereitung als Voraussetzung wird und kann es dann eines Tages geschehen, aber sicher nicht ohne. Dies ist auch klar die Meinung Eckharts und er erklärt an vielen Stellen, dass sich der Mensch wieder läutern und durch Übung vorbereiten müsse, und ich sage es auch im Gegensatz zu manchen halbgaren oder einseitig ausgerichteten modernen Lehrern, die ihren Schülern weismachen wollen, sie könnten nichts dafür tun, denn es gäbe ja kein Ego und damit auch keinen eigenen Willen. Denen sage ich zunächst, dass ja auch dann, wenn es nur *einen* Willen gibt und somit logischerweise mein oder der in mir wirkende Wille Gottes Wille ist und Gottes Wille gleich meinem Willen, dass ich ja dann mit diesem *einen* Willen das Erwachen wollen kann. Denn was ich dann entscheide, so kann ich folgerichtig sagen, hat dann Gott entschieden. Gott oder der *eine* Wille wirkt ja dann durch mich und so kann ich ja etwas wollen und entscheiden, und dann hat es nach jener Logik Gott entschieden. Das kann mir dann auch recht sein. Bestritten wird ja nicht, dass dann mit und aus dem Willen alles geschieht und nichts ohne ihn, also ist das Ergebnis dann sowieso garantiert, denn was könnte den göttlichen Willen hindern. Auch wenn es dann aus mir dieser *eine* Wille will, so ist es gewollt und wird dann so passieren. Dies ist nicht Meinung Eckharts oder die meinige, sondern ich habe hier nur aufgeführt, dass wir auch bei den Vertretern des nur *einen* Willens zu denselben Ergebnissen kommen, dass nämlich etwas gewollt werden muss, um es zu manifestieren. Egal, wie man es dreht und wendet, *wo ein Wille ist*, selbst wenn es nur einer sein sollte, *da ist auch ein Weg*. Und wenn mir einer weismacht, aus mir geschieht nur der Wille Gottes, so ist es mir auch recht und ich entscheide mich mit diesem Willen, etwas zu wollen, beispielsweise dass diese Hochzeit in meinem Bewusstsein stattfinden kann.

Ich kann mich also dafür entscheiden und mich bereiten, aber es ist ebenso wahr, dass man im Gegensatz zu materiellen Manifestationen dies nicht machen oder gar erzwingen kann. Wir können nicht wissen, wann der Bräutigam kommt, denn wenn wir es wüssten, könnte noch Berechnung und Planung da sein und keine völlige Hingabe, die aber notwendig ist. Der letzte Schritt ist ein Entgegenkommen der göttlichen Gnade, wobei der Mensch aus Eigenem nichts mehr vermag, völlig hilflos ist. Die Seele muss sich in dieser Leere und Hilflosigkeit hingeben, dann wird es auch geschehen, da es ihn doch tausendmal mehr zu uns drängt als wir zu ihm, wie unser Meister treffend sagte. Ich selbst halte es also nicht mit den modernen Lehrern, die predigen, nichts machen zu können, und uns so im Samsara lassen wie schon seit Jahrtausenden, sondern vielmehr mit Jesus Worten, vor allem im Gleichnis vom verlorenen Sohn und im Gleichnis der Bereitung der Jungfrauen zur Hochzeit, sowie mit Meister Eckhart und auch vielen buddhistischen Meistern, denn Buddha hat eindeutig einen Weg gezeigt, zumindest solange wir in der Zeit gefangen sind. Darin geht dem Durchbruch voraus die absolute (Willens-)Entscheidung der Seele für die Hochzeit oder wie Osho einst treffend formulierte: „**Wenn du erleuchtet werden willst, entscheide dich, erleuchtet zu werden.**" (engl.: If you want to be englightened, choose to be enlightened). Danach müssen wir uns dafür vorbereiten, läutern, frei machen, Schatten integrieren, alle Begrenzungen und Haften an Rollen und Definitionen auflösen, wie es übrigens früher alle mystischen Schulen auf die eine oder andere Art praktiziert haben. Dabei wird uns das Göttliche aber entgegenkommen, den Heiligen Geist schicken, der uns dabei führt und leitet, wie es auch im „Kurs in Wundern" beschrieben ist. Wann immer der Apfel dann reif ist, und dies kann man von außen nicht wissen, fällt er vom Stamm, ganz von selbst, es geschieht völlig unverhofft.

Die Methoden der Bereitung

Die Methoden der Bereitung, der Läuterung von Begierden und Widerständen, zum Loslassen alter Muster und Blockaden sind heute sicher sehr vielfältig, denn wir kennen inzwischen Methoden und Weisen aus unterschiedlichsten Kulturen und aus zahlreichen Schulen der Mystiker vieler Zeiten. Wir müssen und werden daher sicher nicht mehr auf mittelalterliche Methoden zurückgreifen, selbst wenn sie überliefert wären, da sie für jene Zeit, Umfeld und deren Bedürfnisse gemacht waren. Sondern wir können aus der heutigen Erforschung und Kenntnis des Bewusstseins auch zahlreiche neue, zugleich einfache und doch schnellere und effizientere Methoden – passend für den heutigen Geist – anbieten, die wir in der Praxis mit zahlreichen Suchenden erprobt haben (siehe Übungsteil). Viele zeitgenössische Lehrer bieten immer solche neuen Verfahren an wie beispielsweise Genpo Roshi mit seiner Big-Mind-Big-Heart-Methode, und sie alle sind konzipiert für den heutigen Geist des Menschen.

Welche Methoden nun auch immer gewählt werden, ob traditionelle oder moderne, wichtig ist dabei einzig die optimale und sichere Erreichung des Ziels, nämlich unsere Seele vom Ballast der Bilder und Gedanken zu befreien, wie es unser gotischer Meister formuliert hat, unsere Vernunft, unser Bewusstsein wieder von allem Zeitlichen und allem Kreatürlichen zu lösen, selbst von unseren ach so tragischen „Lebensgeschichten" oder Storys, und ganz dem „Deinsein" (siehe folg. Zitat), dem Ego zu entsinken und wieder zurück ins Licht des reinen Bewusstseins, in die Einheit mit dem Sohn zu kommen, in der wir mit Christus und allen fühlenden Wesen im Christusbewusstsein immer schon vereint sind. Dieses Entsinken oder Sterben des „Deinseins" nennen viele Meister (und auch wir) den „Egotod", der mehr oder weniger schmerzlich sein kann, je nach Anhaftung:

> „Du sollst ganz deinem **„Deinsein"** entsinken und in sein „Seinsein" zerfließen, und es soll dein „Dein" und sein „Sein" so gänzlich ein „Mein" werden, dass du mit ihm ewig erkennest **seine ungewordene „Seinsheit"** und seine **unnennbare „Nichtigkeit".**" (reines Sein = reines Nichts; vgl. Hegel, Anfang der Logik"). [125]

> „Soll göttliche Vollkommenheit in der Seele wirken, so muss die Seele ein Geist sein, wie Gott ein Geist ist." [126]

Dieser Durchbruch oder diese zeitliche Gottesgeburt geschieht beim Menschen im Herzen, „dort gebiert der Vater seinen Sohn" in der Zeit genauso wie in sich in der Ewigkeit. Es geschieht und muss geschehen, wenn das Herz rein ist, wie wir schon ausreichend darlegten:

> „Gott hat keine eigentlichere Stätte als ein **reines Herz** und eine **reine Seele**; dort gebiert der Vater seinen Sohn, **wie er ihn in der Ewigkeit gebiert**, nicht mehr und nicht weniger. Was ist ein reines Herz? **Das ist rein, was von allen Kreaturen abgesondert und geschieden ist,** denn alle Kreaturen beflecken,

weil sie ein Nichts sind; denn das Nichts ist Mangel und befleckt die Seele." [127]

„Wenn der Mensch sich abkehrt von zeitlichen Dingen und sich in sich selbst kehrt, so gewahrt er ein himmlisches Licht, das vom Himmel gekommen ist... In diesem Lichte findet der Mensch Genügen....." [128]

Der kosmische Sinn von Ausgehen und Heimkehr

Im Folgenden wollen wir nun diese Gottesgeburt und die Auswirkungen auf den Menschen untersuchen. Auf jeden Fall ist das Wieder-Zurückkehren, das Durchbrechen noch edler als das einstige Ausfließen; oder anders gesagt bleibt vom Ganzen her gesehen der Ausgang und die Rückkehr des Sohnes zum Vater kein Unglück oder ein Betriebsunfall der Schöpfung, sondern hat letztlich einen bedeutenden Sinn. Denn anders als der Sohn, der zuhause geblieben ist, kann der zurückkehrende Sohn, der die Trennung und die Vereinzelung und alle Dinge in ihrem So-Sein der Trennung erfahren hat, diese Erfahrung mit in die Einheit zurückbringen. Zudem kann er diese vorher unbewusste Liebe und Einheit nun bewusst wertschätzen und lieben. Er weiß nun existentiell und nicht nur potentiell, was Liebe und Einssein ist, und erfährt sie bei seiner Rückkehr auch konkret als Seligkeit und Ekstase, als übergroße Freude, über allen Engeln...

*„Ein großer Meister sagt, dass sein Durchbrechen edler sei als sein Ausfließen, und das ist wahr.. In dem Durchbrechen aber, wo ich ledig stehe meines eigenen Willens und des Willens Gottes und aller seiner Werke und Gottes selber, da bin ich über allen Kreaturen und bin weder „Gott" noch Kreatur... Da empfange ich einen Aufschwung, der mich bringen soll über alle Engel... denn mir wird in diesem Durchbrechen zuteil, **dass ich und Gott eins sind. Da bin ich, was ich war (!!), und da nehme ich weder ab noch zu, denn ich bin eine unbewegliche Ursache, die alle Dinge bewegt."*** [129]

Denn letztlich erfüllt jener Sohn oder Teil des SOHNES, der ausfließt in die Schöpfung hinein – und damit auch wir Menschen im Unterschied beispielsweise zu den Engeln – und mit Mühen wieder zurückkommt, den letzten und notwendigen Sinn des Weltgeistes, wie Hegel sagt, sich aus der Einheit in eine Menge von Bewusstseinsfunken zu zerteilen, um dann wieder zu sich und zur Einheit zurückzukehren. Aber nicht mehr so, wie er ausging, sondern mit der riesigen Erfahrung seiner selbst und damit Gottes durch all das, was er über die Äonen geworden ist, was er gefühlt, was er erkannt und erlebt hat. **Wir sind so gesehen das Auge Gottes, der in die Schöpfung hinabgestiegene Sohn, das Bewusstsein, mit dem er sich selbst sieht**, mit dem er sich in seiner Vielheit, Schönheit, Größe, Herrlichkeit und Liebe erkennt, da er nur hierdurch sich in seinem Sein erfährt, ohne welche Erfahrung er stets das leblose, farblose, dumpfe (unbewusste) Eine bliebe. Daher ist dieses ständige Ausfließen und Wiederkehren für Gott, für den Weltgeist, absolut notwendig und kein Betriebsunfall, was bei Gott sowieso undenkbar wäre. Nur deshalb kann Eckhart die kühnen Worte sagen: **„Wenn ich nicht wäre, so wäre Gott nicht."** Er wäre nicht der lebendige, bewusste Geist.

Und der wahrlich größte deutsche Philosoph G.W.Hegel, der ebenso diese Einheit und Entwicklung des Geistes (philosophia perennis) in Raum und Zeit begriffen und in seinen Werken dargelegt hat, der in dieser Geistesverwandtschaft daher auch Meister Eckhart sehr geschätzt hat, sagt genau dieses zusammenfassend am Schluss seines Werks über diese ewig notwendige Einwicklung (Involution) und Entwicklung (Evolution) des Geistes poetisch mit den Worten:

> *„Das Ziel, das absolute Wissen, oder der sich als Geist wissende*
> *Geist hat zu seinem Wege die Erinnerung der Geister, wie sie an*
> *ihnen selbst sind und die Organisation ihres Reichs vollbringen.//..*
> *die begriffene (und „erlebte" /Anm.d.Verf.) Geschichte, bilden*
> *die Erinnerung und die Schädelstätte des absoluten Geistes,*
> ***die Wirklichkeit, Wahrheit und Gewissheit seines Throns,***
> ***ohne den er das leblose Einsame wäre; nur – aus dem Kelche***
> ***dieses Geisterreiches schäumt ihm seine Unendlichkeit.*** *(Hegel,*
> *Phänomenologie des Geistes /suhrkamp S. 591)*

2.5 Die Gottesgeburt im Herzen

Nicht nur, dass diese Gottesgeburt im Herzen nur mittels Übung und Bereitung erlangt werden kann, sie ist nach Eckhart sogar das *einzige Ziel aller spirituellen Übungen*, auch unseres gesamten Tuns und Strebens. Selbst die ganze Welt ist nur darum geschaffen:

> *„Warum beten wir, warum fasten wir, warum tun wir alle unsere Werke, warum sind wir getauft, warum ist Gott Mensch geworden?...Ich würde sagen, darum, auf dass Gott in der Seele geboren werde und die Seele in Gott geboren werde. Darum ist die ganze Schrift geschrieben, darum hat Gott die Welt und alle Engelsnatur geschaffen: auf dass Gott in der Seele geboren werde und die Seele in Gott geboren werde."* [130]

Es ist also das zeitliche Endziel der ganzen Schöpfung, und so gesehen ist der Engelssturz oder die Vertreibung aus dem Paradies oder der Weggang des Sohnes aus dem Vaterhaus kein kosmischer Unfall oder eine Art von irrtümlichem Abfall von oder aus der Einheit (wie es aus der Perspektive des getrennten Teils sehr wohl aussieht), sondern im Ganzen gesehen ist dieses Ausfließen und wieder Zurückkommen ein wesentlicher Teil der Existenz Gottes, der dadurch in Erscheinung tritt und sich selbst erlebt in seiner Erscheinung bis hin zum Erleben der bedingungslosen Liebe der Vereinigung in der Unio mystica, in der Gottesgeburt.

> *„Gott wirkt alle seine Werke darum, dass wir der eingeborene Sohn seien. Wenn Gott sieht, dass wir der eingeborene Sohn sind, so drängt es Gott so heftig zu uns, und er eilt so sehr und tut gerade so, als ob ihm sein göttliches Sein zerbrechen und in sich selbst zunichte werden wolle, auf dass er uns den ganzen Abgrund seiner Gottheit und die Fülle seines Seins und seiner Natur offenbare.. Dieser Mensch steht in Gottes Erkennen und in Gottes Liebe und **wird nichts anderes, als was Gott selbst ist**."* [131]

Hier in der Geburt erfüllt Gott sich selbst, indem „er uns den ganzen Abgrund seiner Gottheit und die Fülle seines Seins" offenbart und es damit auch im Bewusstsein offenbar wird. Denn wo sollte irgendetwas existieren, wenn nicht im Bewusstsein. Fällt ein Baum um, wenn niemand ihn hört oder sieht oder wahrnimmt? Wo existiert er dann ? Wir können viel darüber spekulieren, aber alles, was wir wirklich wissen, ist, dass es letztlich im Bewusstsein existiert, nur dort Farbe, Form und Ton hat, woher auch immer die Stimuli kommen. So auch wird Gott nur dadurch offenbar, dass er vom Bewusstsein wahrgenommen und erlebt wird, und deshalb ist dieses Auseinanderfalten in die Schöpfung (und sie wird ewig ständig neu produziert) so wichtig. Durch das Bewusstsein der eine Zeitlang getrennten Wesen erfährt und erlebt sich Gott selbst in der Fülle seiner Möglichkeiten, hieraus „schäumt ihm seine Unendlichkeit". Daher drängt es ihn, ja, „sein Sein hängt daran", wie Eckhart sagt, uns alles zu offenbaren, uns alles erleben zu lassen bis hin zur Heimkehr und Wiedervereinigung in der Gottesgeburt.

> *„Der Vater gebiert seinen Sohn im ewigen Erkennen, und ganz so gebiert der Vater seinen Sohn in der Seele wie in seiner eigenen Natur, und er gebiert ihn der Seele zu eigen, und **sein Sein hängt daran, dass er in der Seele seinen Sohn gebäre, es sei ihm lieb oder leid.**"* [132]

Hier wird auch deutlich: Diese Gottesgeburt oder das Erleben der mystischen Einheit in der Zeit ist nichts anderes als das Wieder-Erleben der „ewigen Gottesgeburt", die sich im ewigen Jetzt ständig vollzieht, es ist dieselbe Weise und nicht anders:

> *„..es gebiert der Vater seinen Sohn in der Seele **in derselben Weise, wie er ihn in der Ewigkeit gebiert und nicht anders. Er muss es tun** (!), es sei ihm lieb oder leid. Der Vater gebiert seinen Sohn ohne Unterlass (d.h. im ewigen JETZT), und ich sage mehr noch: **Er gebiert mich** als seinen Sohn und **als denselben Sohn.** Ich sage noch mehr: Er gebiert mich nicht allein als seinen Sohn; **er gebiert mich als sich und sich als mich** und mich als sein Sein und als seine Natur. Im innersten Quell, da quelle ich aus im Heiligen Geiste; da ist ein Leben und ein Sein und ein Werk. Alles, was Gott wirkt, das ist eins; darum gebiert er mich als seinen Sohn ohne jeden Unterschied."* [133]

> *„So denn gebiert Gott der Vater seinen Sohn in wahrer Einheit der göttlichen Natur. Seht, **in der gleichen und in keiner andern Weise gebiert Gott der Vater seinen Sohn in der Seele** Grunde und in ihrem Sein und vereinigt sich so mit ihr."* [134]

> *„Wir feiern hier in der Zeitlichkeit im Hinblick auf die ewige Geburt, die Gott der Vater vollzogen hat und **ohne Unterlass in Ewigkeit vollzieht** (!), dass diese selbe Geburt sich nun in der Zeit, in menschlicher Natur vollzogen hat (Weihnachten). Sankt Augustinus sagt: Was hilft es mir, dass diese Geburt immerfort geschehe und doch nicht in mir geschehe? **Dass sie aber in mir geschehe, daran ist alles gelegen.**"* [135]

Die Gottesgeburt und Gotteseinung als höchste Bestimmung des Menschen

Es ist also alles – und Eckhart meint wirklich alles – daran gelegen, und das ist unser höchster Sinn im Leben und zugleich unsere höchste Bestimmung in der Zeit, dass diese ewige Geburt, die sich „ohne Unterlass in Ewigkeit" vollzieht, nun in mir geschehe, und in jedem Menschen.

Es genügt eben nicht, dass sie in der Ewigkeit geschieht und auch nicht, dass sie symbolisch oder stellvertretend von einem einzigen Menschen (Christus) in der Zeit geschehen ist. Sie muss in uns stattfinden, und so sagt auch der Mystiker Angelus Silesius: „Und wäre Christus tausendmal in Bethlehem geboren und nicht in dir, so wärst du doch ewiglich verloren." Es handelt sich also nicht um zwei Arten von Geburt, eine ewige oder eine zeitliche, es gibt nur die ewige, zu der wir aber in der Zeit kommen müssen, es ist nur ein und dieselbe Geburt:

> *„Ich sage aber, wie ich schon öfters gesagt habe, dass diese ewige Geburt in der Seele ganz in der Weise geschieht, wie sie geschieht in der Ewigkeit, nicht weniger und nicht mehr; **denn es ist (nur) eine Geburt**, und diese Geburt geschieht im Sein und im Grunde der Seele."* [136]

> *„…denn der Seele Bild gehört im Besonderen zu dieser **ewigen Geburt, die ganz eigentlich und im Besonderen in der Seele geschieht** und vom Vater im Grunde und im Innersten der Seele vollzogen wird, dort, wohin nie ein Bild hineinleuchtete und nie eine Kraft hineinlugte."* [137]

Diese ewige Geburt und die Einheit mit Gott, wie sie in der Gottesgeburt erfahren wird, geschieht also ständig „im Grunde und im Innersten der Seele". Was ist nun dieses Innerste? Auf jeden Fall ist es jenseits von Bildern und jenseits von Kräften, anders gesagt jenseits von Kreatur und Erscheinung aller Art. Was bleibt dann übrig, wenn wir alle Erscheinung, alle Bilder, alle Kräfte wegnehmen? Es bleibt der Beobachter, das reine, wache Bewusstsein. Und dies meint auch Meister Eckhart, wenn er vom Innersten spricht, er definiert es stets als über der Zeit, als über den Bildern, als reines Erkennen (=Bewusstsein). Nur hier kann die Seele diese ewige Einheit mit Gott erfahren.

> *„…dass sie **innen frei und ledig ist** von allen Vermittlungen und **von allen Bildern**, dies ist auch **der Grund dafür, dass Gott** sich frei, ohne Bild oder Gleichnis **mit ihr vereinigen kann**."* [138]

> *„Der Vater gebiert seinen Sohn **im ewigen Erkennen**, und ganz so gebiert der Vater seinen Sohn in der Seele wie in seiner eigenen Natur, und er gebiert ihn der Seele zu eigen, und sein Sein hängt daran, dass er in der Seele seinen Sohn gebäre, es sei ihm lieb oder leid."* [139]

> *„So auch wird das ewige Wort innerlich in dem Herzen der Seele gesprochen, im Innersten, im Lautersten, im Haupt der Seele, wovon ich neulich sprach, **in der Vernunft: dort innen vollzieht sich die Geburt**."* [140]

In der **Vernunft**, was zu Eckharts Zeiten im Unterschied zur „ratio" auch mit „intellectus", **Einsicht** oder **Erkennen** gleichgesetzt wird, etwas, das wir heute mit Bewusstsein bezeichnen würden, also hier im beobachtenden, wachen Bewusstsein, im reinen wachen Geist jenseits aller Bilder vollzieht sich diese Geburt oder wird diese Unio Mystica erlebt und erfahren. Dies setzt natürlich voraus, dass im Innersten der Seele dieses göttliche Bewusstsein oder der göttliche Funke stets und von Natur aus schon vorhanden ist. Eben dies betont Eckhart immer wieder eindringlich als „gesicherte Wahrheit", dass es dieses Überzeitliche in der Seele gibt, ein Etwas, ein Fünklein, ein Licht, namenlos (ohne Definition) und jenseits von Zeit:

> *„Es ist ein Etwas in der Seele, in dem Gott bloß ist, und die Meister sagen, es sei namenlos, und es habe keinen eigenen Namen. Es ist und hat doch kein eigenes Sein, denn **es ist weder dies noch das**, weder hier noch dort; denn es ist, was es ist, in einem andern und jenes in diesem; denn, was es ist, das ist es in jenem und jenes in diesem; denn jenes fließt in dieses und dieses in jenes und darin (= in diesem Etwas) meint er (= Paulus), fügt euch in Gott in Seligkeit! Denn **hierin nimmt die Seele ihr ganzes Leben und Sein, und hieraus saugt sie ihr Leben und Sein; denn dies ist ganz in Gott**; das andere (der Seele) aber ist hier draußen, und darum ist die Seele allzeit diesem nach in Gott, es sei denn, dass sie dieses nach außen trage oder in sich auslösche."* [141]

> *„Es ist **eine gesicherte Wahrheit, dass Zeit weder Gott noch die Seele von Natur aus zu berühren vermag**. Könnte die Seele von der Zeit berührt werden, sie wäre nicht Seele; und könnte Gott von der Zeit berührt werden, er wäre nicht Gott. Wäre es aber so, dass die Zeit die Seele berühren könnte, **so könnte Gott nimmermehr in ihr geboren werden**, und sie könnte nimmermehr in Gott geboren werden."* [142]

> *„...**darin sei die Seele Gott ebenbürtig**. Denn so grenzenlos Gott im Geben ist, so grenzenlos ist auch die Seele im Nehmen oder Empfangen. Und so allmächtig Gott im Wirken ist, so abgründig ist die Seele im Aufnehmen und drum wird sie mit Gott und in Gott überformt. **Gott soll wirken, die Seele aber soll aufnehmen**. Er soll sich selbst in ihr erkennen und lieben, sie aber soll erkennen mit **seiner** Erkenntnis und soll lieben mit **seiner** Liebe."* [143]

> *„Dass der Mensch Gott in sich empfängt, das ist gut, und in dieser Empfänglichkeit ist er **Jungfrau**. Dass aber Gott fruchtbar in ihm werde, das ist besser; denn Fruchtbarwerden der Gabe, das allein ist Dankbarkeit für die Gabe, und da ist der Geist **Weib** in der wiedergebärenden Dankbarkeit, wo er Jesum wiedergebiert in Gottes väterliches Herz."* [144]

Die Seele ist also in ihrer Einheit oder ewigen Vereinigung mit dem Göttlichen, die sie dann wieder in der Zeit erleben soll, wie eine Art von Braut, die sich dem Bräutigam hingibt, wie in dem Gleichnis mit den Jungfrauen und dem Bild der Hochzeit schon angedeutet ist. Genauso sind übrigens die allegorischen Bilder der Gotteinung dargestellt in der Vereinigung von Gott und Göttin im tantrischen Buddhismus, wie auch im Hinduismus im Bild der Vereinigung von Shiva und Shakti. Die Seele wird oder ist in ihrem Höchsten und Letzten weiblich, und vereinigt sich mit ihrem Geliebten durch Hingabe, ähnlich wie im Hohen Lied Salomons schon zu ältester Zeit beschrieben. „Gott soll wirken, die Seele aber aufnehmen", sagt Meister Eckhart dazu, aber es ist nur *eine* Erkenntnis und *eine* Liebe und nicht zwei. Auch die Mystiker der Sufis sprechen von dieser Vereinigung ähnlich, indem die Seele die Geliebte ist und Gott der Geliebte, die sich beide schließlich wieder finden und ekstatisch vereinigen. Um dies zu erleben, muss die Seele sich von allem Zeitlichen befreit haben, von aller Erscheinung abgewendet sein und ihr „Erkennen" von Zeitlichem gelöst haben, so dass das Bewusstsein sich ohne die Phänomene, Gedanken, Bilder jetzt selbst erkennt, in seiner ursprünglichen Klarheit, so wie man den klaren Spiegel erst richtig sehen kann, wenn keine Bilder mehr da sind, die sich in ihm spiegeln:

> *„**Wenn wir über die Zeit und zeitliche Dinge hinausgeschritten sind, so sind wir frei und allzeit froh,** und dann ist „Fülle der Zeit"; dann wird der Sohn Gottes in dir geboren."* [145]

> *„Wenn der Mensch sich abkehrt von zeitlichen Dingen und **sich in sich selbst kehrt,** so gewahrt er ein himmlisches Licht, das vom Himmel gekommen ist.... In diesem Lichte findet der Mensch Genügen."* [146]

> *„Wäre ich aber nun **aus mir selbst ganz ausgegangen und (meiner) völlig ledig** geworden, fürwahr, so würde der Vater seinen eingeborenen Sohn in meinen Geiste so lauter gebären, /....so würde der Vater in mir ebenso lauter wirken wie in seinem eingeborenen Sohne und nicht minder; denn er liebt mich mit derselben Liebe, mit der er sich selbst liebt."* [147]

> *„Gott gebiert seinen eingeborenen Sohn in dir... er tut das Seine. Ich sagte neulich, was schuld daran sei, **dass der Mensch es nicht empfindet**, und sagte: **Schuld daran sei dies, dass seine Zunge mit anderem Schmutz, das heißt mit den Kreaturen, beklebt sei....**"* [148]

> *„Deshalb muss sich die Seele, in der die Geburt geschehen soll, ganz lauter halten und ganz adlig leben und ganz gesammelt und ganz innerlich, nicht auslaufen durch die fünf Sinne in die Mannigfaltigkeit der Kreaturen, sondern ganz innen und gesammelt sein und im Lautersten: da ist seine Stätte."* [149]

Die Seele muss also in ihrem Geist oder Bewusstsein ganz frei werden von Anhaftungen, von Verwicklungen durch Begierde und Widerstand. Ohne diese kann sie dann die Bilder und Gedanken immer mehr loslassen und loswerden, und die Aufmerksamkeit wendet sich ab vom Äußerlichen (mit den Sinnen spazieren..) zurück in ihr Inneres und Lauteres, dorthin, wo kein Bild je hineinkam. Dies nennen die Tibeter oft bildhaft als die „stille Weite", „leere Stille", „himmelsgleiche Leere", und so fühlt es sich auch an.

Die Folgen der Gottrealisation oder Gottesgeburt im Menschen

Ist diese Bereitung einmal eingeübt oder erfolgt, dann muss diese Geburt auch geschehen, das Göttliche hat gar keine Wahl, ist es doch seine wie unsere Bestimmung, oder wie Eckhart sagt, „sei es ihm lieb oder leid." Auch müssen wir sehen, dass es Gott, da er frei ist von unseren Begrenzungen und Verhaftungen, viel mehr zu uns drängt als wir zu ihm. Ist er doch wesenhaft Liebe, und zwar selbstlose Liebe. Also ist der Schüler bereit, wird die Gottesgeburt erfolgen, und zwar nicht als neue und persönliche oder einzigartige, sondern wir kommen in diesem Durchbruch zur *einen* ewigen Geburt, zur ewigen Einheit mit dem Vater, da es nur **eine einzige** Geburt gibt, wie wir dargelegt haben. Und hier ist auch mein Erkennen Gottes Erkennen und umgekehrt und Gottes Liebe meine Liebe, hier bin ich völlig vereint wie ein Licht mit dem Lichte. Dies wird von der Seele als Lichterlebnis erlebt, dass es zuerst im inneren Menschen stattfindet, dann aber in die äußeren Körper fließt bis hin zum physischen Leib:

> *„In dieser Geburt ergießt sich Gott mit Licht derart in die Seele, dass **das Licht im Sein und im Grunde der Seele** (1) so reich wird, dass es herausdringt und überfließt in die Kraft und auch in den äußeren Menschen (2=Persönlichkeit).... Der Überfluss des Lichtes, das in der Seele Grund ist, fließt über in den Leib (3=Leib), und der wird dadurch voll Klarheit."* [150]

> *„...diese Geburt in sich und in dem Grunde: dann werden alle Kräfte **erleuchtet** und der äußere Mensch dazu. Denn, sobald Gott den Grund innen mit der Wahrheit berührt, wirft sich das Licht in die Kräfte, und der Mensch kann dann bisweilen mehr, als ihn irgendwer zu lehren vermöchte."* [151]

> *„Wahrlich, was an Vollkommenheit in die Seele kommen soll, sei`s göttliches, einförmiges Licht oder Gnade und Seligkeit, das alles muss notwendig mit dieser Geburt in die Seele kommen und in keiner Weise sonst. Warte nur auf diese Geburt in dir, so findest du alles Gute und allen Trost, alle Wonne, alles Sein und alle Wahrheit. **Versäumst du dies, so versäumst du alles Gute und alle Seligkeit.**"* [152]

Wird also diese Unio oder Gotteinung im Leben versäumt, so ist alles versäumt (!!), und alle guten Taten und alles Beten oder Meditieren sind dann wenig nütze, so der Meister, denn hieran sei alles gelegen. Ein moderner Mystiker hat diese Einheit auch im Bild der Welle (Seele) und des Meeres (Gott) beschrieben. Beide sind sie dem Wesen und ihrer Natur nach Wasser, und nur deshalb können sie sich so sehr vereinigen, dass nur Eines bleibt. Diese Wesenseinheit ist die Voraussetzung der Einheit, und wer dies nicht erkennt und erfährt, für den ist alles Gute versäumt und alle Seligkeit. Ganz ähnlich wie Willigis Jäger beschreibt es Meister Eckhart im Bild vom Wassertropfen und Meer:

> *„Wenn man einen Tropfen in das wilde Meer gösse, so verwandelte sich der Tropfen in das Meer und nicht das Meer in den Tropfen. So geschieht es der Seele: Wenn Gott sie in sich zieht, so wird sie verwandelt in Gott, so dass die Seele göttlich wird, nicht aber Gott zur Seele.* **Da verliert die Seele ihren Namen und ihre Kraft, nicht aber ihren Willen und nicht ihr Sein.** *Da bleibt die Seele in Gott, wie Gott in sich selber bleibt."* [153]

Wenn also die Seelen wieder in ihre Göttlichkeit, in das gemeinsame Meer, was auch ihre Natur ist, zurückkommen, so verlieren sie ihre Namen und das heißt ihre Persönlichkeit, ihre Definition, sozusagen ihre Rollen, die sie angenommen haben. Sie verlieren aber nicht ihren Willen und nicht ihr Sein ! Dies bedeutet also keine Auslöschung, sondern eine absolute Freiheit, im Meer nun mit und in Gott zu wirken, der dann ihre Kraft wird. Der Eigenwille der Welle gegen das Meer, die Trennung, wird aufgehoben, aber nicht in einem Einheitsbrei vermischt und ausgelöscht, sondern die Seele nimmt wieder den Willen des Meeres an ganz nach dem Gebet: Dein Wille geschehe. Und so sagt Paulus zu Recht von dieser Vereinigung: Nicht mehr ich wirke, sondern Christus in mir. Das „Mir" als das Sein der Seele, das „ICH BIN", das verliert sie nicht, und nicht ihren freien Willen, den überlässt sie freiwillig Gottes Willen oder dem Gesamtwillen des Meeres, und so verwandelt sie sich wieder in Gott. Somit wird in jeder Seele, die diese Geburt vollzieht, und nicht etwa nur einmal in Bethlehem, Gott als Mensch geboren, und der Mensch wird dadurch wieder zu Gott, der Tropfen wird wieder zum Meer, von dem er ausgegangen ist und das seine wahre Natur ist.

Hier wird das große Geheimnis, das Numinose Wirklichkeit in der Zeit. Das Ewige, der Eine, das Absolute wird konkret, erscheint in Form im Hier und Jetzt, oder christlich gesagt: Das Wort ist Fleisch geworden. Gott wird konkreter Mensch, und dieser wird eins mit Gott und kann nun göttlich wirken, ebenso wie Christus sagte, dass wir sogar noch viel größere Werke wie er tun könnten, und er spricht die Wahrheit. Denn wenn Gott Mensch wird und damit der Mensch wieder Gott, dann kann Gott in der Welt direkt wirken, kann erscheinen, sich zeigen, die Hände des Menschen werden Gottes Hände und sein Wirken wird Gottes Wirken. Ganz genau wie in den Ochsenbildern des Zen dargestellt (vgl. ausf. in meinem Buch „Geh den Weg der Mystiker"), ist die höchste Stufe dieser Gotteinung nicht die Verschmelzung von Gott und Mensch, sondern die letzte Stufe ist, wenn der Gottmensch „auf den Markt geht mit offenen Händen", voller Weisheit und Mitgefühl. So wie es Jesus Christus nach seiner Taufe getan hat, so wie es Buddha getan hat und viele andere. So ist dies auch unsere Bestimmung, und der heutige Einheitsphilosoph Ken Wilber wie auch der erwachte Zen-Lehrer Adyashanti sprechen von Stufen beim und nach dem Erwachen. Meister Eckhart unterscheidet hier bildlich zwischen der Morgenröte des Erwachens und dem vollen Mittag. Obwohl es nur ein und dasselbe Erwachen ist, hat es doch Grade der Vertiefung, möchte ich sagen, und wenn ich solche im Erwachensprozess einteilen und benennen müsste, dann wären es folgende:

1) **Das Erwachen des Geistes** – die Welt wird als illusionär, als bloßes „Nichts" erkannt und sie wird abgekoppelt, losgelassen, man befreit sich innerlich von allen Bildern und Gedanken.
   - nach Eckhart die Voraussetzung für die Gottesgeburt. (Erkenntnis: ALLES IST NICHTS)

2) **Das Erwachen des Herzens** – das Ich wird als illusionär erkannt, der Tropfen verliert seinen „Namen und seine Kraft", seine Ichheit und Persönlichkeit, und damit kommt er zurück ins Meer und in die Einheit mit allen Wesen (Erkenntnis: ICH BIN ALLES)

3) **Das Erwachen des Bauches/Körpers** – Wie der Mensch Gott geworden ist in (2.), so wird jetzt Gott und das Göttliche Mensch im konkreten Menschen, so dass zwischen Essenz und Existenz, zwischen Samsara und Nirvana, zwischen Form und Leere es keinen Unterschied mehr gibt. Die letzte Dualität ist überwunden und alles ist göttlich. (Erkenntnis: FORM IST LEERE UND LEERE IST FORM).

Wenn also die Gottesgeburt erfolgt in einem großen Durchbruch, wie er oft erlebt wird, und Gott in der Seele geboren wird, so wird in derselben Geburt die Seele wieder in Gott geboren:

> *„Die Seele, die da steht in einem gegenwärtigen Nun (=JETZT vgl. Eckhart Tolle), in die gebiert der Vater seinen eingeborenen Sohn, und **in derselben Geburt wird die Seele wieder in Gott geboren. Das ist eine Geburt:** Sooft sie wiedergeboren wird in Gott, so oft gebiert der Vater seinen eingeborenen Sohn in sie."* [154]

Wir sind damit wahrhaftig wieder Gotteskinder, Gottes Ebenbilder, sind das volle Meer:

> *„In Gott aber ist volle Kraft; **darum bringt er in seiner Geburt sein Ebenbild hervor. Alles, was Gott ist** an Gewalt und an Wahrheit und an Weisheit, **das gebiert er vollends in die Seele.**"* [155]

> *„In dieser Geburt wird sie lebendig, und Gott gebiert seinen Sohn in die Seele, auf dass sie lebendig werde.* [156]

Die Seele wird in dieser Gottesgeburt wieder und eigentlich erst jetzt lebendig, vorher war es eher ein Dahin-Vegetieren, und wir verfügen danach wieder über die volle Erkenntnis und Bewusstheit Gottes über Gott, über sich selbst und alle Dinge:

> *„Wenn diese Weisheit mit der Seele vereint wird, so ist ihr aller Zweifel und alle Irrung und alle Finsternis ganz und gar abgenommen, und **sie ist versetzt in ein lauteres, klares Licht, das Gott selbst ist,** wie der Prophet spricht: „Herr, in deinem Lichte wird man das Licht erkennen" (Ps.35,10). Da wird Gott mit Gott erkannt in der Seele; **dann erkennt sie mit dieser Weisheit sich selbst und alle Dinge,** und diese selbe Weisheit erkennt sie mit ihm selbst, und mit derselben Weisheit erkennt sie die väterliche Herrschermacht in fruchtbarer Zeugungskraft (Schöpfersein) und das wesenhafte Ur-Sein in einfaltiger Einheit ohne jegliche Unterschiedenheit."* [157]

> *„Ebenso eigentlich nimmt die Kraft des Heiligen Geistes das Lauterste und das Feinste und das Höchste, das Fünklein der*

> *Seele und trägt es ganz empor im Brande, in der Liebe… Ganz so wird auf alle Weise das Fünklein in der Seele emporgetragen in dem Lichte und in dem Heiligen Geiste und auf solche Weise hinaufgetragen* **in den ersten Ursprung und wird so ganz eins mit Gott** *und strebt so ganz ins Eine und ist in eigentlicherem Sinne eins mit Gott,* **als wie die Speise es mit meinem Leibe ist** *(d.h. unauflöslich)…"* [158]

Mit den grandiosen und ergreifenden Worten von Meister Eckhart wollen wir dieses Ereignis der Gottesgeburt im Herzen, das letzte Ziel aller Mystiker und Gottsucher, das letzte Ziel Gottes und der Welt in der Zeitlichkeit, so zusammenfassen:

> „*Damit ist uns zu verstehen gegeben,* **dass wir (alle Wesen) ein einiger Sohn sind, den der Vater ewiglich geboren hat** *aus dem verborgenen Dunkel ewiger Verborgenheit… innebleibend im ersten Beginn der ersten Lauterkeit, die da eine Fülle aller Lauterkeit ist.* **Hier habe ich ewiglich geruht und geschlafen** *in der verborgenen Erkenntnis des ewigen Vaters, innebleibend unausgesprochen.* **Aus dieser Lauterkeit hat er mich ewiglich geboren als seinen eingeborenen Sohn** *in das Ebenbild seiner ewigen Vaterschaft, auf dass ich Vater sei und den gebäre, von dem ich geboren bin."* [159]

Auf dass wir alle zu dieser Geburt kommen mögen, und dann wiederum den gebären, der uns geboren hat, somit Gott Menschensohn und der Mensch wieder Gottessohn werde, somit alles wieder göttlich werde, dazu möge uns dieser Ewige verhelfen, von dem hier die Rede ist.

2.6 Das Erleben der Unio, Freude und Seligkeit

*Vor deinem Angesicht herrscht Freude und Fülle
zu deiner Rechten Wonne für alle Zeit.*
Psalm 16:11

Allen Mystikern aller Kulturen ist gemeinsam, dass sie von den psychischen Folgen dieser Einheit mit Gott überaus begeistert sind und es in höchsten Tönen darstellen, auch wenn diese Ekstase, Freude und auch besonderen Kräfte niemals das primäre Ziel sein sollten und werden dürfen und wir diese Einheit unabhängig von den Folgen anstreben müssen. Auch Meister Eckhart erklärt uns auf viele Weise, wie wunderbar sich für uns diese Gottesgeburt auswirkt. Ihm zufolge erleben wir in dieser Einheit das, was Gott selbst in seiner göttlichen Natur und ewigen Geburt ständig erlebt:

> *„Nicht nur von Natur aus, sondern über ihre Natur (hinaus)* ***erfreut sich meine Seele aller Freude und aller Seligkeit, der Gott sich selbst in seiner göttlichen Natur erfreut,*** *es sei ihm lieb oder leid; denn* ***da ist nichts als Eines,*** *und wo Eines ist, da ist alles, und wo alles ist, da ist Eines. Das ist eine gewisse Wahrheit."* [160]

> *„Da wird die Seele auf wunderbare Weise bezaubert und verliert sich selbst, wie wenn einer einen Tropfen Wasser in eine Bütte voll Weins gösse, so dass sie von sich selbst nichts (mehr) weiß (egolos) und wähnt, sie sei Gott…"* [161]

> *„Und die Meister erweisen, dass dieser Einigung und diesem Durchfluss und dieser Wonne sich nichts an Lust und Wonne vergleichen kann."* [162]

Die Seele erlebt also im Erleben dieser Einigung unglaublich viel Lust und Wonne, und andere Systeme reden daher von der göttlichen Ekstase, von einem kosmischen Orgasmus, in jedem Fall aber von Lust und Wonne. Nun müssen wir hier aber etwas klarstellen, was schon viele Sucher verwirrt hat, und zwar die Unterscheidung zwischen einem bestimmten Bewusstseinszustand und dem Erwachen bzw. der Erleuchtung als solcher. Letztere ist kein Zustand, sondern ein Hinausgehen über alle Zustände. Wie ist dies zu verstehen?

Ekstasen, Emotionen oder bestimmte Kräfte sind vergänglich.

Untersuchen wir zunächst den oben von Eckhart wie auch sonst von vielen Mystikern gepriesenen Zustand von Lust und Wonne. Er entsteht, wenn die Seele diese Unio, diese Einheit, wiederfindet und in ihrem zeitlichen Bewusstsein erlebt, und dieser Zustand ist zwar unvergleichlich schön und ekstatisch, aber eben nur ein entstandener Zustand mit dem Nachteil, dass er auch wieder in der Zeit vergeht. Was entsteht, ist dazu bestimmt, auch wieder zu vergehen, und nichts kann diesen Zusammenhang ändern. Was einen Anfang hat, hat auch ein Ende. Zwar können wir bestimmte Zustände bevorzugen und wählen, und sicher auch oft anstreben oder induzieren, aber wie lange sie auch immer dauern, sie währen niemals ewig. Deshalb ist das Induzieren und Aufrechterhalten dieser mystischen und ekstatischen Zustände nicht das letzte Ziel der Mystiker, sondern die Geburt selbst, das Erwachen als solches, was über alle Zustände hinausgeht, wenn es auch oft im ersten Aufleuchten mit dieser Wonne einhergeht. So etwa wie in der Vereinigung von Mann und Frau die Liebe und die Verschmelzung im Vordergrund stehen sollte und als Ziel nicht bloß die Wonne, wenn sie auch sicher oft damit einhergeht, so sollen wir auch das Himmelreich oder Gottes Reich suchen, und der Rest ist dann Zugabe.

Jeder emotionale Zustand wird wieder enden, und keine Ekstase ist endlos. Daher ist sie allen zu wünschen und eine schöne Belohnung für den, der diesen Durchbruch erreicht, aber auch nicht mehr. Sie ist ein Beiprodukt, ein schönes Nebenprodukt, dessen man sich wohl erfreuen sollte. Haftet man aber daran, fängt man gar an, sie zu begehren und zu brauchen, dann wird man früher oder später sicher die andere Seite der Polarität kennen lernen müssen und in tiefes Dunkel bzw. Depression stürzen. Daher ist auch hier wichtig, diese Wonnen nicht zu begehren oder sie zu brauchen, sondern man muss die Bereitschaft haben, wie Eckhart sich ausdrückt, **Gott in allen Lebenslagen zu lieben,** in stiller Gelassenheit und mit ihm überall, selbst in der tiefsten Hölle, vereint zu sein.

Friede und Seligkeit ist kein Zustand, sondern die Natur des Geistes selbst.

Im Prozess des Erwachens bis hin zur völligen Erleuchtung des Geistes ist aber nun dennoch eine Art von Freude und Glückseligkeit zu erfahren, begleitet von tiefem Frieden, die anders ist als die üblichen, wechselnden Gefühle, die unabhängig von den äußeren Emotionen dauerhaft und bleibend ist, wie eine Art von stetigem Hintergrundgeräusch. Diese wirkliche Freude beim Erwachen ist jenseits aller vergänglichen Bewusstseinszustände, ist vielmehr die Natur des Bewusstseins. Dies ist gemeint mit Eckharts Aussage von „der **Freude und Seligkeit**, der Gott sich selbst in seiner göttlichen Natur erfreut", und die daher keinen Anfang oder Ende hat, keine Zeit oder räumliche Begrenzung kennt, da sie ja als göttliche Natur ewig ist und nicht etwas, was daraus entsteht. Diese göttliche Natur ist gleichbleibend da, wie das Licht, das von der Sonne ausgeht, immer hell und licht ist, unabhängig von den vielen Farben, die es später annimmt. In seiner Natur ist das Licht weiß oder gold-weiß, bevor es sich bricht, und dieses Helle, Lichthafte ist seine Natur, gehört wesentlich zur Sonne. Ebenso ist auch die Natur des Geistes, das Wesen des Bewusstseins reine Freude und grundlose Glückseligkeit, aber nicht als ein bestimmter Zustand, eine bestimmte Farbe, sondern diese sind sein Wesen und daher unvergänglich und unwandelbar. So offenbart sich im erwachten Bewusstsein neben den einzelnen „Zuständen" des Geistes – und nach wie vor sind alle möglich und fühlbar von Trauer fühlen bis zur Ekstase – eine unerklärliche stille Freude und Glückseligkeit, selbst im Zustand der tiefsten Trauer.

Dieses **grundlose Glücklichsein**, wie es auch genannt wurde, da es eben keinen Anlass und daher keinen Anfang in der Zeit hat, umfasst zugleich stille Freude, stilles Glück und tiefen Frieden. Davon sagt dann auch Christus zu Recht: „Meinen Frieden gebe ich euch, einen Frieden nicht von dieser Welt", es ist, wie gesagt, kein weltlicher Zustand. Solange das Erwachen bleibt und ich vereint bin mit diesem göttlichen Sein, bleiben auch dieser Friede und dieses Glück. denn wenn ich in die Natur Gottes eingetaucht bin, fühle ich dies im Inneren dauerhaft, was auch immer sich im Äußeren, auf der Leinwand des Lebens oder auch in der eigenen Person zeitlich abspielt.

Der Einblick in die Natur des Geistes

Wenn ich meine Aufmerksamkeit, meinen Geist abziehe (oder abscheide, wie Eckhart sagt) von allen Erscheinungen, dann werde ich dessen gewahr, der all diese Erscheinungen wahrnimmt. Ich bin dann immer noch da, obwohl ich nicht mehr die Person bin, mit der ich identifiziert war. Wie wenn im Kino der Film reißt und ich plötzlich die leere Leinwand sehe, dann erwache ich aus dem Traum des Films, in dem ich möglicherweise gelitten oder mitgeweint habe, und erkenne wieder mich selbst, wie ich unabhängig vom Film im Kino sitze und alles nur Kino ist und ich mich nicht mehr aufregen muss. Dies etwa ist gemeint, wenn von Erwachen die Rede ist, und so hatte es Eckhart, wie im letzten Abschnitt gezeigt, auch beschrieben. Es ist ein Hinausgehen über alle Kreation, über alle Zeitlichkeit und Erscheinung, und dann geschieht diese Geburt, Licht kommt zum Licht, Bewusstsein zu Bewusstsein, Geist zu Geist, und er erkennt sich selbst, seinen Grund jenseits der Phänomene. Damit erkenne ich mich zugleich als Schöpfer jener und bin fortan frei davon, kann sie wohl noch als einen Film betrachten und auch weiter mitspielen, aber alle diese Erscheinungen sind dann nur noch, wie der große Lehrer Dilgo Khyentse Rinpoche sagte: Schreiben auf Wasser.

Wenn ich mich so von den Kreaturen abscheide und mich von aller Anhaftung befreie, oder wie es im Zen gefordert wird, mich von allem befreie, von Bildern, Gedanken, Erinnerungen, Sorgen, also auch Vergangenheit und Zukunft, von Raum und Zeit, dann werde ich frei von allen diesen Bildern, in die ich und die meisten Menschen ständig verwickelt sind. Wenn sie morgens aufwachen bis hin zum Schlafengehen operieren sie in und mit diesen Bildern und Gedanken und kommen dabei nicht auf die Idee, einmal nachzuschauen, wer denn diese Gedanken denkt, wer sie wahrnimmt, wer entscheidet, welchen Gedanken und Gefühlen gefolgt wird und welchen nicht. So sind sie gefangen im Rad des Denkens oder im Rad des Samsara, wie die Weisen des Ostens sagen. Ob ich in diesem Rad nun lustvolle oder schmerzvolle Zustände erlebe, es ist immer dasselbe Rad und nie bleibe ich hier ewig in einem Zustand. Deshalb ist das oberste Ziel Meister Eckharts wie auch aller echten Mystiker der mentale Ausstieg aus diesem Rad, was wohlgemerkt kein äußerer Ausstieg ist, der sicher nichts nützt. Vielmehr muss der Ausstieg so erfolgen, wie unser Meister erklärte, dass die Seele in sich ledig werde aller Dinge, allen Schmutzes der Kreaturen, aller Zeitlichkeit, und ihr eigenes göttliches Licht wieder findet.

Die Folgen dieses Einblicks

Das Ergebnis dieses Erwachens ist zunächst einmal das Durchschauen der Illusion der Welt, die Welt als Videospiel oder als Kino erkennen oder, wie es Shakespeare sagte, der Stoff, aus dem die Träume sind. Ist dies erfolgt, werde ich von den Erscheinungen nicht mehr mitgenommen oder mitgeschleift, sondern kann alles von außen betrachten wie ein kleines Theaterspiel, auch meine eigenen Kreationen. Vertieft sich das Erwachen in das, was ich Erleuchtung des Herzens nenne, so kommt dazu auch die Erkenntnis von der Nichtigkeit des eigenen Ichs oder der eigenen Persönlichkeit. Ich erkenne dabei, dass es gar keine wirkliche Trennung gibt, sondern nur ein einziges Bewusstsein, ein Christusbewusstsein, in dem wir alle vereint sind, oder wie es die Upanischaden so schön poetisch sagen: **Ich erkenne mein Selbst in allen Wesen und alle Wesen in meinem Selbst**. Dies ist die treffendste Definition.

Geschieht dies, kann ich nicht mehr leiden, weil ein Ich-Bezugspunkt nicht mehr da ist. Leiden kommt sowieso nur aus Begierde oder Widerstand, wie der Buddha klar ausführte, denn wenn ich nichts mehr Eigenes will, ist alles gut so, wie es ist. Dann kann ich als Geschöpf oder gemäß Aspekt meiner Kreatürlichkeit natürlich auch weiterhin noch Schmerz, Trauer wie ebenso Lust und Befriedigung erleben, das ist nicht zu ändern, solange wir in dieser Polarität dieser Welten leben und noch nicht in der Einheits- oder Lichtwelt sind. Aber der große Unterschied ist, ich bin nicht mehr die Gefühle und Gedanken, mich tangiert es nicht mehr sonderlich, sondern ich erlebe und erfahre es, erkenne es getrennt von meinem wahren Sein und lasse es ziehen, hafte nicht daran. Das Ergebnis solchen Erwachens ist – zumindest nach meiner Erfahrung – eine extreme Freiheit und Leichtigkeit, die zugleich einen tiefen Frieden mit sich bringt, da nichts mehr zu bekämpfen ist. Nicht einmal die Welt muss noch gerettet werden. Natürlich wird von mir weiterhin entschieden, ob ich dies oder das mag und was ich als Nächstes gestalten will, doch dies impliziert keinen Kampf und keine Mühe mehr. Was immer herauskommt, ist in Ordnung (es ist ja nur ein Film) und ich erfahre einfach, was ich entschieden habe. Wenn es mir dann nicht gefällt, kann ich es ja ändern.

Insofern ist es keinesfalls Unterwerfung, wie manche Esoteriker meinen, sondern es ist Übereinstimmung, Synchronizität mit dem göttlichen Willen, in dem und mit dem der Wille meiner Seele eins ist. Daher gibt es hier keine Konflikte. Der Wille bleibt auch nach dieser Gottesgeburt erhalten, wie Eckhart darlegte, bleibt auch, wenn die Person längst aufgelöst wurde, denn der Wille wie auch die Liebe gehören der ewigen Seele an und sind nicht zeitlich. Daher bleibt nach dem Erwachen der freie Wille, ist aber dann vereint mit dem göttlichen Willen und wirkt daher synchron mit diesem in der Welt. Dieses geeinte Wirken werden wir noch besprechen.

Verweilen in dieser Freude und Frieden, ohne bestimmte Gefühle zu brauchen

Für die Zeit *nach* dieser Gottesgeburt und für die Zeit des weiteren Wirkens in der Welt ist es daher für jeden Mystiker hilfreich und sogar notwendig, will er nicht emotionale „Achterbahn fahren", sich von allen Anhaftungen an bestimmte Zustände zu befreien und lauter und bloß, wie es Eckhart nennt, im Erkennen zu verweilen und sich immer wieder dieser Natur des Geistes, diesem „Hintergrundgeräusch" von Seligkeit und Frieden zuzuwenden, darauf achtsam zu sein. Da es nun in diesem geeinten Wirken keine Konflikte gibt und das Leben jetzt dein Freund ist und Gott mit dir, wenn du also Freundschaft mit Gott geschlossen hast und dein Wille sein Wille ist, was gibt es da noch zu fürchten? Wie sie auch immer ausfallen, alle Ergebnisse sind irgendwie gut, und selbst wenn noch etwas äußerlich leidvoll ist, wie vielleicht ein Verlust, kann ich es in Frieden annehmen, die Botschaft erkennen und ggf. daraus lernen oder Erfahrungen machen. Das innere bleibende Grundgefühl neben der Freiheit und der einsetzenden Leichtigkeit ist das Gefühl eines tiefen Friedens. Bei dieser Leichtigkeit fühlt es sich an, als fielen viele Tausend Tonnen von Belastung ab, deren man sich vorher gar nicht bewusst war, dass man sie mit sich herumschleppt.

Ferner ist eine viel intensivere Wahrnehmung möglich, die nicht mehr durch Begierden und Widerstände verzerrt ist (vgl. NLP), und so entsteht eine immer größere Bewunderung der Schöpfung und ihrer Schönheit, damit zugleich Wertschätzung aller Kreatur und Liebe zu allen Wesen, insgesamt gesehen eine Art grundlosen Glücklichseins. Dies ist aber weniger ein Gefühl, sondern wie ein leiser Hintergrund oder Fundament in der Seele, vielleicht wie die Grundeigenschaft eines Spiegels oder einer Leinwand, während zugleich alle möglichen Gefühle oder Gedanken darauf projiziert und daher im Vordergrund sein können. Wenn wir die in der Seele dauerhaft bleibenden und damit eher der Essenz bzw. Natur des Bewusstseins angehörigen Aspekte des Erwachens noch einmal zusammenzufassen, so sind diese

- große Freiheit, auch Leidfreiheit (selbst bei Scherz und Trauer)
- Humor und Freude (da man nichts mehr ernst nimmt)
- Wertschätzung und Dankbarkeit (aus Lebensfreude)
- Liebe und Mitgefühl mit allen fühlenden Wesen
- ein grundloses Glücklichsein (Gefühl von Gnade und Erlösung)

Ob auf diesem generellen Hintergrund nun mal Trauer, mal Sehnsucht, mal Scherz oder Lust, mal Gewinn oder Verlust gefühlt wird, was im sich wandelnden Leben nicht ausbleibt, das spielt keine Rolle und beseitigt dieses Hintergrund- oder Grundgefühl nicht. Was immer auch im Spiegel des Lebens erscheint, man identifiziert sich nicht mehr damit, kann es erkennen, fühlen, aber auch gehen lassen, ist selbst zum Spiegel geworden, zum reinen Bewusstsein oder, wie Eckhart es ausdrückt, zum reinen Erkennen dahinter. Es ist wirklich wie ein Erwachen aus dem Traum, danach kann man den Traum weiterträumen mit all dem lust- oder leidvollen Inhalt, aber er tangiert uns nicht mehr. So entsteht Freiheit vom Leiden, wie schon Buddha seinen Jüngern versprach, und so erklärt auch Meister Eckhart:

> *„Hier ist der Mensch ein wahrer Mensch, und **in diesen Menschen fällt kein Leiden**, so wenig wie es in das göttliche Sein fallen kann...."* [163]

> *„Wenn der Geist diese Gewalt in dem Sohne und durch den Sohn empfängt, so wird er (selbst) gewaltig in jedem Fortgang, so dass er gleich und gewaltig wird in allen Tugenden und in aller vollkommenen Lauterkeit, **also dass weder Liebes noch Leides noch alles, was Gott in der Zeit geschaffen hat, den Menschen zu verstören vermag**, er vielmehr machtvoll darin stehen bleibt wie in einer göttlichen Kraft, der gegenüber alle Dinge klein und unvermögend sind."* [164]

> *„Wo die Seele in ihrer reinen Natur ist, abgeschieden und abgelöst von allen Kreaturen, da hätte sie in ihrer Natur von Natur **aus alle Vollkommenheit und alle Freude und Wonne**, die alle Engel an Zahl und Menge von Natur aus haben: **Ich habe sie ganz und gar mit aller Vollkommenheit und mit aller ihrer Freude und aller ihrer Seligkeit**, so wie sie sie selbst in sich selbst haben; und einen jeglichen (Engel) habe ich gesondert in mir, wie ich mich selbst in mir selber habe, ohne Behinderung eines andern, denn kein Geist schließt den aus."* [165]

Aufhebung von Trennung, vermehrte Einheitsschau

Hier kommt ein weiterer Aspekt des Erwachens hinzu, und zwar die Aufhebung von Trennung oder besser die Realisierung, dass es gar keine Trennung wirklich gibt. So haben wir alle Engel, alle Wesen in uns. Nur deshalb funktionieren übrigens „Aufstellungen", wie sie Hellinger populär gemacht hat, indem es möglich ist, das Bewusstsein eines Menschen für das Bewusstsein eines anderen, ja sogar Unbekannten aufzustellen, und dennoch viele gewünschte Informationen abzurufen, die er äußerlich nie wissen oder erfahren haben kann. Denn in Wirklichkeit ist Bewusstsein nie getrennt, wie auch die Luft in den Räumen eines Hauses nie getrennt ist, auch wenn die Zimmer jeweils anders riechen; oder das Wasser in den Ozeanen ist nicht voneinander getrennt, auch wenn es hier und da verschiedene Strömungen und Eigenschaften aufweist. Somit kann also der mit Gott vereinte Mensch wieder prinzipiell über alles Wissen und alle Erkenntnis verfügen (alles eins und alles unser), kann intuitiv alles erkennen und abfragen:

> *„Wenn aber die Seele erkennt, dass sie Gott erkennt, so gewinnt sie zugleich **Erkenntnis von Gott und von sich selbst**."* [166]

> *„...da erkennt die Seele **alle Dinge** und erkennt sie da in Vollkommenheit."* [167]

> *„Ich sage, **dass im Reiche der Himmel alles in allem und alles eins und alles unser ist...**"* [168]

> *„...diese Geburt... dann werden alle Kräfte erleuchtet und der äußere Mensch dazu. Denn, sobald Gott den Grund innen mit der Wahrheit berührt, wirft sich das Licht in die Kräfte, und der Mensch kann (und weiß) dann bisweilen mehr, als ihn irgendwer zu lehren vermöchte."* [169]

> *„Die Seele...muss der Zeit entfallen, und sie muss sich aufschwingen und muss verharren in einem Anstarren dieses Reichtums Gottes: da ist* **Weite ohne Weite und Breite ohne Breite...**" [170]

Hier ist auch die Rede von der Weite ohne Weite und Breite ohne Breite, ein Ausdruck, wie ihn ähnlich die tibetischen Weisen gern verwenden. Das Schönste an der Gottesgeburt bleibt aber die tief im Herzen entspringende Freude oder das grundlose Glücklichsein, wie ich es gerne nenne. Die Freude ist sowieso das Ausstrahlen der Liebe, wie der „Kurs in Wundern" sagt, und es wäre verwunderlich, wenn wir hier nicht in Freude wären. Doch ist sie so groß, behauptet Meister Eckhart – und wie könnte er dies tun, wenn er es nicht selbst erfahren hätte – dass sie all unseren bisherigen Kummer und Leid weit aufhebt:

> *„Wahrlich, in dieser Kraft ist* **so große Freude** *und so große, unermessliche Wonne, dass es niemand erschöpfend auszusagen oder zu offenbaren vermag. Ich sage: Gäbe es irgendeinen Menschen, der hierin mit der Vernunft wahrheitsgemäß einen Augenblick lang die Wonne und die Freude schaute, die darin ist, –* **alles, was er leiden könnte und was Gott von ihm erlitten haben wollte, das wäre ihm alles geringfügig, ja ein Nichts;** *ich sage noch mehr: es wäre ihm vollends eine Freude und Gemach."* [171]

> *„Alles, was je erdacht werden könnte an Lust und an Freude, an Wonne und an Liebenswertem (zeitliche Gefühle), hält man das gegen* **die Wonne, die in dieser Geburt liegt** *(ewige Natur), so ist es keine Freude mehr."* [172]

> *„Ein Meister sagt: Reine Erkenntnis (=Bewusstsein), selbst hier in diesem (irdischen) Leben, die berge so große Lust in sich selbst, dass **aller geschaffenen Dinge Lust recht wie ein Nichts gegenüber der Lust sei, die reine Erkenntnis in sich trägt.**"* [173]

Ob er hier oder im Folgenden nun von jener grundsätzlichen und sozusagen ewigen Freiheit und Freude redet, die mit dem Erwachen dauerhaft einhergeht, oder von den mit der Gottesgeburt zusammenhängenden zeitlich begrenzten Zuständen und mystischen Ekstasen, möge nun jeder selber interpretieren. Auf jeden Fall ist diese Gottvereinigung nicht ohne Folgen in der Seele, ja ist die größte Umformung und Transformation des Menschen überhaupt, ist ein Aufstieg der Seele in das Licht, in die Vollkommenheit und Seligkeit:

> *„Da ist so herzliche Freude und **so unbegreiflich große Freude**, dass niemand erschöpfend davon zu künden vermag."* [174]

> *„Wenn der Seele ein Kuss widerfährt von der Gottheit, so steht sie in ganzer Vollkommenheit und in Seligkeit; da wird sie umfangen von der Einheit."* [175]

> *„...zudem mit einer **unermesslichen Süßigkeit und Fülle**, die herausquillt aus des Heiligen Geistes Kraft und überquillt und einströmt mit überfließend reicher Fülle und Süßigkeit in alle empfänglichen Herzen."* [176]

> *„Nicht nur von Natur aus, sondern über ihre Natur (hinaus) **erfreut sich meine Seele aller Freude und aller Seligkeit, der Gott sich selbst in seiner göttlichen Natur erfreut**, es sei ihm lieb oder leid, denn, da ist nichts als Eines, und wo Eines ist, da ist alles, und wo alles ist, da ist Eines. Das ist eine gewisse Wahrheit."* [177]

Die Vollendung liegt nach Eckhart in beidem, in der umfassenden **Erkenntnis, Licht, Weite** des Geistes, und zugleich in der **Liebe**, die sich in Liebe zu Gott, zum Leben und allen Wesen ausdrückt. Ebenso sprechen die tibetischen Weisen von der Notwendigkeit der Kombination von Weisheit und Mitgefühl, und so ist dies das Kennzeichen der Vollendung dieser Geburt.

> *„Unser Herr spricht: ‚Das ist das ewige Leben, dass man dich allein als einen wahren Gott erkennt' (Joh.17, 3).* **Die Vollendung der Seligkeit liegt in beidem: in der Erkenntnis und in der Liebe.**" [178]

Dieses Erkennen und Lieben ist nicht mehr ein privates Vermögen des Einzelnen, oder der individuellen Seele, sondern es ist Gottes Erkennen und Lieben, wie auch Eckhart an anderer Stelle klar aussprach: Das Auge, mit dem ich Gott erkenne, ist dasselbe Auge, in dem mich Gott erkennt, *ein* Erkennen, *ein* Lieben, *ein* Sein. In und nach der Geburt erkennen wir also nicht mehr nur mit unserem, sondern mit Gottes ewigem Erkennen und lieben nicht mehr nur mit unserer, sondern mit Gottes ewiger Liebe, denn des Erwachten (Gerechten n. Eckhart) Seligkeit ist Gottes Seligkeit, da ist nur eine Seligkeit:

> *„...ein Etwas in der Seele (=der göttliche Funke),* **aus dem Erkennen und Lieben ausfließen**; *es selbst erkennt und liebt nicht, wie es die Kräfte der Seele tun.* **Wer dieses kennen lernt, der erkennt, worin die Seligkeit liegt.** *Dies hat weder Vor noch Nach, und es wartet auf nichts Hinzukommendes, denn es kann weder gewinnen noch verlieren. Deshalb ist es auch des Wissens darum, dass Gott in ihm wirke, beraubt; es ist vielmehr selbst dasselbe, das sich selbst genießt in der Weise, wie Gott es tut.*" [179]

> *„Manche einfältigen Leute wähnen, sie sollten Gott (so) sehen, als stünde er dort und sie hier. Dem ist nicht so.* **Gott und ich, wir sind eins.**" [180]

> *„...so besagt dies, dass des Gerechten Lohn dort ist, wo Gott selbst ist; denn* **des Gerechten Seligkeit und Gottes Seligkeit ist eine Seligkeit,** *weil der Gerechte da selig ist, wo Gott selig ist.*" [181]

In dieser Seligkeit oder in diesem grundlosen Glücklichsein können nun alle Dinge passieren, und es mögen weiterhin auch Trauer oder Schmerz auftauchen, doch sie werden im Idealfall nicht mehr bewertet und sie werden den inneren Frieden nicht mehr stören. Je mehr ich hier in diese Einheit sinke, umso mehr kann ich, wie gezeigt, mit Gott mich und alle Dinge erkennen, umso mehr kann ich aber auch mit Gott wirken, weise und mächtig, und schließlich gehe ich wie Jesus wieder auf den Markt der Welt mit offenen Händen und großem Herzen:

> *„Was ist (dann) Leben?* **Gottes Sein ist mein Leben.** *Ist denn mein Leben Gottes Sein,* **so muss Gottes Sein mein sein** *und Gottes Wesenheit meine Wesenheit, nicht weniger und nicht mehr.* **Sie leben ewig ‚bei Gott',** *ganz gleich bei Gott, weder darunter noch darüber.* **Sie wirken alle ihre Werke bei Gott und Gott bei ihnen…**
> *So auch soll die gerechte Seele gleich bei Gott sein und neben Gott, ganz gleich, weder darunter noch darüber."* [182]

> *„…auf dass ich in Gott hinüberversetzt und eins mit ihm werde und* **eine Substanz, ein Sein und eine Natur und** *(damit) der Sohn Gottes…. Dann werde ich* **weise, mächtig** *und alle Dinge, wie er, und ein und dasselbe mit ihm."* [183]

Wenn nun manche meinen, all das hier Verkündete über die göttliche Geburt in der Seele sei für sie viel zu hoch oder zu weit weg, oder aber sie zweifeln, hierfür geeignet oder dieser göttlichen Freude und Gnade wert zu sein, dann spricht unser Meister zu ihnen allen:

> *„…diese Freude ist euch nahe und ist in euch! Es ist keiner von euch so grobsinnig… dass er diese Freude nicht mit Freude und mit Erkenntnis so, wie sie wahrheitsgemäß ist, in sich finden könnte."* [184]

2.7 Über „Gott" hinaus in das Einssein des Grundes

Diejenigen, die nun glauben, mit dieser Unio Mystica wäre nun das letzte Ziel erreicht, diese Vereinigung mit Gott in einer Einheit aller Wesen, die wir Christusbewusstsein genannt haben, das Entdecken dieser göttlichen Buddhanatur in uns wäre das Höchste, so kennen wir Meister Eckhart nicht. Hier an diesem hohen und für viele Menschen fast unerreichbar scheinenden Ziel, wo fast alle Mystiker stehen bleiben, hier geht Eckhart noch einen Schritt weiter und will dahin, wo der letzte Grund dieser Einheit von Seele und Gott ist, er will über diese Einheit in Gott, noch über die ewige Trinität Gottes hinaus in das Einssein des reinen Geistes, wo **Gottes Grund und der Seele Grund *ein* Grund** sind. (DW1.490) So sehr ist er in dieser Liebe und Begeisterung für das Eine, Unaussprechliche, Namenlose, wie es selbst in den geheimsten mystischen Traditionen und Texten des Dzogchen, des Mahamudra oder des Zen selten vorkommt. Einzig der große Zen-Meister Huang-Po kommt ihm hier noch gleich, der genauso auch die letzten Formen zerschlägt, um das Eine in seinem Wesen zu erfassen.

Dabei stellt sich allerdings noch drastischer das Problem, das jenseits aller Polarität, ja noch jenseits allen Seins Befindliche irgendwie in Worten auszudrücken. Das ist seit jeher ziemlich unmöglich, und doch versucht es Eckhart sogar in seinen *öffentlichen* Predigten. Wenn er hierauf zu sprechen kommt, beschwört er förmlich den Hörer mit den Worten: „…bei der ewigen Wahrheit und bei der immerwährenden Wahrheit und bei meiner Seele! Wieder will ich sagen, was ich nie gesagt habe." Obwohl er sicher wusste, dass ihm dieser Ärger mit der dogmatischen Amtskirche seiner Zeit einbringen würde, so konnte er es doch nicht lassen. Es schien so, als ob diese Wahrheit durch ihn spräche, auch wenn er dabei selbst feststellte:

> *„Es gibt viele Leute, die dies nicht begreifen, und es dünkt mich nicht verwunderlich; denn der Mensch, der dies begreifen soll, der muss sehr abgeschieden und erhaben sein über alle (irdischen) Dinge."* [185]

Ähnlich äußern sich auch die großen Patriarchen des Zen, und viele Geschichten sind überliefert, beispielsweise von Huang-Po, wo die Schüler nichts mehr verstanden oder die Lehrer nur noch schweigend versuchten, diese Botschaft zu übermitteln. Bevor wir nun zu den Aussagen selbst kommen, müssen wir erst einmal zu verstehen versuchen, was es denn *über Gott hinaus* noch geben könnte, wenn Eckhart sagt, dass Gott ihm nicht genug ist mit allem dem, was er als „Gott" ist, und mit allen seinen göttlichen Werken. Wohin will er uns denn führen? Hierfür ist wichtig, die Begriffe „Gott" und „Gottheit" genau zu verstehen und auseinanderzuhalten, denn sie sind keinesfalls dasselbe.

Gott ist sowohl im christlichen wie auch im hinduistischen Denken eine ewige Trinität. Schon Hegel hat auf diesen Zusammenhang hingewiesen, und diese Übereinstimmung ist schon erstaunlich:

CHRISTLICH		HINDUISTISCH
Vater (Mutter)	Schöpfer / Seinsgeber	Sat = Sein
Sohn	Logos / Erkennen	Chit = Erkennen
Heiliger Geist	Liebe / Glückseligkeit (vgl. Pfingsten)	Ananda = Glückseligkeit

Der Heilige Geist wird dabei verstanden als die Liebe, die vom Vater und Sohn ausgeht, und kann deshalb zu Recht als verbindende Liebe bezeichnet werden. Da dies jenseits der Zeit ist in einem ewigen Prozess, hat die Trinität keinen Anfang und kein Ende, ist ewig ineinander und zugleich und daher immer eine Einheit. So nennt man diese auch zu Recht Drei-Einigkeit, da es hier keine Teile gibt, sondern sie zugleich eins sind. In dieser Trinität nun geschieht die ewige Geburt der Seele im Aussprechen des Logos, des Wortes, oder anders gesagt in der ewigen Geburt des Sohnes, wie wir ausführlich gezeigt haben. Hier in der Ewigkeit oder Einheit mit Gott sind wir also Gotteskinder, sind auch „Söhne" wie Christus, der demzufolge unser Bruder ist, und sind, nach der Einheit betrachtet, sogar *derselbe* Sohn. In einer Metapher könnte man sagen, hier sind wir ewig Lichter im Licht, tanzen, wie Plotin so poetisch erklärt, einen Reigen mit der Gottheit, sind in einer ewigen Einheit, die aber zugleich noch „viele" enthält und sie nicht vernichtet oder auflöst. So wie Gott als Gott noch drei Personen in sich enthält, die auch voneinander nicht trennbar, aber doch unterscheidbar sind. So weit, so gut, dies haben wir bereits in Bezug auf die Seele dargestellt, die wir als Welle im Meer betrachtet haben. Auf der einen Seite sind diese Wellen in einer unauslöschlichen Einheit mit dem Meer, sind *beides Wasser* und damit dasselbe, wie das Wesen der Geistseele und Gott beides reines Bewusstsein ist. Zugleich sind Wellen und Meer aber auch nicht dasselbe, sind gut zu unterscheiden und die Welle ist viel begrenzter als das Meer, ist ein winzig kleiner Teil von ihr wie ein Funke ein Teil eines großen Feuers. Schauen wir zuerst auf die Gemeinsamkeit:

Aus was bestehen Wellen und Meer? Was ist ihre Natur, ihre Essenz? Wo sind sie eins im Grunde ihres Wesens? In unserem Beispiel müssten wir dann sagen: Ihre gemeinsame Essenz ist das Wasser. Betrachtet man sie unter dem Aspekt ihres Wesens, ihres Grundes, so sind Wellen und Meer beides Wasser und hierin ununterscheidbar! Das Wasser der Welle ist *absolut gleich* dem Wasser des Meeres, ja es ist *dasselbe* Wasser. Und deshalb kommt hier Eckhart zu solch kühnen Aussagen über Gott und die Seele, dass nämlich beide in ihrem Wesengrund völlig eins sind, ein einziges Wesen, das unbenennbar ist. Um es aber mit einem Wort zu bezeichnen, nennt Eckhart dies in Bezug auf Gott die Gottheit oder den Gottesgrund, und in Bezug auf die Seele den Seelengrund. Hierin und nur hier in diesem Grund sind sie also völlig eins und ununterscheidbar. Ihr gemeinsames Wesen ist Einssein und dasselbe Sein, wohingegen sie in der ewigen Geburt konkrete Seelen werden, die sich mit Gott in einer Einheit befinden, aus der sie später ausgehen. So sagt zwar Eckhart nicht, dass die Seele als eine Erscheinende in der Zeit der ganze Gott ist, sondern nur, dass sie mit Gott vereint ist, wie eben Welle und Meer eine Einheit bilden, aber nicht dasselbe sind. Zugleich aber kann er sagen, dass beide ihrem Grunde nach völlig eins und ununterscheidbar sind, dass also der Seele Grund und Gottes Grund nur *ein einziger* Grund ist.

Numerologisch betrachtet ist Gott in seiner Trinität die 1 + 2 + 3, und daraus kommt dann die raum-zeitliche Schöpfung + 4. Nebenbei bemerkt ist es doch sehr erstaunlich, dass Lao-tse im Tao-te-king, der sicher davon nichts wusste, ganz parallel ausführt, dass aus der 1 die 2 entsteht, aus der 2 die 3, und aus der 3 die zehntausend Dinge. Die Gottheit wäre dann die 0, ohne die es gar kein Koordinatensystem oder Ordnung gäbe, obwohl sie doch reines Nichts ist. So werden bei Eckhart folgerichtig sowohl die Gottheit, d.h. der Gottesgrund, wie zugleich auch der Seelengrund gleichlautend als Lauteres, Bloßes, Reines bezeichnet. Darauf werden wir noch näher eingehen.

In der christlichen Schöpfungslehre ist weiter der Mensch ausdrücklich nach Gottes Bild gemacht, ihm nachgebildet. Eckhart nimmt dies ernst und so ist nach ihm die ewige Seele, die Monade, wie Leibniz sagen würde, wie ein Abbild dieser Dreiheit gebildet und enthält in sich die Trinität von schöpferischem Willen (Vater), Erkennen (Sohn), Lieben (Heiligen Geist). Dies sind daher ewige und nicht zeitliche Vermögen der Seele, wie schon gezeigt wurde. Das obere Antlitz oder die ewige Geistseele, da ihre Substanz wie auch die Substanz Gottes Geist ist, bleibt immer dieses Bild Gottes, diese Trinität. Ihr Wesen aber ist immer reiner Geist (wie bei der Welle das Wasser), und dies ist ein und derselbe Geist wie die Gottheit. Beides ist reiner Geist, und daher ist es notwendigerweise derselbe Grund, rein, lauter, bloß, ununterscheidbar.

Dies ist übrigens keine Erfindung oder Entdeckung Eckharts, sondern in allen tiefgründigen mystischen Schulen wird dieser Grund hinter aller Erscheinung stets als reines Bewusstsein, als reiner Geist, als leere Weite, als Nichts, als Leere usw. dargestellt, und andere Mystiker zu Zeiten Eckharts nannten diesen Grund zutreffend „purus intellectus" (Bonaventura, Dietrich von Freiberg u.v.m.), was lateinisch steht für „reinen Geist" oder „reines Bewusstsein", was wir heutzutage auch als reines Gewahrsein bezeichnen würden. Wir werden noch zeigen, dass Eckhart unter diesem grundlegenden Einen ebenso reine Vernunft, reinen Geist versteht.

Wir wollen nun versuchen, das über Gott und Gottheit Ausgesagte in der folgenden Tabelle darzustellen:

Tabelle: Göttliche Drei-Einigkeit mit Schöpfung

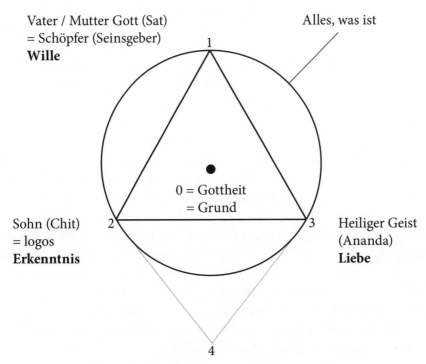

Wie schon erwähnt, ist der ewige Teil der Seele wie ein Abbild/Ebenbild Gottes aufgebaut:

GOTTESGRUND==EINS MIT==SEELENGRUND   Zahl 0

(im Sanskrit) **GOTT / TRINITÄT**   **GEISTSEELE**

Sat	**Vater,** Schöpfer, Wille	entspricht	**Wille** (freier), Schöpfer,	Zahl 1
Chit	**Sohn**, Logos, Erkennen	entspricht	**Erkenntnis**, Beobachter	Zahl 2
Ananda	**Heiliger Geist**, Liebe	entspricht	**Liebe**, Glückseligkeit	Zahl 3

Es zeigen sich hier nicht nur interessante Parallelen zu anderen uralten Religionen, sondern vor allem zeigt sich eine sehr zwingende Logik darin, dass Seelengrund und Gottesgrund nur *ein* Grund sein können. Denn wären es zwei oder mehrere, für jede Seele einen, so hätte man viele voneinander unabhängige Götter, die dann auch nie eins werden könnten. Dies kann aber aus vielen Gründen nicht sein (vgl. mein Buch „Der Seele Grund") und widerspricht auch den Einheitslehren der Mystiker. Daher muss in dem einen und einzigen Grund, welcher sich als das reine Bewusstsein, der reine Geist zeigen wird, Seele und Gott eins sein und nicht bloß miteinander vereint. Wären andererseits aber nur Gott und sein Grund ewig, aber nicht der der Seele, so könnten sie sich niemals vereinigen, das wäre völlig unmöglich: erstens, weil sich das Ewige und das Geschaffene (der Schmutz der Kreaturen) niemals vereinigen können aufgrund ihrer absoluten Verschiedenheit, wie Eckhart in den letzten Abschnitten auch immer betont, und zweitens, weil dann ein Zeitpunkt in der Ewigkeit entstünde, nämlich genau dann, wann die zeitliche Seele in die Ewigkeit käme oder dahin erhoben würde. Dann gäbe es Zeit und damit einen Anfang in der Ewigkeit, was ein kompletter Widerspruch wäre. Also bleibt auch logisch nur die Lösung, wie es die Mystiker verkünden, dass wir essentielle Gotteskinder sind (nicht etwa Knechte oder Adoptivsöhne), Licht vom selben Licht und Geist vom selben Geist. Anders kann es nicht sein oder wir könnten nie erlöst werden noch dorthin kommen. Und schon Jesus schleuderte den darin unwissenden Pharisäern den wahren Ausspruch des Propheten entgegen, den auch Eckhart oft zitiert:

„Ihr seid Götter und seid Kinder des Höchsten" (Ps.81,6).

Dem fügt Eckhart ferner das Argument hinzu, dass, wenn dem nicht so wäre, die Seele niemals danach verlangen würde, wieder in diese göttliche Natur zu kommen. DW2.701 M/343. Wir wollen nun im Einzelnen betrachten, was unser Meister uns lehrt über diese höchste Weisheit, den Weg, der über alle Wege hinausgeht und daher auch der weglose Weg genannt wird, und wollen dabei untersuchen, was er über das Innerste der Seele, das Innerste Gottes und allen Seins aussagt und wie wir dazu kommen können. Denn wenn es nur *einen* Grund gibt und der Seele Grund *derselbe* wie Gottes Grund ist, müssten wir über unseren Grund auch in Gottes Grund kommen können. Genau dies verspricht uns Eckhart:

> *„Denn, wer kommen will in **Gottes Grund, in dessen Innerstes**,
> der muss zuvor in seinen eigenen Grund, in sein Innerstes
> kommen, denn niemand kann Gott erkennen, der nicht zuvor
> sich selbst erkennen müsse."* [186]

> *„...**darum musst du notwendig im Sein und im Grunde sein**
> und weilen: dort muss dich Gott mit seinem einfaltigen Sein
> berühren, ohne Vermittlung irgendeines Bildes."* [187]

Es ist also kein theoretisches Haarespalten, was wir hier betreiben, sondern ganz essentiell das Aufzeigen des Weges der Seele zuerst zurück zum Vater, wo wir Freundschaft mit Gott (lat. Unio, engl. Union) haben, und von hier nun darüber hinaus in den gemeinsamen Grund von Vater und Sohn, in das Wesen des Geistes, in das lautere **Einssein** oder in „**Oneness**", wie es heute so schön heißt. Erkennen wir also zunächst den Unterschied zwischen Gott und Gottheit. Seine einleitenden Worte lassen erkennen, dass es hier um äußerst Wichtiges geht:

> *„...**bei der ewigen Wahrheit** und bei der immerwährenden
> Wahrheit und bei meiner Seele! Wieder will ich sagen, was
> ich (noch) nie gesagt habe: **Gott und Gottheit** sind so weit
> voneinander verschieden wie Himmel und Erde. Ich sage
> mehr noch: Der innere und der äußere Mensch sind so weit
> voneinander verschieden wie Himmel und Erde."* [188]

> *„Alles das, **was in der Gottheit ist, das ist Eins (!)**, und davon
> kann man nicht reden. Gott wirkt, die Gottheit wirkt nicht,
> sie hat auch nichts zu wirken, in ihr ist kein Werk; sie hat
> niemals nach einem Werke ausgelugt. **Gott und Gottheit sind
> unterschieden durch Wirken und Nichtwirken.**"* [189]

Es gibt also jenseits von Sein und Werden einen Grund, den wir zu Recht mit NULL (0) bezeichnet haben, da hier nichts gewirkt wird und er auch nichts enthält, völlig null. Er ist damit genau das, was die Buddhisten als die „Leere" bezeichnen, aber wiederum nicht als Nichts gegenüber dem Sein, vielmehr ist **diese „Leere" der dahinterliegende Grund von Sein und Nichts,** von Werden und Vergehen. Während in den östlichen Systemen er mehr als die Leere oder das große Nichts benannt wird, sagt man im Westen eher das reine Sein, den Grund des Seins, aber beides ist ungenügend, und doch wollen beide auf dasselbe hinaus. Hegel hat übrigens am Beginn seiner Logik exakt dargelegt, dass **das reine Sein und das reine Nichts dasselbe sind**, und hier wird noch einmal klar erklärt, warum beide letztlich dasselbe sind, aber unbenennbar, alle Begriffe übersteigend. Doch auf dieses große Nichts, die Leere oder zugleich die Potentialität allen Seins wollen wir hier hinaus und erkennen, dass es dasselbe ist. Denn ohne die Null gibt es überhaupt kein Koordinatensystem und es kann nichts entstehen ohne diesen Bezugspunkt, auf den sich später alles bezieht, obwohl da nichts ist. Nichts und doch der Grund von allem, woraus Sein und Nicht-Sein „urständen", also ihren Urgrund haben, und daraus folgt wiederum Werden (Vom Nicht-Sein zum Sein) und Vergehen (vom Sein zum Nicht-Sein), woraus dann alles Dasein ewiglich entsteht und vergeht, dazwischen oszilliert.

Dieser Gottesgrund und der Seele Grund, und wir werden noch zeigen, dass er im folgenden namenlos, lauter, eins, bloß, rein genannt wird, ist **ebenso ein reines Nichts oder reines Sein**, da er nichts enthält, und nicht benennbar ist, daher „rein" oder „leer" von allen Eigenschaften. Aber er ist zugleich doch etwas, die Grundlage oder *das Wesen* Gottes oder synonym *das Wesen* des Geistes. Denn Gott ist Geist, wie der Evangelist Johannes treffend darlegt, und somit ist der Grund Gottes hier der reine, bloße, namenlose Geist vor aller Erscheinung, den ich vorzugsweise auch als „reines Gewahrsein" bezeichne, wie es auch die Tibeter tun. Es ist jenseits der Dualität von Sein und Nicht-Sein der Grund von derselben, von und aus denen sie „urständen", wie Hegel präzise aufzeigt. Ist Gott daraus erst manifest, gibt es (zumindest der Möglichkeit nach) auch den Gegengott, ist Christus manifest, gibt es (zumindest der Möglichkeit nach) den Antichrist, ist die Seele manifest, steht sie anderem gegenüber. Selbst wenn die kleine Seele mit dem allmächtigen Gott Freundschaft hat, wie in der Einheit mit Christus, so sind immer noch zwei oder viele da. Daher bittet Eckhart in äußerster Kühnheit auch, dass „er mich Gottes quitt mache", dass er auch die Einheit und Freundschaft noch übersteigen dürfe, noch darüber hinausgehen dürfe in den Grund, wo Gott und Seele (ewig) herkommen, in den letzten Grund für die Dualität Gott-Seele, ein Grund, von dem Eckhart sagt: „Ich war **ein lediges Sein und ein Erkennen** meiner selbst im Genuss der Wahrheit, **aus dem wir nie ausgegangen sind, ewig innebleibend** und doch **zugleich ewiglich daraus geboren werden**":

> *„...innebleibend im ersten Beginn der ersten Lauterkeit, die da eine Fülle aller Lauterkeit ist.* **Hier habe ich ewiglich geruht und geschlafen** *in der verborgenen Erkenntnis des ewigen Vaters, innebleibend unausgesprochen.* **Aus dieser Lauterkeit hat er mich ewiglich geboren.**" [190]

> **„Gott wird ‚Gott',** *wo alle Kreaturen Gott aussprechen (wo viele entstehen): da wird ‚Gott'.* **Als ich im Grunde, im Boden, im Strom und Quell der Gottheit stand** *(also hat die Seele hier ihre Wurzel), da fragte mich niemand, wohin ich wollte oder was ich täte: da war niemand, der mich gefragt hätte. Als ich (aber) ausfloss, da sprachen alle Kreaturen: ‚Gott'. Fragte man mich: ‚Bruder Eckhart, wann gingt Ihr aus dem Hause?', dann bin ich drin gewesen... Wenn ich* **in den Grund,** *in den Boden,* **in den Strom** *und in die* **Quelle der Gottheit** *komme, so fragt mich niemand, woher ich komme oder wo ich gewesen sei. Dort hat mich niemand vermisst, dort entwird ‚Gott'."* [191]

Diese Worte sind nur dann zu verstehen, wenn eingesehen wird, dass in jenem Grund niemals ein Wirken möglich ist, niemals Tätigkeit und nicht einmal ein Prozess hineinkommen kann. Vielleicht können wir dies in einem umfassenden metaphorischen Bild begreifbar machen:

Da ruhen wir ewig in reiner Potentialität wie in einem unbegrenzten Energiespeicher (0), woraus weißes Licht erzeugt wird (Trinität von Kraft „z.B. Laser", Licht und Wärme 1+2+3, wobei dann auch der Gegensatz potentiell oder aktuell in Erscheinung tritt als Widerstand, Dunkel, Kälte usw.), bevor dies wiederum durch ein Prisma fällt und viele Farben, die Fülle des Daseins erzeugt (4). In dem Energiepotential sind die Lichtstrahlen oder Photonen noch nicht manifest und nicht ununterscheidbar, doch entstammt alles Licht von hier. Hier in dieser kosmischen Batterie haben wir, wie Eckhart oben sagte, als Lichter ewiglich geruht und geschlafen und werden zugleich ewiglich daraus geboren, treten also als Licht in Erscheinung. (Prozess der Trinität, indem wir miterschaffen sind nach Eckhart). Da ist nun das weiße Licht als solches und darin viele kleine Strahlen, die nun *zwar gleich*, aber *nicht mehr eins* sind. Sie sind somit als Wesen voneinander unterscheidbar, obwohl sie noch alle dasselbe Licht sind. Hier als Licht im

Licht ist Einheit und Vielheit zugleich, daher eine holographische Einheit, die Einheit des Buddhabewusstseins, des Christusbewusstseins, ist die Unio oder Einheit mit Gott, wie Licht im Licht. Geht ein Teil dieser Strahlen nun aus in die Schöpfung, wie wir es angeblich getan haben, so werden sie farbig, werden gebrochen in vielfältige Schwingungen, die nun nicht mehr gleich sind, sondern viele, auch schmutzige Farben abbilden.

Das Licht wird zu Persönlichkeiten, auch zu dunklen und unreinen Farben, und so ist es ähnlich wie der verlorene Sohn, gebrochenes Licht, und will irgendwann. wieder ins weiße Licht zurück. Dafür muss es nun alle Farbigkeit abstreifen, um wieder weißes Licht zu werden. Dafür muss es nun nichts anderes dazu suchen bzw. nichts Äußeres dazu gewinnen, es ist ja schon Licht, es muss einfach alle anderen Farben wieder akzeptieren und integrieren, denn weißes Licht ist einfach die Summe aller Farben! Dann ist es wieder im ursprünglichen Licht und in der Freude und Glückseligkeit dieses reinen Lichts, und das ist ein großes Ziel. Will es aber über die Einheit hinaus ins Einssein, dann muss es auch alles Lichthafte und alles Dunkel überschreiten und in den Grund gehen, der grundlos ist, in die kosmische Batterie, in die Leere oder die Fülle aller Lauterkeit, und es findet den Grund, wo alles Licht herkommt, sowohl sein kleines Licht wie das Licht aller Wesen, wo der Seele Grund und Gottes Grund *ein* Grund sind.

Diesen Grund, da Gott Geist oder sich seiner selbst bewusstes Sein und damit Bewusstsein ist, nenne ich daher auch mit denselben Adjektiven wie Eckhart das noch reine, lautere, bloße Bewusstsein oder noch besser das **reine Gewahrsein**, da es nur gewahr ist ohne Objekte, wach in der Leere, nur reine Potentialität für alles.

Damit ist, zusammenfassend gesagt, das Göttliche ewig zugleich reines Gewahrsein im Grunde (Eckhart: da hatte ich keinen Gott), was sich ewig als Gott in Trinität zeigt und damit als ein ewiger Prozess (ewiges Gebären des Sohnes/Erkennens/Logos) und in der Zeit dann als Werden (Bewegung vom Nichts zum Sein) und als Vergehen zeigt (Bewegung vom Sein zum Nichts). Dies sieht dann aus wie ein kosmischer Tanz, ein Tanz der Wellen mit dem Meer, welches zugleich in seinem tiefen Grunde oder der Tiefsee völlig unbewegt ist. Dass unsere Geistseele in ihrem Ursprung bis in diese erste Ursache, in diesen Grund hinabreicht, wo nicht gewollt, begehrt oder bewegt wird, wo nur lediges, reines Sein ist, so rein, dass es zurecht von Buddha auch als Leere bezeichnet werden kann, dies wird auch im folgenden Zitat noch einmal deutlich:

> „Als ich (noch) **in meiner ersten Ursache** stand, **da hatte ich keinen Gott, und da war ich Ursache meiner selbst;** da wollte ich nichts und begehrte ich nichts, denn **ich war ein lediges Sein und ein Erkennen meiner selbst im Genuss der Wahrheit** (=reines Gewahrsein). Da wollte ich mich selbst und wollte nichts sonst; was ich wollte, das war ich, und was ich war, das wollte ich, und **hier stand ich Gottes und aller Dinge ledig.**// Als ich aber aus freiem Willensentschluss ausging und mein geschaffenes Sein empfing, da hatte ich einen Gott; denn ehe die Kreaturen waren, war Gott (noch) nicht „Gott", er war vielmehr, was er war. Als die Kreaturen aber wurden und sie ihr geschaffenes Sein empfingen, da war Gott nicht in sich selber „Gott", sondern in den Kreaturen war er „Gott". [192]

Meister Eckhart nennt diesen schwer mit Namen zu bezeichnenden Gottes- wie Seelengrund, diese erste Ursache, wo wir Gottes und aller Dinge ledig sind, in Hinblick auf die Seele auch das Fünklein, das Bürglein in der Seele oder das Innerste, das Höchste der Seele oder ein „Etwas" und versucht so dem Zuhörer hier das Namenlose doch irgendwie mit Worten zu umschreiben, so dass wir es wenigstens erahnen oder erfühlen können:

> „...selbst der Engel hat es nicht... es ist in sich selbst **eins**... Es hat eine Fremde und eine Wüste und ist mehr **namenlos**, als dass es einen Namen habe, und ist mehr **unerkannt**, als dass es erkannt wäre." [193]

> „...so ganz eins und einfaltig ist dies Bürglein und so erhaben über alle Weise und alle Kräfte ist dies einige Eine, dass **niemals eine Kraft oder eine Weise hineinzulugen vermag noch Gott selbst.**" [194]

> „... dieses **Fünklein**.. Es ist weder dies noch das; trotzdem ist es ein Etwas, das ist erhabener über dies und das als der

*Himmel über der Erde.. Es ist von allen Namen frei und **aller Formen bloß, ganz ledig und frei**, wie Gott ledig und frei ist in sich selbst. Es ist so völlig eins und einfaltig, wie Gott eins und einfaltig ist, so dass man mit keinerlei Weise dahinein zu lugen vermag. Jene nämliche Kraft, von der ich gesprochen habe, darin Gott blühend und grünend ist mit seiner ganzen Gottheit und der Geist in Gott, in dieser selben Kraft gebiert der Vater seinen eingeborenen Sohn so wahrhaft wie in sich selbst, denn er lebt wirklich in dieser Kraft, und der Geist gebiert mit dem Vater denselben eingeborenen Sohn und sich selbst als denselben Sohn und ist derselbe Sohn in diesem Lichte und ist die Wahrheit."* [195]

„*Dieser Grund ist eine **einfaltige Stille**, die in sich selbst unbeweglich ist; von dieser Unbeweglichkeit aber werden alle Dinge bewegt und werden alle diejenigen Leben ...empfangen, die vernunfterhellt in sich selbst leben.*" [196]

„*So **eins und einfaltig** ist dies „Bürglein" in der Seele, von dem ich spreche und das ich im Sinn habe, ...so ganz eins und einfaltig ist dies Bürglein und so erhaben über alle Weise und alle Kräfte ist dies einige Eine, dass niemals eine Kraft oder eine Weise hineinzulugen vermag **noch Gott selbst**. In voller Wahrheit und so wahr Gott lebt: Gott selbst wird niemals nur einen Augenblick da hineinlugen und hat noch nie hineingelugt, soweit er in der Weise und „Eigenschaft" seiner Personen existiert. Dies ist leicht einzusehen, denn dieses einige Eine ist **ohne Weise und ohne Eigenheit**. Und drum: Soll Gott je darein lugen, so muss es ihn alle seine göttlichen Namen kosten und seine personhafte Eigenheit; das muss er allzumal draußen lassen, soll er je darein lugen. Vielmehr, so wie er einfaltiges Eins ist, ohne alle Weise und Eigenheit, so ist er weder Vater noch Sohn noch Heiliger Geist in diesem Sinne und ist doch **ein Etwas, das weder dies noch das ist**... mit dem Teile ist die Seele Gott gleich....*" [197]

Da dieser Grund nicht definiert oder mit Namen versehen werden kann, muss Eckhart ihn umschreiben und bezeichnet ihn als: namenlos, unerkannt, aller Formen bloß, ganz ledig und frei, auch Gott kann da nicht hineinschauen etc. Dies bedeutet, in diesem Grund gibt es keine Unterscheidung, keine Definition, keine Form (daher auch Leere), nicht einmal Erkennen im Sinne von Subjekt, das ein Objekt erkennt, es ist nur ein einzig Eines, wie im Tiefschlaf, nur dass es bewusst oder gewahr ist. Dieser mein Grund ist nun derselbe wie Gottes Grund, es ist für mich und alle Wesen derselbe eine Grund, wir alle haben als Bewusstsein unsere Wurzel, unseren Grund, in diesem reinen Gewahrsein, daran lässt Eckhart keinerlei Zweifel

> *"**Hier ist Gottes Grund mein Grund und mein Grund Gottes Grund.** Hier lebe ich aus meinem Eigenen, wie Gott aus seinem Eigenen lebt. Wer in diesen Grund je nur einen Augenblick lang lugte, dem Menschen sind tausend Mark roten, geprägten Goldes (so viel) wie ein falscher Heller."* [198]

Eben deshalb kann er bei der bloßen Einheit mit Gott, wovon die meisten Mystiker träumen und schwärmen und was alle Suchenden als ihr größtes Ziel ansehen, nicht stehen bleiben. Denn in der schönsten Einheit gibt es noch zwei oder viele, die darin enthalten sind. **Einheit ist nicht Einssein.** Eckhart sucht nun – das ist seine größte Leistung – die Seele über die Freundschaft mit Gott und Einheit mit Christus hinauszuführen in diese Wüste, in diese Stille, in diese Leere, in das reine Gewahrsein ohne jede Objekte, in das EINSSEIN MIT GOTT. Gott als Gott, als Objekt und selbst als der beste Freund und Geliebte ist ihm nicht genug:

> *"In diesem Aufschwung empfange ich so großen Reichtum, **dass Gott mir nicht genug sein kann mit allem dem, was er als „Gott" ist,** und mit allen seinen göttlichen Werken; denn mir wird in diesem Durchbrechen zuteil, **dass ich und Gott eins sind.** Da bin ich, was ich war, und da nehme ich weder ab noch zu, denn ich bin eine unbewegliche Ursache, die alle Dinge bewegt."* [199]

> *„Sie (die Vernunft = intellectus = Bewusstsein) erstrebt Gott nicht, sofern er der Heilige Geist ist und (auch nicht,) sofern er der Sohn ist: Sie flieht den Sohn.* **Sie will auch Gott nicht, sofern er Gott ist.** *Warum? Weil er da (als solcher noch) einen Namen hat. Und gäbe es tausend Götter, sie bricht immerfort hindurch,* **sie will ihn dort, wo er keinen Namen hat:** *Sie will etwas Edleres, etwas Besseres als Gott, sofern er Namen hat. Was will sie denn? Sie weiß es nicht: Sie will ihn, wie er Vater (Ursprung) ist. Deshalb spricht Sankt Philippus: „Herr, zeige uns den Vater, dann genügt es uns" (Joh.14, 8). Sie will ihn, wie er ein* **Mark** *ist, aus dem die Gutheit entspringt; sie will ihn, wie er ein* **Kern** *ist, aus dem die Gutheit ausfließt; sie will ihn, wie er eine* **Wurzel** *ist, eine* **Ader**, *in der die Gutheit entspringt, und dort nur ist er Vater."* [200]

> *„Lausche nun auf das Wunder! Welch wunderbares Stehen draußen wie drinnen, begreifen und umgriffen werden, schauen und das Geschaute selbst sein, halten und gehalten werden:* **das ist das Ziel, wo der Geist in Ruhe verharrt,** *der lieben Ewigkeit vereint."* [201]

Es ist ein Einssein, dass **keine Objekte oder Inhalte mehr** kennt, einfach nur **reiner Geist**, reines Gewahrsein noch vor jedem Licht und Dunkel ohne jeden Unterschied, lauter, klar, weit, einfältig, einzig eins. Doch dies sind alles wieder Definitionen und Umschreibungen für etwas, was jenseits aller Tätigkeit und Erscheinung reine Essenz ist, ewige Potentialität und als solche unbeweglich, undefiniert. Aber man kann es in dem Bild erfassen, dass wir als Wellen und Meer letztlich alle Wasser sind. Daher ist Gott zwar ewig verbunden mit der Seele in einer unauflöslichen Einheit zwischen Welle und Meer, aber *in den Grund der Seele kann Gott nicht*, solange er noch Gott als Wirkender, als Schöpfer oder Heiliger Geist ist. Das Meer kann nicht eins sein mit der Welle, in die Welle hineinkommen. Erst wenn das Meer aufhört, Meer zu sein, und nur noch Wasser (seine Essenz, Natur) ist, da kann Wasser (der Welle) und Wasser (des Meeres) völlig eins sein oder ihr schon immer vorhandenes Einssein erkennen:

> *__In den Grund der Seele kann nichts (gelangen) als die lautere Gottheit.__ Selbst der oberste Engel, so nahe und so verwandt er Gott ist und so viel er auch von Gott in sich habe – sein Wirken ist stetig in Gott, er ist im Sein, nicht im Wirken mit Gott geeint, er hat ein Innebleiben in Gott und ein stetiges Dabeibleiben: wie edel der Engel auch ist, das ist fürwahr ein Wunder; trotzdem kann er nicht in die Seele hinein. Ein Meister sagt: Alle Kreaturen, die Unterschiedenheit haben, die sind dessen unwürdig, dass Gott selbst in ihnen wirke. Die Seele in sich selbst, da, wo sie oberhalb des Körpers ist, ist so lauter und so zart, dass sie nichts aufnimmt als die bloße, lautere Gottheit. Und __selbst noch Gott kann nicht da hinein__, ihm werde denn alles das abgenommen, was ihm zugelegt ist.*" [202]

Denn Bewegung und Definition machen etwas Bestimmtes, etwas Wirkendes und Sichtbares, und Vielheit entsteht, selbst wenn sie noch in einer ewigen Einheit oder Trinität oder wir im Christusbewusstsein wie ein Weinstock und die Reben von einer Einheit zusammengehalten werden. Wir wollen dies noch einmal zusammenfassen und bildlich zu verstehen suchen:

Wie wir schon metaphorisch dargelegt haben, ist der Gottesgrund also das ewige Potential, die Quelle oder Batterie für das Licht, es ist reine Energie, bevor es zu konkretem Licht wird. Hier in diesem Dunkel sind wir alle pure Energie, aber zugleich noch Nichts, sind nicht unterscheidbar, hier „schlafen wir innebleibend unausgesprochen". Da, wo die Energie zu Licht wird, nennen wir es Gott und Geistseelen (daher: wo die Seele ist, da ist Gott….), große und kleine Lichter, aber beide Licht wie Licht im Lichte, holographisch in einer unauflöslichen Einheit aufgehoben und zugleich doch viele (viele Söhne und doch ein und derselbe Sohn). Da wo schließlich die Lichter durch ein Prisma fallen, könnten wir von Schöpfung sprechen, wie in einem Kino. Der reine Strom ist reine Potentialität, er wird im Projektor (ewig) umgewandelt zu Licht mit vielen Lichtstrahlen, unabhängig vom Film. Bevor sie das Bild/Dia erreichen, sind sie noch gleich, farblos und vereint im Lichtkegel, fallen aber die Lichtstrahlen durch das Dia, das Filmbild, fließen sie nun aus in die Schöpfung, werden sie zu ganz individuellen Farben auf der Leinwand des Lebens. Alles zusammen ist dies der Tanz des Lebens. **Im ewigen Jetzt geschieht dies alles zugleich.**

Obwohl diese Metapher der Sache nahe kommt, sollte sie auch nicht überstrapaziert werden, denn in Wahrheit wird der Grund niemals umgewandelt, ist ewig Leere, Stille, Nullpunkt:

> *„Wer da von beweglichen Dingen schreibt, der rührt nicht an die Natur noch an den Grund der Seele. Wer die Seele nach der Einfaltigkeit und **Lauterkeit und Bloßheit**, wie sie in sich selbst ist, benennen soll, der kann keinen Namen für sie finden."* [203]

> *„Gott, wie er ohne Namen ist – er hat keinen Namen (jenseits der Gottesnamen) –, ist unaussprechlich, und die Seele ist in ihrem Grunde ebenfalls unaussprechlich, so wie er unaussprechlich ist."* [204]

Hier im Gottes- bzw. Seelengrund herrscht ein **völliges Einssein**, und daher kann der Seele hier nicht einmal so viel wie ein Haar von Gott vorenthalten werden, sie ist ganz eins mit Gott:

> *„**Dort im Urgrund der Einheit…** ist Gott für die Seele so, als wenn er (nur) darum Gott sei, auf dass er der Seele gehöre; denn wäre es so, dass Gott irgendetwas von seinem Sein oder seiner Wesenheit, mit denen er sich selbst gehört, der Seele vorenthielte, und **sei es auch nur so viel wie ein Haar, dann könnte er nicht Gott sein; so ganz eins wird die Seele mit Gott**."* [205]

> *„Und darum sprach der Prophet: ‚Wahrlich, du bist der verborgene Gott' (Jes.45,15) **im Grunde der Seele, wo Gottes Grund und der Seele Grund ein Grund sind**."* [206]

Noch einmal ist deutlich zu sehen, dass der Seelengrund der Gottesgrund ist und somit *nur ein einziger* Grund, und die Seele daher hier zu einem unglaublichen Einssein mit Gott kommen kann, zu einem Einssein, das weit über die Einheit im Licht hinausgeht. Sie ist so „ganz eins mit Gott", mit nicht einmal einer Haaresbreite Unterschied, dass sie damit ganz Gott ist.

> *„Gleichheit ist etwas, was es an Gott nicht gibt; es gibt vielmehr* **Einssein in der Gottheit** *und in der Ewigkeit; Gleichheit aber ist nicht Eins. Wäre ich Eins, so wäre ich nicht gleich. Es gibt nichts Fremdes in der Einheit; es gibt nur Einssein in der Ewigkeit, nicht Gleichsein."* [207]

Hier kann daher keine Zweiheit mehr erfahren werden, wie noch in der Freundschaft mit Gott, sondern hier ist der Seele Grund zu Gottes Grund, ist also Wesen Gottes selbst. Daher kann ich auch über mein Innerstes, wie Eckhart sagt, zur Gottheit und in diesen Weltengrund kommen. Es ist nur noch eines da, jenseits aller Formen, und wenn ich es so nennen darf, ist es die reine Bewusstheit, das reine Gewahrsein, das zugleich reine Liebe ist (vgl. folgendes Zitat). Doch dies möge jede Seele selbst in ihrem Grunde herausfinden. Ein solches Einssein ist in der Erscheinungswelt wie auch in der Lichtwelt nicht möglich, es ist nur möglich als das, was alle diese Erscheinungen, selbst noch die höchsten und feinsten, selbst das Licht, Gott und die Seele und alle Wesen aus sich gebärt. Wenn die Geistseele wie auch Gott Geist sind, die ständig auf etwas (Wirken, andere etc.) gerichtet sind, so ist dies hier der Geist in seiner Nacktheit, Bloßheit, Lauterkeit, Reinheit, wie wir bereits gesehen haben. Es sind nicht zwei Teile des Geistes, es ist derselbe Geist (vgl. Leere ist Form), hier nur in seinem Aspekt der Leerheit, des reinen Bewusstseins, bevor noch irgendwelches Licht, irgendwelche Ideen oder Gedanken erscheinen. So sehen es die höchsten mystischen Schulen, und so sieht es auch Meister Eckhart, wenn er über das Wesen dieses Einsseins aussagt, dass so etwas nur im Geist, im Bewusstsein möglich ist, niemals in irgendeiner Form, und sei sie noch so fein und selbst nicht im Licht. Das Einssein ist in diesem reinen Gewahrsein im Grunde unserer Seele, die ja Bewusstsein ist, wie gezeigt, und im Grunde aller fühlenden Wesen, warum es, wenn wir in diesem Grund eins sind und alle reines Gewahrsein sind, daher nur *ein* Bewusstsein daraus geben kann, nur *einen* Beobachter, nur *ein* Auge, nur ein Erkennen:

> *„****Das Auge, in dem ich Gott sehe, das ist dasselbe Auge, darin mich Gott sieht*** *(!!); mein Auge und Gottes Auge, das ist* **ein** *Auge und* **ein** *Sehen und* **ein** *Erkennen und* **ein** *Lieben."* [208]

> *„Die Nähe zwischen Gott und der Seele kennt keinen Unterschied (zwischen beiden), fürwahr.* **Dasselbe Erkennen,**

> *in dem sich Gott selbst erkennt, das ist eines jeden losgelösten Geistes Erkennen und kein anderes.* Die Seele nimmt ihr Sein unmittelbar von Gott; darum ist Gott der Seele näher, als sie sich selbst ist; **darum ist Gott im Grunde der Seele mit seiner ganzen Gottheit.**" [209]

Hier erkennen wir klar, was dieses Einssein ausmacht, es ist dasselbe Bewusstsein oder dasselbe Auge, dasselbe Sehen, dasselbe Erkennen. Dies bedeutet, **dass unser Bewusstsein oder unser Geist Gottes Geist ist und vice versa.** Nur darum können wir mit ihm nicht nur vereint sein, sondern können wir hierin mit ihm eins sein, und nur darum kann Gott im Grunde der Seele sein mit seiner ganzen Gottheit. Somit ist unser Grund zugleich der Gottesgrund ohne jeden Unterschied, weil es sich um ein und dasselbe Gewahrsein handelt. Gewahrsein ist also Geist ohne Objekte und Namen, bevor er noch zu Name und Form geworden ist. Also Gottes Erkennen ist unser Erkennen, einer jeden Seele und jedes losgelösten Geistes Erkennen, und ausdrücklich setzt Eckhart noch nach „und kein anderes". Es gibt also nicht Gottes Bewusstsein und unser Bewusstsein, was dann irgendwie vereint wäre. Dies ist nur so vom Standpunkt der Form aus. Aber im Grunde haben wir ein und dasselbe Bewusstsein, sind wir dieses Eine, und aus diesem Kelch schäumt das ganze Geisterreich, wie Hegel poetisch formulierte. Während wir aber als individuierte Wellen im Ozean, als „Ich Bins" noch bestimmte Standpunkte darstellen und die eine Welle, wenn auch im großen Meer vereint mit den anderen, noch spezielle Eigenschaften hat und sicher auch einen ganz bestimmten Geschmack, so sind wir nach dem Aspekt unserer Essenz alle einfach nur Wasser oder als Geister in unserer Essenz einfach nur reines Gewahrsein, hierin namenlos und formlos, und hierin völlig eins mit Gott.

Dieses reine Gewahrsein nennt Eckhart wie andere Mystiker seiner Zeit auch „purus intellectus", was damals auch mit Vernunft übersetzt wurde (siehe unten), wobei aber Erkennen oder Bewusstsein gemeint war und nicht etwa unsere mentalen Fähigkeiten (ratio etc.), wie auch in dem übernächsten Zitat klar erkennbar wird. Diese Vernunft oder intellectus ist ein göttliches, ewiges Vermögen der Seele, denn es ist, wie gezeigt, *dasselbe* Auge bzw. Erkennen von Gott wie Seele, das daher bis in alle Winkel der Gottheit hineinkommen kann,. Da aber nach Eckhart nichts Kreatürliches in Gott hineinkommen kann, wie schon oft zitiert, so kann diese Vernunft nichts Kreatürliches sein, sondern muss etwas Ewiges sein:

> *„**Vernunft blickt hinein und durchbricht alle Winkel der Gottheit** und nimmt den Sohn im Herzen des Vaters und im (göttlichen) Grunde und setzt ihn in ihren Grund. **Vernunft dringt in den Grund der Gottheit, ihr genügt`s nicht an Gutheit noch an Weisheit noch an Wahrheit noch an Gott selber. Ja, in voller Wahrheit: ihr genügt`s so wenig an Gott wie an einem Stein oder an einem Baum.** Sie ruht nimmer, sie bricht ein in den Grund, wo Gutheit und Wahrheit ausbrechen, und nimmt es (das göttliche Sein) in principio (im Ursprung). **Im Beginn, wo Gutheit und Wahrheit ihren Ausgang nehmen, noch ehe es irgendeinen Namen gewinnt,** ehe es ausbricht, (nimmt es) in einem viel höheren Grunde, als es Gutheit und Weisheit sind... Die **Vernunft aber, die scheidet dies alles ab und dringt ein und bricht durch in die Wurzel,** wo der Sohn ausquillt und der Heilige Geist ausblüht."* [210]

Es ist also *der Seele möglich*, und dies ist die bedeutende Nachricht, *über ihr Bewusstsein*, sobald alles andere abgeschieden ist, *in diese Wurzel einzudringen*, in die Stille, in die Leere, und damit in den Grund der Seele und zugleich Gottes, ins lautere Einssein, und dies nennt unser Meister das wirklich letzte Ziel, die höchste Vollkommenheit des Geistes:

> *„...da ist Wirken und Sein eins, wo es dort ist, wo sie (= die Seele) die Personen (gemeint: göttliche Personen=Trinität) im In-sich-Bleiben des Seins erfasst, wo sie (= die Personen) nie herauskamen, wo ein reines seiendes „Bild" ist. **Dies ist die wesenhafte Vernunft Gottes, die die lautere, reine Kraft intellectus ist,** die die Meister ein „Empfängliches" nennen. Nun merkt auf mich! Erst oberhalb dessen... erfasst sie (= die Seele) die reine „Absolutheit" des freien (=reinen) Seins (also den Seinsgrund bzw. Gottesgrund), das ohne „Da" (= Ort) ist, wo es weder empfängt noch gibt: es ist vielmehr die reine Seinsheit, die allen Seins und aller Seinsheit beraubt ist. **Dort erfasst sie Gott rein dem Grunde nach, wo er über alles Sein hinaus ist.** Gäbe es da noch Sein, so nähme sie (dieses) Sein im (absoluten) Sein; **dort ist nichts als ein Grund. Dies ist die höchste***

Vollkommenheit des Geistes, zu der man in diesem Leben zu gelangen vermag auf geistige Weise." [211]

Dies ist zugleich die höchste Weisheit, wie sie nur wenige ganz große Meister wie Eckhart oder Huang-Po verkündet haben. Was bedeutet dies nun praktisch für uns, für den mystischen Weg? Wohl mag es ein unglaublich schönes Erleben sein, wenn die Seele wieder zu Gott findet, wenn sie wieder zu Hause im Licht ist in der Einheit mit den Engeln und allen Wesen. Doch da sie zu ihrem Grund dieses reine Gewahrsein hat, purus intellectus, oder „reiner Geist" (wie es die tibetischen Meister so ähnlich benannt haben, obwohl sie sicher nie etwas von Eckharts Lehre gehört haben), so kann die Seele bei Gott als Gegenüber, als Du, als Freund oder als Vater, Sohn, Heiliger Geist nicht endgültig ruhen, sondern sie muss weiterziehen in dieses Namenlose, das auch ihr eigener Grund ist:

> *„Dieser **Funke**... (ihm) genügt`s weder am Vater noch am Sohne noch am Heiligen Geist** noch an den drei Personen, sofern eine jede in ihrer Eigenheit besteht. Ich sage fürwahr, dass es diesem Lichte auch nicht genügt an der Einheitlichkeit des fruchtträchtigen Schoßes göttlicher Natur. Ja, ich will noch mehr sagen, was noch erstaunlicher klingt: **Ich sage bei guter Wahrheit und bei der ewigen Wahrheit und bei der immerwährenden Wahrheit,** dass es diesem nämlichen Lichte nicht genügt an dem einfaltigen, stillstehenden göttlichen Sein, das weder gibt noch nimmt; es will wissen, woher dieses Sein kommt; **es will in den einfaltigen Grund, in die stille Wüste, in die nie Unterschiedenheit hineinlugte,** weder Vater noch Sohn noch Heiliger Geist; **in dem Innersten, wo niemand daheim ist, dort (erst) genügt es jenem Licht..**"* [212]

So spricht Eckhart das nur für hohe Mystiker verständliche Gebet, dass er „mich Gottes quitt mache", also mich Gottes entledige. Ganz ähnlich klingt dies im mystischen Buddhismus des Zen, der auch über jede Form hinausgehen will, wo ganz analog vom heiligen, göttlichen und angebeteten Buddha gesagt wird: „Wenn du den Buddha triffst, töte den Buddha". Geh also weiter, bleib selbst bei der heiligsten Form nicht stehen, sondern gehe bis zum Formlosen, zum absoluten Geist, wie es Hegel nennen würde. Erstaunlich, wie ähnlich dies bei

Meister Eckhart klingt, was zugleich beweist, da all diese Mystiker nichts voneinander wissen konnten, dass es hinter all diesen Lehren einen gemeinsamen Erfahrungshintergrund gegeben haben muss und gibt:

> *"Darum **bitte ich Gott, dass er mich „Gottes" quitt mache**;
> denn mein wesentliches Sein ist oberhalb von Gott, sofern
> wir Gott als Ursprung der Kreaturen fassen. In jenem Sein
> Gottes nämlich, wo Gott über allem Sein und über aller
> Unterschiedenheit ist (also im Grund), **dort war ich selber, da
> wollte ich mich selber und erkannte mich selber** (willens),
> diesen Menschen (= mich) zu schaffen (also ich habe als der
> Grund meine eigene Seele geschaffen!!). **Darum bin ich Ursache
> meiner selbst** meinem Sein nach, das ewig ist, nicht aber
> meinem Werden nach, das zeitlich ist. Und **darum bin ich
> ungeboren, und nach der Weise meiner Ungeborenheit kann
> ich niemals sterben. Nach der Weise meiner Ungeborenheit
> bin ich ewig gewesen und bin ich jetzt und werde ich ewig
> bleiben**. Was ich meiner Geborenheit nach bin, das wird sterben
> und zunichte werden, denn es ist sterblich; darum muss es mit
> der Zeit verderben. **In meiner (ewigen) Geburt wurden alle
> Dinge geboren, und ich war Ursache meiner selbst und aller
> Dinge**; und hätte ich gewollt, so wäre weder ich noch wären alle
> Dinge; wäre aber ich nicht, so wäre auch „Gott" nicht: **dass Gott
> „Gott" ist, dafür bin ich die Ursache** (!!); wäre ich nicht, so
> wäre Gott nicht „Gott". Dies zu wissen ist nicht nötig."* [213]

Schnell fügt er noch hinzu, dass dies zu wissen nicht nötig ist, denn **es ist eines der tiefsten Geheimnisse der Existenz** und nur zu begreifen, wie er andernorts sagt, wenn wir dieser Wahrheit gleichen bzw. schon in Resonanz zu ihr stehen.

Zusammenfassend können wir also sagen: Wir sind in unserem tiefsten Aspekt, der namenlos und formlos ist, reines Bewusstsein oder besser gewahres Sein, wach in der Leere, aber wach, zumal wir intellectus sind und erkennen, wenn auch nichts Bestimmtes, und daher hier nur reines, leeres Gewahrsein sind. Hierin bleiben wir ewig, und daraus entstammt (auch ewig) unser weiterer Aspekt als Geistseele in der Dualität zu Gott, also als Gottessohn, „den der Vater *ewiglich* geboren hat" oder besser ewig gebiert, denn auch dies ist über der Zeit, und hier sind wir im Christus- oder Buddhabewusstsein in einer Einheit mit allen Wesen. Schließlich flossen wir in der Schöpfung aus mit allen Kreaturen, wurden farbig, wurden eine Spielfigur im Spiel und spielten fortan in der Zeit das Spiel des Lebens. Dennoch sind wir zugleich, und dies ist ungeheuer wichtig, immer im Urgrund geblieben und sind es eben jetzt:

> *„Darunter ist zu verstehen, dass wir ein einziger Sohn sein sollen, den der Vater ewiglich geboren hat. Als der Vater alle Kreaturen gebar, da gebar er mich, und ich floss aus mit allen Kreaturen* **und blieb doch drinnen in dem Vater.** *Ganz so, wie das Wort, das ich jetzt spreche: das entspringt in mir, zum andern verweile ich bei der Vorstellung, zum dritten spreche ich es aus, und ihr alle nehmt es auf; dennoch bleibt es im eigentlichen Sinne in mir.* **So auch bin ich im Vater geblieben.**" [214]

Daraus folgt nach Eckhart, dass die Seele hierzu wieder Zugang hat, und diesen auch bekommt, wenn sie das Ausfließen – zumindest zeitweise – rückgängig macht und sich in diesen formlosen Grund ihres Bewusstseins zurückwendet. Wenn sie also herausfindet, um es mit Ramana Maharishi zu sagen, wer sie wirklich ist. Die Frage „**Wer bin ich?**", wenn sie bis in ihre letzte Konsequenz gefragt wird, führt geradewegs in jenen Grund der Seele hinein. Die Frage hat keine Antwort, sondern ist ein Wegweiser dahin, was wir wirklich sind, und dies übersteigt, wie gezeigt, alle Worte und alle Form. Doch jedes Verfahren, ob nun ein Koan oder Stilleübungen, wie es Meister Eckhart empfiehlt, oder moderne Techniken, die den Geist zu sich selbst zurückbringen, alles ist gut, wenn sie nur unsere Seele zu-grunde gehen lassen und sie jenseits aller Form und Vielheit zu sich selbst, zu ihrem wahren Wesen bringen:

> *„****Daher*** *soll deine Seele allen Geistes bar nicht-geistig sein und soll geistlos dastehen; denn, liebst du Gott, wie er „Gott", wie er „Geist", wie er „Person" und wie er „Bild" ist – alles das muss weg!* **Du sollst ihn lieben, wie er ein Nicht-Gott, ein Nicht-Geist, eine Nicht-Person, ein Nicht-Bild ist;** *mehr noch:* **wie er ein lauteres reines, klares Eines** *ist, abgesondert von aller Zweiheit."* [215]

Dass dieses Einssein kein ferner Traum oder etwas Unmögliches oder schwer zu Erreichendes sein muss, dies versichert uns unserer Meister und beschwört es bei der ewigen Wahrheit:

> *„Ich sage bei guter und bei der ewigen und immerwährenden Wahrheit, dass Gott sich in einen jeglichen Menschen, der sich bis auf den Grund gelassen hat, seinem ganzen Vermögen nach völlig ergießen muss, so ganz und gar,* **dass er in seinem ganzen Leben und in seinem ganzen Sein und in seiner Natur und auch in seiner ganzer Gottheit nichts zurückbehält,** *das er nicht alles in befruchtender Weise ergießen muss in den Menschen, der sich Gott gelassen hat."* ²¹⁶

Unser Geist, unser Bewusstsein kann also wunderbare Lichterlebnisse, Ekstasen, mystische Erfahrungen machen, und dies ist durchaus etwas sehr Gutes und Positives, was wir auch in unseren Mystikseminaren zu induzieren versuchen. Er wird dadurch wieder eingestimmt auf die höheren Welten, tritt wieder in Verbindung mit seinem göttlichen Erbe und Sein, kann dadurch auch Licht in die Welt bringen und das Licht leuchten lassen. Doch selbst diese Gipfelerlebnisse, diese Lichtwelten, diese Einheitsgefühle sind noch Erscheinungen, sind noch Phänomene, wenn auch ganz wunderbare. Doch…

> *„…der Geist: der lässt sich's nicht an jenem Lichte nur genügen; er dringt immerzu vor durch das Firmament hindurch und dringt durch den Himmel, bis er kommt zu dem Geiste, der den Himmel umtreibt; und von dem Umlaufe des Himmels grünt und belaubt sich alles, was in der Welt ist. Immer noch aber genügt's dem Geiste nicht,* **er dringe denn weiter vor in den Gipfel und in den Urquell, darin der Geist seinen Ursprung nimmt.**… *Dieser Geist muss alle Zahl überschreiten und alle Vielheit durchbrechen, und er wird (dann) von Gott durchbrochen; ebenso aber, wie er mich durchbricht, so wiederum durchbreche ich ihn (da Eins). Gott leitet diesen Geist in die Wüste und in die Einheit seiner selbst, wo er ein lauteres Eines ist und in sich selbst quillt."* ²¹⁷

„...da blieb ihm Gott, so wie Gott in sich selbst seiend ist, nicht in der Weise seines Empfangen- oder Gewonnenwerdens, sondern in der Seinsheit, die Gott in sich selbst ist. Er gab Gott nie etwas, noch empfing er je etwas von Gott; es ist ein Eines und eine lautere Einung." [218]

„Die Seele, die so über alle Dinge hinausgekommen ist, die erhebt der Heilige Geist und erhebt sie mit sich in den Grund, aus dem er ausgeflossen ist. Ja, er bringt sie in ihr ewiges Bild, aus dem sie ausgeflossen ist." [219]

Wir können unsere Einsichten in den Grund der Seele sowie den Weg zum Einssein mit folgenden Worten der zeitlosen Weisheit Meister Eckharts zusammenfassen:

*„...**wirst du geeint und beseligt in dem Fünklein in der Seele**, das weder Zeit noch Raum je berührte. Dieser Funke widersagt allen Kreaturen und **will nichts als Gott unverhüllt,** wie er sich selbst ist. Ihm genügt`s weder am Vater noch am Heiligen Geist noch an den drei Personen (zusammen), sofern eine jede in ihrer Eigenheit besteht. Ich sage fürwahr, dass es diesem Lichte auch nicht genügt an der Einheitlichkeit des fruchtträchtigen Schoßes göttlicher Natur. Ja, ich will noch mehr sagen, was noch erstaunlicher klingt: Ich sage bei guter Wahrheit und bei der ewigen Wahrheit und bei der immerwährenden Wahrheit, dass es diesem nämlichen Lichte nicht genügt an dem einfaltigen, stillstehenden göttlichen Sein, das weder gibt noch nimmt: es will (vielmehr) wissen, woher dieses Sein kommt; **es will in den einfaltigen Grund, in die stille Wüste, in die nie Unterschiedenheit hineinlugte, weder Vater noch Sohn noch Heiliger Geist;** in dem Innersten, wo niemand daheim ist, dort (erst) genügt es jenem Licht, und darin ist es innerlicher, als es in sich selbst ist; denn **dieser Grund ist eine einfaltige Stille, die in sich selbst unbeweglich ist; von dieser Unbeweglichkeit aber werden alle Dinge bewegt** und werden alle diejenigen Leben empfangen, die vernunfterhellt in sich selbst leben."* [220]

Hier in der Tiefe unserer Seele bzw. unseres Bewusstseins ist zugleich der Grund allen Seins, aus dem die ganze Schöpfung JETZT erschaffen wird, das letzte Ziel:

„Dort, wo niemals Zeit eindrang, wo niemals ein Bild hineinleuchtete, im Innersten und im Höchsten der Seele erschafft Gott (JETZT) diese ganze Welt. Alles, was Gott erschuf vor sechstausend Jahren, als er die Welt machte, und alles, was Gott noch nach tausend Jahren erschaffen wird, wenn die Welt so lange besteht, das erschafft Gott im Innersten und im Höchsten der Seele. Alles, was vergangen ist, und alles, was gegenwärtig ist, und alles, was zukünftig ist, das erschafft Gott (JETZT) im Innersten der Seele. Alles, was Gott in allen Heiligen wirkt, das wirkt Gott im Innersten der Seele." [221]

*„Es ist ein Ende allen Seins, denn der erste Beginn ist um des letzten Endzieles willen da.... **Was ist das letzte Endziel? Es ist das verborgene Dunkel der ewigen Gottheit...** dass wir zu dieser Wahrheit kommen, dazu helfe uns die Wahrheit, von der ich hier gesprochen habe."* [222]

2.8 Funktion und Wirken der Gnade

Auf dem Weg zurück zu Gott und Gottheit können wir die Gnade nicht außer Acht lassen, da sie ein sehr wesentlicher Bestandteil dieser Rückverbindung, dieses Rückweges ist. Allerdings ist dieser Begriff in unserer Kultur äußerst unscharf und unklar, und wir müssen deshalb erst einmal untersuchen, was die Mystiker und vor allem Meister Eckhart darunter verstehen, wenn sie von Gnade sprechen. Denn auch diese unterliegt kosmischen Gesetzen und muss demzufolge für alle gleich gelten und steht allen gleich zur Verfügung. Sie ist somit weder ein Willkürakt noch eine Begünstigung, noch eine persönliche Begnadigung im Sinne von Erlassen einer Folge im Gesetz von Saat und Ernte, somit keine Befreiung vom Gesetz des Karma für Günstlinge, auch keine Bevorzugung oder Vergabe von Heilung oder Erlösung wegen guter Führung und schon gar keine

Bonusvergabe einer Kirche oder Sekte für gute Mitgliedschaft und wohlfeiles Verhalten, sondern etwas völlig anderes.

Dies bringt uns auch zu der Frage, ob Gott für uns „aus Gnade" hier die Arbeit und Rückkehr erledigen kann und wird, ob wir uns also einfach zurücklehnen und auf Gnade warten sollen, also auf Fremderlösung, oder ob wir selbst die Rückkehr, die Heimkehr zu Gott antreten müssen, ob Christus uns schon erlöst hat oder ob wir seinem Weg nachfolgen müssen.

Wir müssen daher auf die uralte Diskussion eingehen, ob Fremderlösung oder Selbsterlösung möglich ist, ob nun der Weg der Seele zurück zu Gott *von der Seele ausgeht* und von ihr durchzuführen ist oder aber ob die Erlösung und Befreiung *allein von Gott oder dem Absoluten ausgeht* und der Mensch hier keinen Einfluss hat, wie es heutzutage (im frühen Christentum ganz anders) die meisten Kirchen und einige moderne, extreme Advaita-Lehrer wie etwa Rick Linchitz lehren und damit den Willen des Menschen auf ihrem Rückweg zu Gott lähmen und manche Suchende gar zum Aufgeben bringen. Anders die Buddhisten, die ausgehend von ihrem Gründer sicher zu wissen glauben, dass *nur der Mensch selbst* sich befreien kann und er auch allein die Macht hat zu entscheiden, wann er sich auf den Weg zur Aufhebung des Leidens macht. Der ganze Buddhismus handelt von diesem Weg, das Leid zu überwinden. Es geht also um die Frage, ob der Mensch in seinem in Raum und Zeit bereits ausgeflossenen Dasein wieder selbst erwachen kann oder ob es allein „Allahs Wille" ist, ob er damit nur eine Marionette des Absoluten ist, die nur abwarten kann, ob sein Herr ihn eines Tages freilässt. Wir werden letztlich sehen, dass **keine der beiden polaren Standpunkte allein** die Lösung hat, sondern die Wahrheit, wie so oft, in einer Synthese beider liegt.

Standpunkt: Der Mensch kann nichts tun, hat keinen eigenen Willen.

Gegen letztere Version vom Menschen als Marionette und vom reinen Sklavendasein des Menschen, dem übrigens das christliche Bild der Seele als Gottes Ebenbild, als Gotteskind – und keinesfalls als Knecht Gottes – völlig widerspricht, sträubt sich schon unser gesunder Menschenverstand, da wir sowohl in unserem Rechtsbewusstsein und allen Rechtssystemen aller Kulturen und Völker, seit es Geschichte gibt, davon ausgehen, dass der Mensch freie Entscheidungen fällen kann und damit einen, wenn auch begrenzten freien Willen hat, den man offensichtlich auch beeinflussen kann und er genau dafür auch verantwortlich gemacht werden kann, im Gegensatz zu Tieren und Pflanzen. Es wird unterstellt, dass er „zurechnungsfähig" ist und damit sehr wohl eine Wahl hat und wegen der Folgen solcher Wahl zur Verantwortung gezogen werden kann und auch wird. Der französische Philosoph Satre hat daher gesagt, wir seien sogar verdammt zur Entscheidung und können nicht „nicht entscheiden". Fast alle Religionen predigen ebenfalls, dass wir erst durch diese Freiheit des Wählens, erst durch unseren freien Willen in den Schlamassel unserer Welt gekommen sind, und daraus ist zu folgern, dass es damit nicht nur den Willen Gottes gegeben hat, sondern auch den Eigenwillen des Menschen, der somit gegen Gottes Gebot handeln kann. Wenn der Mensch also, wie auch in der Paradiesgeschichte oder im Gleichnis vom verlorenen Sohn eindeutig beschrieben ist, fähig ist, entgegen Gottes Gebot einen *eigenen* Weg zu wählen, und jenen gewählt hat, dann muss er ebenso in der Lage sein, diese Wahl wieder rückgängig zu machen bzw. eine neue Wahl zu treffen, wieder umzukehren, wieder zurückzukommen ins Vaterhaus. Und genauso beschreibt es das Gleichnis vom verlorenen Sohn, dass dieser *aus eigenem Entschluss* wieder umkehrt, als ihm das Leid zu groß wird, und nicht etwa der Vater eine Rettungsmission schickt oder ihm befiehlt oder ihn zwingt, heimzukehren. Es liegt nach diesem Bild also allein im Menschen, und der Vater kann nur auf ihn warten, oder aber er würde den freien Willen missachten und damit zugleich negieren, dann aber wäre der Sohn nicht mehr Sohn, sondern eine Marionette, eine Puppe, ein Knecht, von dem auch niemals echte Liebe ausgehen könnte. Zwischen Gott und Mensch könnte hier nur Unterwerfung, aber nie Liebe entstehen und erlebt werden, was aber meines Erachtens nach das Ziel der ganzen Schöpfung und Heimkehr ist.

Wer nun schlau dagegen argumentieren will, dass es selbst in der Dualität nur *einen* Willen gebe, aller anderer „Wille" nur Illusion sei, dann ist dem entgegenzuhalten, dass dann dieser *eine* Wille Gottes all das Leid und das Elend und das Unglück erschaffen haben muss, was der Mensch in der Entfremdung und Dualität seit jeher gelitten hat und immer noch täglich erleidet, Not, Elend, Trauer, Verzweiflung, Depression, Unglücke aller Art usw. Wer so denkt und glaubt, ein Vater könnte dies für seine Kinder wollen, der muss Gott schon eine extrem sadomasochistische Ader und Eigenschaft unterstellen, was aber ganz eindeutig der christlichen Definition von *Gott als der Liebe selbst* (vgl. Johannesevang.) voll zuwiderläuft, ebenfalls der hinduistischen Lehre von Gott als SAT-CHIT-ANANDA, wo sogar die Geistseele (atman) mit dem Absoluten (brahman) gleichgesetzt wird und der Mensch daher in seinem Grund über göttliche Kräfte verfügt, wie sie den Weisen und Sehern dann oft auch zugeschrieben werden. Da also im Christentum Gott sogar die Liebe selbst *ist* (nicht nur hat), könnte er niemals all das Leid wollen, und in keinem Schöpfungsmythos wurde das je so beschrieben. Er kann aus seinem Liebe-Sein heraus das Leid nicht wollen, was der verlorene Sohn sich selbst antut, das er aber zulassen muss, solange der Mensch (Sohn) es will, denn jener ist doch ein Teil von ihm, hat ebenso Willen, Erkenntnis und Liebe, ist aus demselben Licht wie Gott selbst und muss daher notwendig frei sein und frei gelassen werden. Gott lässt ihn also ziehen, zahlt ihm sein Erbe aus auf sein, des Menschen Wollen hin, eben weil er respektiert, dass er ein Teil von ihm ist und ebenso frei und schöpferisch wie er selbst. Also kann er wie ein liebevoller Vater nur ermahnen, einladen, zur Rückkehr drängen, Boten und Botschaften schicken, ihn aber niemals zwingen.

Vergleichsweise würde schon bei uns Menschen, die doch gegenüber Gott unvollkommener sind, kein liebender Vater wollen, dass seine Kinder ständig leiden, wie könnte dies Gott als die Liebe selbst wollen? Dies ist miteinander unvereinbar. Er *muss* warten, bis die Kinder selbst „zur Vernunft kommen(!)", ins Licht kommen, und wer eigene Kinder hat, weiß, dass man letztlich, wenn das Kind es absolut nicht will, machtlos ist. Dabei drängt es Gott noch viel mehr zu seinen Kindern hin als die Kinder zu ihm, wie unser Meister zu Recht erklärt. Wie könnte es anders sein, wenn er die Liebe ist, die doch stets danach sucht, alle Trennung aufzuheben. Daher war und ist dieses grausame Bild von einem Schöpfer, der täglich immenses Leiden für seine Kinder erschafft, deren eigener Wille und Schöpfertum dann nur Illusion ist, niemals die Meinung der christlichen Mystiker gewesen und schon gar nicht die Meister Eckharts. Sie sehen jede Seele als Kind Gottes und sogar mit Christus gleich und gottgleich: „Wo die Seele ist, da ist Gott, und wo Gott ist, da ist die Seele", und daher von Gott unendlich geliebt. Sie ist vielmehr aus freien Stücken daraus ausgeflossen in die Kreatur, und muss daher ebenso aus freien Stücken wieder zurückkehren, und damit hat der Mensch auch Verantwortung für sich und alle Schöpfung, die er sonst nicht hätte, und die dies leugnen, werden aufgrund ihrer Verantwortungslosigkeit auch völlige Ohnmacht erleben.

Zwischenstandpunkt moderner Theologen: Ja, der Mensch hat Verantwortung für den Abfall von Gott, aber Rückkehr ist *nur* und *einzig* durch Gott möglich (Rechtfertigungstheorie).

Jene christlichen Mystiker sind sogar – wie übrigens die meisten der Kirchenväter und alten Kirchenlehrer des ersten Jahrtausends (ausf. in meinem Buch „Der Seele Grund") – gegen jede Art späterer Rechtfertigungstheologie, die einerseits zwar zugibt, weil sie es nach der Heiligen Schrift auch gar nicht leugnen kann, dass der Mensch sich selbst in diesen Schlamassel gebracht hat, andererseits aber leugnet, dass er nun aus eigenem Willen oder Kraft darauskommen könne, vielmehr gar nichts dazu tun könne, sich daraus zu retten, und dies nur Gott oder Christus tun könne. Ja, warum, sollte man jene Theologen fragen, tut er es dann nicht jetzt und heute? Worauf wartet er dann? Wenn Christus als Erlösung ausgereicht hätte, warum wurde die Welt nicht vor zweitausend Jahren erlöst? Würde nicht sogar jeder liebende menschliche Vater, der dies könnte, sofort sein Kind retten und erlösen und nicht viele tausend Jahre abwarten und es damit länger leiden lassen? Einen solchen Sadismus von Gott zu behaupten, halte ich für die größte Gotteslästerung überhaupt, und ich halte ihnen die Worte von Christus selbst entgegen, der sagte: Würde ein Vater etwa einem Sohn einen Stein geben, der ihn um ein Stück Brot bittet? Dieses Warten über Tausende von Jahren, um die Menschen zu erlösen, wenn es allein in seiner Macht läge, kann nicht sein, ohne Gott übelste Absichten oder Eigenschaften zu unterstellen.

Standpunkt der Mystiker und Meister Eckharts

Die Mystiker aller Zeiten dagegen unterstellen ihm aber größtmögliche Liebe. Ganz im Gegensatz zu den modernen Rechtfertigungstheologen, die ihre eigene Tradition der großen Kirchenlehrer verleugnen, oder jenen modernen esoterischen Lehrern, die meinen, Erlösung komme einfach über uns, wenn Gott es gerade mal passt, und damit Gott zu einem unberechenbaren Willkürherrscher machen, zu einer Art von orientalischem Despoten, versichern uns die Meister und vor allem Meister Eckhart, die wohl auch im Gegensatz zu jenen über eigene innere Erfahrung verfügen, *dass Gott* uns sogar noch viel mehr liebt als wir ihn und er nicht nur nicht warten will, sondern *jederzeit bereit ist, sofort zu uns zu kommen* und sich wieder zu vereinen, sobald nur *wir* es wollen:

> *„Du brauchst ihn (Gott) weder hier noch dort zu suchen, er ist nicht weiter als vor der Tür des Herzens; **dort steht er und harrt und wartet, wen er bereit finde,** dass er ihm auftue und ihn einlasse. Du brauchst ihn nicht von weither zu rufen; **er kann es kaum erwarten, dass du (ihm) auftust.** Ihn drängt es tausendmal heftiger nach dir als dich nach ihm: **Das Auftun und das Eingehen, das ist nichts als ein Zeitpunkt.**"* [223]

Es liegt also nicht an Gott und seinem Willen, und schon daraus wird ersichtlich, dass wir zumindest in der Dualität über einen eigenen Willen verfügen, der ihn warten lassen kann.

Ihn drängt es also tausendmal mehr, und dies macht auch Sinn, wenn er überhaupt ein liebender Gott und Vater sein soll. Daher entgegnet unser Meister all jenen, die nichts tun zu *können* glauben und damit tiefenpsychologisch gesehen nichts tun *wollen*:

> *„Dessen mögen wir uns wohl freuen, dass Christus, unser Bruder, aus eigener Kraft aufgefahren ist über alle Chöre der Engel und sitzt zur rechten Hand des Vaters... **aber wahrlich, ich gäbe nicht viel darum (!!)** Was hülfe es mir, wenn ich einen Bruder hätte, der da ein reicher Mann wäre und ich wäre dabei ein armer Mann? Was hülfe es mir, hätte ich einen Bruder, der da ein weiser Mann wäre, und ich wäre dabei ein Tor?"* [224]

Die Antwort heißt hier: überhaupt nichts. Und daher fordert uns nicht nur Christus selbst, sondern die Weisen aller Zeiten, wie beispielsweise der historische Buddha, auf, diesen Weg zu gehen, uns selbst zur Rückkehr zu entschließen und uns auf den Weg zu machen, wie es die Geschichte vom verlorenen Sohn klar anzeigt, denn die Erleuchtung, die Erlösung, *das Himmelreich, das Göttliche* und alles andere im Bewusstsein, was wir erstreben, *ist in uns*:

> *„**All das Gute, das alle Heiligen besessen haben** und Maria, Gottes Mutter, und Christus nach seiner Menschheit, **das ist mein Eigen in dieser Natur.** Nun könntet ihr mich fragen: Da ich in dieser Natur alles habe, was Christus nach seiner*

> *Menschheit zu bieten vermag, **woher kommt es dann, dass wir Christus erhöhen und als unsern Herrn und unsern Gott verehren**? Das kommt daher, weil er **ein Bote** (!!) von Gott zu uns gewesen ist und uns unsere Seligkeit zugetragen hat. **Die Seligkeit, die er uns zutrug, die war unser**.*" [225]

Ganz analog behaupten auch Buddhisten aller Richtungen, die Buddhanatur sei in uns allen, sie ist unser, und wir müssen sie selbst wieder ent-decken, die Buddhas aller Zeiten weisen uns nur den Weg dahin, und der abendländische Mystiker Angelus Silesius schreibt sogar: „Und wäre Christus tausendmal in Bethlehem geboren und nicht in dir, so bist du ewiglich verloren". Daraus geht eindeutig hervor, und so gleichlautend die gesamte mystische Theologie des Abendlandes von Dionysios Areopagita und Origenes durch die gesamte Patristik hindurch bis hin zu Bonaventura und der Zeit Eckharts (vgl. Zitate in meinem Buch „Der Seele Grund"), dass es nicht genügt, „Herr, Herr, erlöse uns" zu schreien, wie Christus übrigens selbst gesagt hat, sondern es vielmehr unabdingbar nötig ist, ihm *nachzufolgen*, uns zu bereiten und „ihm die Türe des Herzens aufzutun", wie Eckhart fordert. Auch der große protestantische Mystiker Jakob Böhme hat noch im ausgehenden Mittelalter jene Art von Christen spöttisch die Maulchristen genannt, und Meister Eckhart sagt ganz hart von den „braven gläubigen Leuten", die da glauben, es genüge, in die Kirche zu gehen und gute Werke zu tun, und sich damit (Fremd)Erlösung erhoffen: Sie müssen ewiglich verirrt bleiben, wenn sie nicht den Weg der geistigen Armut und Stille gehen, den er in seinen Predigten, vom allem aber im Traktat der Abgeschiedenheit aufzeigt.

Zusammenfassend kann man also sagen, dass Meister Eckhart im Einklang mit anderen Meistern, Buddhas oder Weisen den Menschen auffordert, selbst aktiv zu werden nach dem Motto: Hilf dir selbst, dann hilft dir Gott. Denn dieser muss des Menschen freien Willen respektieren, und er wartet ungeduldig auf die Rückkehr des verlorenen Sohnes, über die er sich so sehr freut, dass er dann ein großes Fest feiert und große Freude herrscht. Doch der Mensch muss ihm erst „die Tür" auftun Gemäß allen Schulen der hohen Mystik, ob sie nun den Weg über den Willen, die Erkenntnis oder die Liebe und Hingabe bevorzugen, muss er:

a) **sich entscheiden, umzukehren,** nach Hause in diese Einheit zurückzukehren (metanoia), dieser Willensentschluss ist absolut notwendig, vorher muss Gott „draußen" warten

b) **sich läutern und bereit machen,** durch Abscheiden der Anhaftung an die Kreatur, an Geschöpflichkeit, durch Befreiung von allen Bildern, von Zeit und Raum

c) **sich völlig hingeben** an Gott und der Gnade, wenn das Menschenmögliche geschehen ist.

Nun kennen wir hier die Entscheidung für die Rückkehr (a) aus dem Gleichnis des verlorenen Sohnes. Ferner kennen wir aus der Geschichte mit den Jungfrauen sehr wohl auch die Forderung des Neuen Testaments, sich für diese Hochzeit (Einung mit Gott) zu bereiten und zu läutern (b). Die Seelen sind analog aufgefordert, sich für jene Hochzeit mit Gott vorzubereiten und sich zu schmücken, obwohl sie nicht wissen, wann der Bräutigam kommt.

Die Wahrheit der Mitte:
Der Mensch muss nachfolgen und sich hingeben, Gnade erlöst.

Dies bedeutet, dass die Schritte a) und b) unabdingbar nötig sind und von den jeweiligen Menschen kommen müssen. Der Mystiker muss die Rückkehr selbst einleiten und durchführen, ohne dass der letzte Schritt, die „Hochzeit" oder die „Unio mystica", damit automatisch geschieht oder damit erzwungen werden kann. Der letzte Schritt des verlorenen Sohnes ist Gott und der Gnade vorbehalten. Der Mensch kann sich nach dieser Bereitung und Türöffnung nur hingeben und vertrauen, dass der Bräutigam kommt. Die Seele muss völlig leer werden und sein von all ihren Kreationen, dann kann und wird Gott allein sie wieder füllen. Dies geschieht nun mit Hilfe der Hingabe von Seiten der Seele und der Gnade von Seiten des Göttlichen. Somit ist es nun auch wieder wahr, dass es **keine reine Selbsterlösung** gibt, wie auch **keine reine Fremderlösung**, wie schon gezeigt, sondern die Wahrheit in einer Synthese liegt. Es zeigt sich, dass der Mensch beginnt, aber auch, dass das Entscheiden und das Tun des Menschen nicht ausreichen, sondern nun sich „Gott in die Seele ergießen muss", um es im Bild auszudrücken.

Bildlich gesprochen ist die Seele die Braut, die sich zuerst und *aus eigenem Willen,* also *freiwillig* **entscheiden** muss für diese Hochzeit. Danach muss sie sich **vorbereiten und läutern**, von der Anhaftung an alte Liebhaber in den Kreaturen reinigen. Ist dies geschehen, geht sie zur Hochzeit voller **Hingabe** und wartet auf die Gnade, die den letzten Schritt tut. Der Moment, der Zeitpunkt, wann und wie es dann geschieht, liegt nicht in ihrem Ermessen und Wollen, sondern allein im göttlichen Plan, dem Plan des Ganzen. Die Seele kann sich hier nur hingeben und muss es auch tun voller Vertrauen, wobei der Bräutigam letztlich entscheidet, wann es so weit ist und er sich mit der Seele vereint. Doch wollen wir Eckhart vertrauen, dann *muss* er es tun, es sei ihm lieb oder leid, er wird und kann nicht warten, liebt er doch die Seele mehr als sie ihn.

Was ist diese Gnade?

Diesen Teil des Erwachens oder der Erlösung, die *Hingabe des Bräutigams* an die Braut, das *Streben Gottes* oder des Absoluten nach der Seele oder das Wollen bzw. *die Sehnsucht des Vaters* nach dem verlorenen Sohn kann man nun auch als Gnade bezeichnen. Und dies ist ihre Definition in der Mystik: kein Willkürakt, keine Laune, keine „persönliche Entscheidung" oder ein auf eine bestimmte Person bezogenes Erbarmen, sie ist auch keine Kraft innerhalb der Schöpfung oder Kreation, sondern die ewige (!) Sehnsucht oder **die Anziehung des Absoluten nach Rückkehr aller Wesen, das Wieder-Einatmen der Schöpfung**, sozusagen der göttliche Sog, der in der bereiten Seele entsteht. Diese Gnade ist also göttliches Werk und zieht bildlich gesprochen wie ein Traktorstrahl die Seele wieder nach Hause, schützt sie, behütet sie, geleitet sie, stützt sie, lädt sie ein, ohne sie aber zu zwingen. Im Gegenteil kann sie erst wirken, wenn die Seele sich entschieden hat und selbst wieder nach dem Göttlichen verlangt, also schon auf dem Rückweg ist. Dann aber wirkt sie für alle Wesen gleich, und ohne Ansehen der Person, ist also eine andere Art von Gnade, als wir es vom Sprachgebrauch her kennen. Hat die Seele sich also zur Heimkehr entschieden und ist sie bereitet und bereit, so kann durch diese Gnade sich „göttliche Natur in das Licht (=Bewusstsein) der Seele ergießen. Das Wirken (im letzten Schritt) gehört allein Gott, die Seele kann sich nur hingeben, und so haben *letztlich* auch jene recht, die sagen, dass man „nichts tun könne oder es keine Selbsterlösung gebe", **aber erst hier im letzten Schritt:**

> *"**Das Wirken gehört Gott**, das Verlangen der Seele. Gott gehört das Werk und der Seele das Verlangen und das Vermögen, dass Gott in sie geboren werde und sie in Gott. **Gott bewirkt, dass die Seele ihm gleiche**. Notwendig muss es sein... Göttliche Natur gießt sich in das Licht der Seele, und sie wird darin erhalten."* [226]

> *"In der Nacht, **wenn keine Kreatur in die Seele leuchtet** noch lugt, (also erst nach dieser Bereitung) **und im Stillschweigen**, wo nichts mehr in die Seele spricht (also erst nach dieser inneren Abgeschiedenheit), **da wird das Wort gesprochen** in die Vernunft (= geschieht die Gottesgeburt im Bewusstsein). Ich erschrecke oft, wenn ich von Gott reden soll, wie völlig abgeschieden die Seele sein muss, die zu jener Einswerdung kommen soll. Das aber darf niemanden unmöglich dünken. **Es ist der Seele nicht unmöglich, die Gottes Gnade besitzt.**"* [227]

> *"Soll die Gnade in die Vernunft kommen, so müssen (zuerst) Vernunft und Wille über sich selbst hinausgelangen."* [228]

Hieraus geht klar hervor, dass die Gnade nicht beliebig erlösen kann, sondern nur möglich wird, wenn die Seele erstens danach verlangt (der Seele gehört das Verlangen =Entscheidung) und zweitens „keine Kreatur in die Seele leuchtet", wenn die menschliche Vernunft und der menschliche Wille „über sich hinausgelangt sind" (Läuterung). Anders gesagt ist die Gnade zwar immer da, wird aber erst wirksam, wenn die Seele so bereitet und geläutert ist und in Stille verharren kann.

Nun erschrickt zwar Eckhart selbst darüber, welch hohes Ziel dies ist, er sagt aber zugleich: „Das darf niemanden unmöglich dünken". Jeder ist dazu berufen, denn es ist keine intellektuelle Ausbildung nötig, keine asketischen Übungen oder lange Jahre irgendeiner Praxis, keine Rituale und auch nicht Mitgliedschaft in einer religiösen Vereinigung, sondern, wie schon erwähnt, nur etwas, was allen Menschen prinzipiell jederzeit möglich ist, nämlich erstens eine grundsätzliche Entscheidung zu treffen und zweitens eine gewisse Reinigung und Abkehr von der Verhaftung und Verwicklung mit allem Kreatürlichen, mit der Welt vorzunehmen. Dafür haben wir heute sehr effiziente Übungen entwickelt, da wir Bewusstsein und Wege zur Transformation in den letzten Jahrzehnten intensiv erforscht haben. Es sind Übungen, die nicht mehr allzu viel Zeit erfordern (siehe Übungsteil). Daher ist es heute wirklich *jedem Menschen* und jedem noch so einfachen Gemüt – und diesen oft mehr als den komplizierten Gemütern – *jederzeit möglich*, zu dieser Hochzeit, diesem Gott-Empfangen zu kommen:

> „*...Gott gibt ihm in ebenso reichlicher Fülle in jeder Weise vollkommen... Seht, dies kann der Grobsinnigste und der Geringste unter euch allen von Gott empfangen, noch ehe er heute aus dieser Kirche kommt, ja, noch ehe ich heute zu Ende predige, in voller Wahrheit und so gewiss, wie Gott lebt und ich Mensch bin.*" [229]

Und es sei noch einmal mit den Worten Eckharts betont, dass es sich hier nicht um eine persönliche Wahl Gottes je nach Laune, um eine Bevorzugung, Belohnung oder um einen Willkürakt handelt und auch niemals handeln kann, denn **Gott** *gibt allen Wesen gleich*. Ferner **muss** *er ihnen geben* – sobald sie bereit sind – und er muss ihnen sogar **alles geben**:

> „*Seid des gewiss,* **dass Gott es nicht unterlässt, uns alles zu geben;** *und hätte er's abgeschworen,* **er könnte doch nicht umhin, uns geben zu müssen.** *Ihm ist viel nötiger, uns zu geben, als uns, zu empfangen.*" [230]

Diese Gnade steht uns also immer zu, **Gott muss sie uns geben**, wie auch im folgenden Zitat noch einmal deutlich wird, und zwar nicht teilweise, sondern immer ganz, natürlich immer unter der erwähnten Vorbedingung, dass wir uns entschieden und bereitet haben. Und dafür bitten wir ihn, dass er uns würdig mache, also bereit mache, und hier können und müssen wir mitwirken. Dann aber können wir wie die bereiten Jungfrauen absolut darauf vertrauen und uns ihr hingeben, uns für sie öffnen.

> „*Ich will Gott niemals um seine Gabe (= Gnade) bitten noch will ich ihm für seine Gabe danken, denn, wäre ich würdig, seine Gabe zu empfangen, dann müsste er (sie) mir geben, es sei ihm lieb oder leid. Darum will ich ihn um seine Gabe nicht bitten,*

> *denn **er muss (sie) geben**; wohl will ich ihn bitten,*
> *dass er mich würdig mache, seine*
> *Gabe zu empfangen, und will ihm danken, dass er so ist,*
> *dass er geben muss."* [231]

Diese für den Erwachensprozess und auch die Transformation des Menschen so notwendige Gnade steht uns also immer zu, wenn die Voraussetzungen von uns geschaffen sind, und dies ist gut zu wissen.

Nun wenden wir uns der Frage zu, was denn diese Gnade ist und wie oder was sie im Menschen (be)wirkt. Sie ist nicht gleichzusetzen mit dem Heiligen Geist, sondern vielmehr etwas, was aus dem ganzen Gott, der ganzen Gottheit ausgeht, und von dort direkt in der Seele Sein fließt, ausdrücklich nicht in die Kräfte, wie etwa der Heilige Geist es tut.

> *„Und da entspringt die Gnade. Die Gnade wird da eingegossen.*
> *Die Gnade wirkt nicht; ihr Werden ist ihr Werk.*
> ***Sie fließt aus dem Sein Gottes und fließt in das***
> ***Sein der Seele**, nicht aber in die Kräfte."* [232]

> *„Ich spreche mitunter von zwei Bronnen… **Der eine Born,***
> ***aus dem die Gnade entspringt, ist da,***
> ***wo der Vater seinen eingeborenen Sohn ausgebiert;***
> ***aus eben demselben entspringt die Gnade,***
> *und ebendort strömt die Gnade aus demselben Born aus.*
> ***Ein zweiter Born ist da, wo die Kreaturen aus Gott fließen:***
> *der ist so fern von jenem Born, aus dem die Gnade entspringt,*
> *wie der Himmel von der Erde. Gnade wirkt nicht. Wo das Feuer*
> *in seiner Natur ist, da schadet es nicht, noch setzt es in Brand.*
> *Die Hitze des Feuers (vielmehr nur),*
> *die entzündet hienieden (= auf Erden). Und selbst die Hitze,*
> *wo sie in der Feuersnatur steckt, da brennt sie nicht und*
> *ist unschädlich. Ja da, wo die Hitze im Feuer steckt,*
> *da ist sie der rechten Natur des*
> *Feuers so fern, wie der Himmel von der Erde ist.*
> *Gnade wirkt kein Werk, sie ist zu sublim dazu;*

Wirken liegt ihr so fern, wie der Himmel von der Erde ist.
Ein Innesein und ein Anhaften und ein Vereinen mit Gott,
das ist Gnade..." [233]

Das Wirken der Gnade und ihre Folgen

Sehr wichtig ist hier die wiederholte Aussage, dass die Gnade nicht *wirkt* im herkömmlichen Sinne, also nicht als eine bestimmte oder gerichtete Kraft zu verstehen ist, die gezielt gerichtet ist oder gerichtet bzw. eingesetzt werden kann. Sie ist vielmehr wie ein stetiges Ausstrahlen zu verstehen, so wie das Scheinen der Sonne:

„..die Gnade verhält sich zu Gott wie der Schein der Sonne zur
*Sonne **und ist eins mit ihm** und bringt die Seele*
in das göttliche Sein und macht sie gottförmig
und (macht), dass sie göttlichen Adel „schmeckt"." [234]

Also ist sie, wie der Sonnenschein hinter den Wolken, immer strahlend und uns immer zugänglich, daher muss Gott sie auch geben und hat keine diesbezügliche Wahl, denn sie ist ja „eins mit ihm" und er kann dies gar nicht abstellen, sie fließt oder strahlt direkt aus seinem Sein und von dort direkt in der Seele Sein, was ja Bewusstsein ist, wie wir schon festgestellt haben. Dieses Strahlen bringt die Seele in das göttliche Sein, es ist also wie eine Art von Traktorstrahl, der die in der Dualität befindlichen Wesen wieder heimholt. Sie wirkt ständig, kann von uns jedoch verdeckt werden wie der Sonnenschein durch Wolken, ist aber dennoch ewig da und wird sofort wieder wahrgenommen, sobald die Wolken aufgelöst sind. Dann bringt sie die Seele in das göttliche Sein und macht sie (wieder) gottförmig, sie lässt die Seele in der Zeit wieder den göttlichen Adel erleben (schmecken), was sie in der Ewigkeit schon immer ist, wie wir ausführlich gezeigt haben. Mit anderen Worten ist die Gnade also ein nicht wirkendes, sondern immerwährendes Ausstrahlen Gottes einmal in seiner ewigen Geburt, wo er seinen Sohn (logos) und damit alle bewussten Wesen ewig gebiert, im ewigen Jetzt, und auch das Ausstrahlen Gottes in der zeitlichen Geburt, also in der Schöpfung, **„wo die Kreaturen aus Gott fließen"**. Eckhart sieht hier zwei Quellen (zwei Bronnen), aber nur wenn man die zeitliche Schöpfung von der ewigen unterscheidet. Insgesamt und von der Ewigkeit her gesehen ist es nur ein einziger, und daher sagt er zu Recht auch, die Gnade fließe direkt aus dem Sein Gottes, aus seiner Natur, wie die Sonnenstrahlen aus der Sonne. Diese Strahlen bewirken nun, wenn sie auf die in der Zeit befangene Seele treffen, um im Bild zu bleiben, dass sie wieder den göttlichen Adel erlebt, sie wieder vom Göttlichen – das sie in ihrem Grund selbst ist – berührt wird, dass sie wieder ins göttliche Sein gebracht wird. Es ist daher *wie ein Scheinen oder Rufen aus der Ewigkeit* zu allen abgespaltenen Wesen, denn in dem Teil, in dem wir eins mit Gott sind, in diesem erleben wir die Gnade immer, wie es die Engel ja auch tun. Nur in dem abgespaltenen Teil spüren wir sie eine Zeitlang nicht aufgrund der zwischenliegenden Wolken. Daher ist die Bereitung und Auflösung dieser Wolken so wichtig, und dies muss zuerst vom Menschen ausgehen. Danach können und werden unweigerlich – ob Gott will oder nicht, er hat keine Wahl – diese wärmenden Strahlen der göttlichen Gnade wieder auf uns treffen und unser Wachstum enorm beschleunigen und uns schließlich gottförmig machen und uns ins göttliche Sein heimholen. Oder wie Eckhart es ausdrückte: „Ein Innesein und ein Anhaften und ein Vereinen mit Gott, das ist Gnade."

Es hat also weder mit einer Gunsterweisung eines persönlichen Gottes zu tun, noch ist es eine Wirkkraft, die irgendwie an- und wieder abgeschaltet werden könnte. Vielmehr ist es das Scheinen Gottes, das Scheinen des Bewusstseins selbst, das alle fragmentierten Teile wieder an die Urquelle erinnert, sie erwärmt (gottförmig macht) und sie wie ein Traktorstrahl anzieht und heimholt: „Der Gnade Werk ist, zu ziehen und *bis ans Ende zu ziehen*, und wer ihr nicht folgt, der wird unglücklich....sie muss vielmehr dahin gelangen, wo Gott in seiner eigenen Natur wirkt." [235] Die Gnade ist damit auch die Garantie, dass alles wieder zur bloßen Natur des Bewusstseins, zum Einen zurückkehrt und mit dem Einen eins wird. Es ist sozusagen unser Geleitschutz nach Hause bis ins bloße Einssein:

> „‚Ich', spricht der Vater, ‚will sie geleiten in eine Einöde und dort
> zu ihrem Herzen sprechen' (Os.2,14). Herz zu Herzen,
> **Eins in Einem, das liebt Gott.**" [236]

Wenn nun Gott seiner Natur nach Geist ist oder, modern gesagt, seiner selbst bewusstes Bewusstsein, so ist das Ausstrahlen aus diesem Sein des Geistes ebenfalls Bewusstsein, und Eckhart definiert Gnade folgerichtig als ein Licht (siehe unten). So wie im Beispiel der Sonne und dem davon ausstrahlenden Scheinen

beides Licht ist, obwohl keineswegs gleich, so ist auch **die Gnade das ewige Ausstrahlen göttlichen Geistes.** Folgte man nun jenen Strahlen wieder zurück bis zum Ursprung, kommt man wieder zur Sonne, zum göttlichen Licht oder göttlichen Bewusstsein. Die Gnade steht als sowohl ausstrahlendes wie anziehendes und heimholendes Licht wie ein Mittler zwischen dem noch kleinen Licht der menschlichen Vernunft und dem vollendeten göttlichen Licht:

> „...die Vernunft (=menschliche Bewusstsein) wiederum ist klein gegenüber dem Licht der Gnade. **Gnade ist ein Licht**, das alles, was Gott je erschuf oder erschaffen könnte, überschwebt und überragt. Und doch, wie groß auch das Licht der Gnade sein mag, es ist doch klein gegenüber dem göttlichen Lichte.. Solange man (noch) zunimmt in der Gnade, ist es noch Gnade und ʻkleinʻ, worin man Gott nur von fern erkennt. Wenn aber die Gnade aufʻs Höchste vollendet wird, so ist es nicht (mehr) Gnade; es ist (vielmehr) ein göttliches Licht..." [237]

> „Nun gibt es **ein weiteres Licht, das ist das Licht der Gnade....** Dass Gott mit der Gnade in der Seele ist, das trägt mehr Licht in sich, als alle Vernunft aufzubringen vermöchte." [238]

Gnade ist also ganz klar ein Licht, das die Gottheit ewig ausstrahlt, sowohl im ewigen Prozess ihrer Dreieinigkeit wie auch im zeitlichen der Schöpfung, und dieses Licht hat dreierlei Funktion, wie wir gesehen haben:

1. Es scheint und leuchtet in die Kreatürlichkeit und gibt den Wesen Licht und Erkenntnis sowie Wärme bzw. göttliche Liebe, falls sie durch die Wolken der Unwissenheit und Anhaftung kommt.

2. Der Gnade Werk ist, zu ziehen und *bis ans Ende zu ziehen*, bis dahin, wo Gott in seiner eigenen Natur wirkt. Sie ist also zugleich wie ein ständig anziehender Traktorstrahl, der alles Geteilte wieder ins Eine zurückbringt.

3. Sie ist als Licht zugleich auch ein Führer, der uns den Weg nach Hause zeigt, eine Lampe oder ein Licht, das uns den Weg weist bis über Gott als ein Du

hinaus in die lautere „Wüste der Gottheit", in die Natur Gottes, in das Wesen des Geistes, in das reine, leere, stille Bewusstsein, das wir Gottheit genannt haben.

Wir müssen also über unser menschliches Bewusstsein, über die menschliche Vernunft hinauskommen in das Gnadenlicht oder Gnadenbewusstsein, welches das ausstrahlende Licht Gottes ist (wie Scheinen und Sonne), und dann in das Christusbewusstsein, also in das Licht, das der Sohn selbst ist. Dort erfahren oder erleben wir die Liebe Gottes (die der Heilige Geist ist).

> *„…denn der Sohn ist ein Licht, das von Ewigkeit her in dem väterlichen Herzen geleuchtet hat. Sollen wir da hineinkommen, so müssen wir vom naturhaften Licht in das Licht der Gnade emporsteigen und darin wachsen in das Licht, das der Sohn selbst ist. Dort werden wir geliebt in dem Sohne von dem Vater mit der Liebe, die der Heilige Geist ist, die da von Ewigkeit her entsprungen ist und ausgeblüht zu seiner ewigen Geburt – das ist die dritte Person – und die ausblüht von dem Sohne zum Vater als ihrer beider Liebe."* [239]

Von dort schmelzen wir, mit Gott über Gott als Personen oder Eigenschaften hinausgehend, oder mit Gott eins werdend, in das Eine, so wie Welle und Meer eins werden und nur noch Wasser ist. Wir werden dort eins, wo der Seele Grund und Gottes Grund *ein* Grund sind, ohne Gegenüber, wo wir uns nur noch als reine Liebe erfahren, als reines Potential, das alles erschafft. Dort erst erfüllt sich die Gnade, die auf dem Weg erst wie eine Blüte ist, und wird dort zur Frucht, wo kein Weg mehr ist, dort, wo wir im Einssein mit Gott und allen Wesen erfahren:

Wir sind reine Liebe, die alles erschafft.

> *„Gnade, wie wir sie hier in diesem Leben erfahren, und Seligkeit, die wir späterhin besitzen werden im ewigen Leben, die verhalten sich zueinander wie die Blüte zur Frucht. Wenn die Seele ganz voll Gnade ist und ihr von allem,*

was in ihr ist, nichts mehr übrig bleibt, das die Gnade nicht wirke und vollende, so kommt doch nicht alles, so wie es in der Seele ist, so zur Wirkung, dass die Gnade alles das, was die Seele wirken soll, vollende. Ich habe auch sonst schon gesagt: Die Gnade wirkt kein Werk, sie gießt nur alle Zier vollends in die Seele; dies ist die Fülle im Reich der Seele. Ich sage: **Die Gnade vereinigt die Seele nicht mit Gott, sie ist vielmehr (nur) ein volles Zubringen; dies ist ihr Werk, dass sie die Seele zurück zu Gott bringt.** *Dort wird ihr die Frucht aus der Blüte zuteil."* [240]

Die Gnade bringt uns erstens als ein immer hinter den Wolken auf uns wartendes Licht also wieder die Erinnerung/Erkenntnis Gottes. Zweitens tauen uns ihre wärmenden Strahlen auf, machen uns für göttliche Werke „behende" und geeignet, („Der Gnade Werk ist, dass sie die Seele behende macht und gefügig für alle göttlichen Werke…"[241]). Drittens, und dies ist das Wesentliche der Gnade, dass der Mensch nicht allein machen kann und daher am Ende immer auf sie angewiesen ist, sie zieht uns wieder zurück, bringt uns zu Gott zurück, und dies ist ihre Frucht. Daher kann man von ihr gemäß ihrem Ziel auch sagen:

„**Gnade ist vielmehr ein Einwohnen und ein Mitwohnen der Seele in Gott.**" [242]

Dies alles kann der Mensch in seiner Getrenntheit und Abgespaltenheit nicht allein leisten, und daher muss er zwar den Anfang machen, aber sich dann auch für und mit der Gnade bereiten.

„Die Farbe…, soll die in mein Auge getragen werden, dann muss…sie gesiebt und verfeinert und so vergeistigt in mein Auge hineingetragen werden. So (auch) **muss die Seele, die Gott schauen soll, durchsiebt werden in dem Licht und in der Gnade.**" [243]

Die Seele muss sich der Gnade nur öffnen und hingeben.

Also muss sich der Mensch letztlich, früher oder später, für diese Gnade öffnen, sie hereinlassen, die Jalousien seiner Seele aufmachen und das Licht, das Scheinen hereinlassen. Ist er mit ihr schon verbunden, muss er sich immer mehr ihr hingeben, denn Hingabe ist der letzte Schritt auf dem Weg. Die Gnade zieht die Seele sowieso wieder in ihren göttlichen Hafen, es ist ein sicherer Traktorstrahl, aber die Seele muss ihren Widerstand oder ihren Eigenwillen, gezogen zu werden, aufgeben. Hier sind manchmal gewaltige Ängste zu überwinden. Ist dies erfolgt, geht alles leicht, vor allem die lichten und liebevollen Werke:

> *„Wo die Gnade ist und die Liebe, da sind dem Menschen alle göttlichen Werke leicht zu tun, und es ist ein sicheres Zeichen, dass da, wo es einem Menschen schwer fällt, göttliche Werke zu tun, keine Gnade darin ist."* [244]

Das Leben eines solchen Menschen wird also leicht und freudig, und ich würde sagen, sogar grundlos glücklich, selbst in äußerlich schweren Zeiten, und der vorher so schwere Rückweg des verlorenen Sohnes wird plötzlich leicht, alles fällt an seinen Platz, überall gibt es günstige Umstände, tauchen die richtigen Lehrer und Gefährten auf, und ihm fallen Werke der Liebe und des Mitgefühls sehr leicht, ja selbstverständlich. Seine Transformation geht fast wie von selbst, er reift mühelos dem Ziel entgegen, er hat das Gefühl, das ganze Universum ist jetzt auf seiner Seite. Er nähert sich immer stärker, mit wachsender Hingabe, dieser Einswerdung, und schließlich, wie unser Meister uns verheißt,

> *„...ist er wahrlich **dasselbe von Gnade, was Gott ist von Natur** (= reiner Geist), und Gott erkennt von sich aus keinen Unterschied zwischen sich und diesem Menschen."* [245]

2.9 Wirken mit Gott – Menschensohn und Gottessohn

Wenn Gott wahrlich keinen Unterschied mehr erkennt zwischen sich und diesem Menschen, wie wollte jemand sonst noch einen Unterschied erkennen oder behaupten wollen. So ist durch diesen Prozess auch in der Zeit – was in der Ewigkeit immer schon war und ist – dieser Mensch Gott geworden und damit ist zugleich Gott Mensch geworden. Dass dies nicht gleichnishaft, sondern wörtlich zu verstehen ist, dies betont Eckhart immer wieder, denn er spricht von einer Einheit der Natur und dem Sein nach, nicht etwa nach Äußerem.

> „*...und dieser Mensch ist Gott und Mensch.* So steht es recht mit einem solchen Menschen, der sich selbst lieb hat und alle Menschen so lieb wie sich selbst....." [246]

> „**Gott und dieser demütige Mensch sind ganz eins** und nicht zwei; denn, was Gott wirkt, das wirkt auch er, und was Gott will, das will auch er, und **was Gott ist, das ist auch er: ein Leben und ein Sein.**" [247]

Damit wird ein jedes Wesen, wenn es mit Hilfe dieser göttlichen Gnade wieder bewusst in seinen göttlichen Grund zurückgekehrt ist, zu einem Bruder Christig, oder buddhistisch gesprochen selbst zu einem Buddha, der dann zugleich Mensch und Gott ist. Aber nicht mehr als zwei in einem, sondern als Eines, als Mensch und Gott zugleich. Damit ist sich Gott durch den Menschen selbst bewusst geworden, und der Mensch erfüllt damit bewusst seine *ewige* Aufgabe, Auge, Ohr, Erkennen Gottes zu sein oder das Medium, durch das sich der ewige Geist selbst in seiner Schöpfung erkennt. Damit ist zugleich die alte Dualität oder Trennung oder Abspaltung, von der in jedem großen Mythos der Weltschöpfung die Rede ist, bei uns in der Geschichte von der Vertreibung aus dem Paradies, aufgehoben. Mensch und Gott erkennen sich als sich selbst, als den einen Gott (ohne Unterschied !!), so wie sie in Wirklichkeit, in Ewigkeit schon immer waren, denn, wie wir Eckhart schon zitiert haben, es gibt ja stets nur *ein* Erkennen, *ein* Lieben, *ein* Sein.

Trennung existiert nur im Weltentraum.

Somit gab und gibt es auch in Wahrheit, in der ewigen Einheit und Realität außerhalb des Samsara oder des Weltentraumes niemals diese Trennung, denn sonst gäbe es eine Spaltung in der göttlichen Ewigkeit, das nicht sein kann, und einen (Spaltungs-)moment, damit einen Faktor Zeit, den es aber dort ebenfalls nie geben kann. Diese gefühlte Trennung gab und gibt es lediglich im menschlichen Bewusstsein. Eigentlich, so sagt Eckhart in seinen größten Aussprüchen, ist hier dort – im Grund des Bewusstseins – niemand ausgegangen und kehrt demzufolge auch niemand heim. Dort bist du oder sind wir immer gewesen und werden immer sein (vgl. Kapitel 2.7.). Es ist also von dieser höchsten Ebene aus gesehen nicht so, dass der Sohn wirklich ausgegangen wäre, wie es von unserer Perspektive erscheint, sondern vielmehr so, dass er sozusagen eingeschlafen ist und träumte, er ginge weg, während der Vater an seinem Krankenbett ihm stets die Hand hielt und darauf wartete, bis er wieder aufwachen würde. Beide Perspektiven sind richtig, doch die eine ist die Perspektive des Träumenden und die andere die des wachen, göttlichen Bewusstseins.

Somit ist es die einzige Aufgabe des Menschen *in der Zeit*, wieder zu erwachen und zu erkennen, dass er nie weg gewesen war, dass alles nur ein Traum war, wie die Weisen sagen. Der Traum war seit jeher die beste Analogie dafür, denn all die Welt, die wir sehen und auch erschaffen, ist nur eine Projektion unseres Geistes, individuell wie kollektiv, ist der Stoff, aus dem die Träume sind, wie Shakespeare sagt, oder Maya, eine Illusion, wie die indischen Weisen sagen, oder Schreiben auf Wasser, wie Buddhisten es nennen, oder aus moderner Sicht nur ein Kino, in dem wir unsere Dramen aufführen lassen. Wachen wir aber auf und erkennen, dass es nur ein Film, nur Kino ist, so können wir durchaus weiter im Kino bleiben, oder im Höhlengleichnis von Plato in der Höhle, wir müssen nicht sofort hinausrennen. Ganz im Gegenteil können wir den Film mit all seinen schönen Details erst richtig genießen, die Farben, die Schauspieler, auch die Story, und sie sogar selbst mitgestalten, jetzt mit Freude am Spiel wie Kinder.

Dieses Mitgestalten ist nun auch die höchste Stufe in den Ochsenbildern des Zen, welche die Stufen des Erwachens noch über die Erleuchtung hinaus beschreiben, wenn Mensch und Ochse (Bild für das Göttliche) verschwunden sind, wenn also die Dualität von Gott und Mensch aufgehoben ist (Ausf. in meinem Buch „Geh den Weg der Mystiker"). Da ist kein Gott mehr und kein Mensch. Es sieht so aus, als wenn wir in der Leere verschollen oder verschwunden wären. Aber keinesfalls, die noch höhere und höchste Stufe sieht den Gottmenschen als einen humorvollen Buddha oder konkreten Menschen, der zurückkehrt ins Getriebe der Welt, erwacht und mit offenen Händen, das heißt voller Mitgefühl für alle Wesen. Übrigens hat er auch das bezeichnende Lächeln auf den Lippen. Und genauso beschrieb es oben unser Meister, der dieses vollendete Wesen beschreibt als einen, „der sich selbst lieb hat und alle Menschen so lieb wie sich selbst", der zur reinen Liebe geworden ist.

Erleuchtung ist Realisieren des Wesens des Bewusstseins, kein Zustand.

Daher ist und war das von allen Mystikern propagierte Ziel der Gotteinung und Erleuchtung nicht ein bestimmter glückseliger Zustand, auch wenn dieser, wie wir gezeigt haben, oft damit einhergeht. Doch Zustände haben einen Anfang und ein Ende, und selbst der wonnevollste Zustand der Gotteinung kann wohl nicht für immer bestehen bleiben. Und warum auch? Menschen, die solche Zustände noch brauchen und begehren, können noch nicht völlig erwacht sein. Denn wenn ich erkenne, dass alles nur Kino ist, nur eine Art Illusion, und dass ich zugleich unsterblich, ewig und eins mit Gott bin, der ja alles ist und alles umfasst, warum sollte ich mich auf einen Teil versteifen und nur das sein wollen und nicht auch einmal jenes.

Vielmehr ist jetzt alles irgendwie gleich-gültig, und obwohl ich sicher noch Präferenzen habe und wegen meiner Liebe zu den Wesen ihnen eher Komödien statt Tragödien wünsche, habe ich doch auch keinen Widerstand gegen letztere, weiß ich doch von der Nichtigkeit und Vergänglichkeit und letztlich Unwirklichkeit dieses Samsara, dieser Welt, von der Jesus richtig sagte: „Mein Reich ist nicht von dieser Welt." Ich kann dann vielmehr alles annehmen, was geschieht, und zugleich aber auch den Film beginnen so mitzugestalten, wie er mir am meisten gefallen würde, und das sind nach dem Erwachen Filme voller Liebe, zumal ich erkannt habe, dass letztlich nur dies real ist, nur dies existiert. Und da alles aus dieser Liebe erschaffen wird, ist alles im Bewusstsein gleich-gültig, keines besser als das andere.

Dazu gibt es eine kleine Zen-Geschichte, die mir sehr gefällt und die ich in meinen Kursen oft zitiere:

> *Ein Zen-Meister schickt seinen Schüler, einen später berühmten Zen-Lehrer, auf den Markt, um für das Kloster auf dem Markt Fleisch zu kaufen. Strebsam, wie er ist, will er für seinen Meister nur das Beste kaufen und sagt zu dem Verkäufer: „Gib mir das beste Stück, ich will nur dein bestes Stück Fleisch….". Der gewitzte Verkäufer erwidert darauf: „Hier ist jedes Stück das Beste. Es gibt kein Stück hier, welches nicht das Beste wäre". In diesem Moment erwachte der Zen-Schüler!*

Warum? Da er plötzlich erkannte, dass alles, jeder Grashalm und jeder Baum, jede Ameise und jede Farbe, jedes Wetter und jedes Schicksal im Leben das Beste ist. Hier gibt es nichts, was nicht das Beste wäre. Wie erleichternd! Denn alles ist ja Gott, oder besser gesagt, Gott in Erscheinung, oder modern gesprochen gleichermaßen Bewusstsein, und daher alles gleichermaßen das Beste, jeder Film gut. Jegliche Bewertung verliert dann ihren Sinn. Eckhart sieht dies ganz genauso:

> *„Solange du mit deinen Werken (noch) irgendwie mehr auf dich selbst hingewendet bist oder auf einen Menschen mehr als auf einen andern, so lange ist Gottes Wille noch nicht recht dein Wille geworden."* [248]

Ähnlich ist das Erwachen im Kino: Wenn ich erkenne, dass alles nur Lichtbilder auf einer Leinwand sind, alles sozusagen erzeugte Illusion, und ich mich als Zuschauer als wesentlich getrennt davon erkenne und ich daher mich nicht mehr mit irgendetwas darauf identifiziere und auch nichts mehr in Bezug auf mich bewerte, zumal ja kein Lichtbild „besser" als ein anderes sein kann, dann kann ich alle Filme genießen, selbst die Horrorfilme, da sie ja nicht wirklich sind und hier – obwohl es so aussieht – niemand jemals wirklich verletzt wird, wie es auch in der Bhagavadgita so schön ausgedrückt wird. Denn Gott oder die Seele, analog der Kinobesucher, kann nicht verletzt werden, aber auch die Schauspieler als Lichtpunkte auf der Leinwand sterben nicht wirklich, keine Titanic geht hier unter. Es sind nur Licht-Spiele aus Schatten und Farben. **Wichtig für den Kinobesucher ist es nur, sich nicht mit einer Person oder einem Ding auf der**

Leinwand zu identifizieren, wie wir es normalerweise tun. Denn dann fühlen wir wie sie, werden verletzt, weinen, erschrecken, gehen unter und erleben all die Dinge mit ihnen und vergessen, dass es nur Licht auf einer Leinwand ist.

Deshalb unterscheide ich wie beispielsweise Ken Wilber oder Adyashanti zwischen Erwachen und Erleuchtung, so wie auch es Eckhart tut, wenn er von der Morgenröte des Bewusstseins im Unterschied zum vollen Mittag spricht. Nicht, dass es etwas völlig Verschiedenes wäre, es ist derselbe Prozess, wenn auch im unterschiedlichen Grad der Verwirklichung. Im Erwachen erkenne ich das oben Gesagte, bin aber noch nicht völlig wach, werde gelegentlich wieder hineingezogen, ich bin noch nicht stabil, die Bewusstheit, das beobachtende Bewusstsein zu sein ist noch nicht wirklich in meine Existenz gelangt, wie schließlich in der Erleuchtung, wo alles klar und hell und final ist. Ist das Erwachen aber final und unwandelbar, was ich wohlgemerkt nicht an den mystischen Ekstasen oder Zuständen festmache, sondern indem ich ein Mensch bin, der einerseits die Illusion der Welt durchschaut hat (Erwachen des Geistes) und darüber hinaus seine Einheit mit allen Wesen erkannt hat (Erwachen des Herzens), der also – wie Eckhart sagt – „sich selbst lieb hat und alle Menschen so lieb wie sich selbst….", dann können wir von Erleuchtung sprechen. Danach habe ich die Wahl, mich ganz in diese Transzendenz zurückzuziehen und in diesem Einssein zu verweilen. Ich kann also entscheiden, wie es manche Mystiker auch tun, so lange und so tief wie möglich in dieser Einheit mit Gott bewusst zu verweilen, wodurch ich ebenfalls großen Segen für die Menschheit und den kollektiven Geist bringe. Oder entscheiden – da ich Gott in allen Dingen und in allen Wesen erkannt habe und auch die mystischen Ekstasen keinerlei Priorität über andere Zustände haben –, dann auch wieder anderes zu erleben, so wie ich im Kino auch nicht immer denselben Film sehen will, und auf den Markt der Welt, ins Kino zurückzukehren.

Leben auf dem Markt mit offenen Händen

Auch dies ist ein großer Segen für die Welt, denn ich kehre nicht zurück, wie ich vorher war, sondern mit erwachtem Geist und offenen Händen, wie die Boddhisattvas im Buddhismus oder wie etwa Christus oder andere Heilige wie Franz von Assisi im Abendland. Hier kann ich nun mit Huren und Zöllnern verkehren, habe keinen Abstand, keine Trennung von niemandem, und dies ist der Gegensatz zu den noch im Dualismus verbliebenen Heiligen oder Arhats oder einseitigen Mystikern, die nur unter Abspaltung einer (der dunklen, negativen) Seite dorthin gekommen sind, es aber wie die besten Pharisäer nicht lange aufrechterhalten können, denn die Wahrheit ist und bleibt das Ganze, wie Hegel treffend bemerkte, und kein Teil kann dies ersetzen. Früher oder später muss ein Mensch wieder zu dieser Ganzheit kommen, wie es Christus uns vorgemacht hat, und zu dieser Liebe, die dann sein einziges Gebot und Tun sein wird. Hier erst wird der Mensch lebendig und kann dann auf dem Markt der Welt große Werke tun, da er sie ja nicht mehr selber tut, sondern Gott tut sie mit ihm oder durch ihn, so wie Paulus sagte: „Nicht mehr ich wirke, sondern Christus in mir." Eigentlich sind da auch nicht mehr zwei, sondern nur noch ein Menschensohn, der zugleich Gottessohn ist, daher nur noch ein Wille, ein Erkennen, ein Lieben, ein Sein, ein Gottmensch wie Christus. Darum also soll der Mensch nicht nach persönlich gefärbten Taten streben, sondern einzig in seinen göttlichen Grund, und dann von dort aus die Werke wirken, oder vielmehr werden sie dann von dort gewirkt, aus selbstloser Liebe ohne jede andere Motivation:

> *„Und darum geh in deinem eigenen Grund und wirke dort; die Werke aber, die du dort wirkst, die sind alle lebendig."* [249]

> *„Gott sucht das Seine nicht; in allen seinen Werken ist er ledig und frei und wirkt sie **aus echter Liebe. Ganz ebenso tut auch der Mensch, der mit Gott vereint ist**; der steht auch ledig und frei in allen seinen Werken und **wirkt sie allein Gott zu Ehren** und sucht das Seine nicht, und Gott wirkt es in ihm. Ich sage noch weitergehend: Solange der Mensch mit allen seinen Werken irgendetwas sucht von all dem, was Gott zu geben vermag oder geben will, so ist er diesen Kaufleuten gleich. Willst du der*

Kaufmannschaft gänzlich ledig sein, so dass dich Gott in diesem Tempel belasse, so sollst du alles, was du in allen deinen Werken vermagst, **rein nur Gott zum Lobe tun** *und sollst davon so ungebunden bleiben, wie das Nichts ungebunden ist, das weder hier noch dort ist.* ***Du sollst gar nichts dafür begehren.*** *Wenn du so wirkst, dann sind deine Werke geistig und göttlich, und dann sind die Kaufleute allzumal aus dem Tempel (deiner Seele) vertrieben, und Gott ist allein darin."* [250]

Selbstloses Wirken – ohne die Früchte zu begehren

Das beste Beispiel für solches Tun ist meines Wissens Johann Sebastian Bach, der alle seine Werke signierte mit SDG (Soli Deo Gloria), was bedeutet „Allein Gott zur Ehre". Als kleiner Kantor, von dessen Werken zu seinen Lebzeiten nicht einmal Noten gedruckt wurden, recht unbekannt und von der Gemeinde gar noch verspottet und kritisiert, weil er so komplizierte Werke, z.B. Osterpassionen etc., schrieb, hat er doch alles gegeben, schrieb das Beste, was er konnte, einfach nur Gott zur Ehre mit voller Hingabe, wie man seinen Werken und seiner Signatur entnehmen kann. Er hat hier kaum etwas für sich erwarten oder begehren können, und doch sind gerade *seine* Werke zu den besten und schönsten der Musik geworden, werden überall auf der Welt gespielt und gehört, was er sich wohl nie hätte träumen lassen können.

Auch die Bhagavadgita verkündet uns schon seit Tausenden von Jahren, dass die beste Einstellung des Menschen die ist, nichts für sich zu begehren, sondern das zu tun, wozu er gekommen oder was er gewählt hat, ohne je auf die persönlichen Früchte seines Tuns zu achten. Wenn also die Erwachten etwas tun, tun sie es, ohne auf persönlichen Vorteil zu achten (der sich aber dennoch einstellen kann), tun sie es aus dem Antrieb innerer Freude, und äußerlich aus Liebe zu der Welt, den Wesen, oder Gott oder dem Leben zur Ehre. Wenn ich etwas aus persönlicher Absicht tue, in Ich-Bindung, so kann dies durchaus auch gut sein und hilfreich, bleibt aber in jedem Fall begrenzt und unzulänglich, zumal ich ja aus persönlicher Sicht niemals den ganzen Kosmos überschauen kann. Tue ich es aber aus unpersönlicher Absicht, einfach aus Freude, Lust am Leben oder

„Gott zur Ehre", dann wird die Frucht stets groß sein, denn Gott – und somit auch ein mit Gott geeinter Mensch – kann nur große und vollkommene Werke tun. (Wie innen, so außen). Dies mag für manche Zeitgenossen nicht immer gleich zu erkennen sein, wie auch Franz von Assisi zu Lebzeiten von einigen Mitmenschen heftig kritisiert wurde, aber nach der unerbittlichen Prüfung der Zeit wird es immer deutlich.

> *„...und die Frucht ist dennoch klein, weil sie aus dem Werke hervorgegangen ist in Ichgebundenheit und nicht in Freiheit. Solche Menschen heiße ich „Eheleute", weil sie **in Ich-Bindung gebunden** sind. **Solche bringen wenig Frucht**, und die ist zudem noch klein, wie ich gesagt habe.*
>
> *Eine Jungfrau, die ein Weib ist, die frei ist und ungebunden ohne Ich-Bindung, die ist Gott und sich selbst allzeit gleich nahe. Die **bringt viele Früchte, und die sind groß, nicht weniger und nicht mehr als Gott selbst** ist.... und sie bringt alle Tage hundertmal oder tausendmal Frucht, ja unzählige Male, gebärend und fruchtbar werdend aus dem alleredelsten Grunde; noch besser gesagt: fürwahr, **aus demselben Grunde, daraus der Vater sein ewiges Wort gebiert, aus dem wird sie fruchtbar mitgebärend**."* [251]

Die Notwendigkeit des Wirkens in der Welt

Nun gibt es gewisse Menschen auf diesem Weg, vor allem die der asketischen Richtung und die Lebensverneiner, die sich sagen, warum überhaupt noch Werke tun, es hat ja alles keinen Sinn, alles ist vergänglich und bloße Illusion, Maya, ein bloßes Affentheater, nur das Nirvana zählt. Also können wir auch auf dem Sofa sitzen und die Zeit verplempern. Jene sind entweder Suchende, die an der Welt zu viel gelitten haben und sich jetzt durch Verneinung aus dem Staub machen wollen oder die Welt meiden wie ein verschmähter Liebhaber die Frauen, oder es sind sogenannte „Halb-Erwachte", die in ihrem Erleben tatsächlich die Illusion der Welt durchschaut haben und sich dann der wahren Freude und Glückseligkeit des Inneren hingeben und dort verweilen, ohne aber zu realisieren, dass auch dieses Spiel der Welt ein Spiel Gottes ist und ebenso gespielt werden will. Wenn aber erkannt wird, dass zwar die Welt ein Spiel und die Werke letztlich nichtig sind im Sinne eines absoluten Zweckes, dass aber in diesem Spiel sich der Geist wie ein Künstler in seinen Werken notwendig ausdrückt, ja ausdrücken muss, sich darin erkennt und letztlich auch seine Liebe darin erfährt, wenn wir also erkennen, dass Gott überall ist und sich eben auch in seiner Schöpfung zeigt, dann muss sie nicht mehr gemieden werden, sondern das Spiel des Lebens kann nun bewusst und in Freiheit mit-gespielt werden. Auch zu Zeiten Eckharts, wie schon immer in den esoterischen Schulen, gab es diese „Couch-Potatoes", diese Faulenzer oder Maulchristen, wie Jakob Böhme sie schmäht, die alles Gott überlassen wollen, oder diese Asketen und Spielverderber des Lebens, und sie glauben stets, eine hohe spirituelle Ebene erreicht zu haben. Doch Eckhart hält ihnen zu Recht entgegen, dass das nicht sein kann:

> *„Nun wollen gewisse Leute es gar so weit bringen, dass sie **der Werke ledig werden**. Ich sage: **Das kann nicht sein**. Nach dem Zeitpunkt, da die Jünger den Heiligen Geist empfingen, da erst fingen sie an, Tugenden zu wirken."* [252]

> *„Das eine ist jenes, **ohne das ich nicht in Gott zu gelangen vermag: das ist Werk und Wirken in der Zeitlichkeit**, und das mindert die ewige Seligkeit nicht."* [253]

Es ist also gar nicht möglich, rein durch Welt- oder Werksverneinung zu Gott zu gelangen, sondern das Sein des Menschen, was immer es ist, muss auch wirken und sich in den Werken zeigen. **Wo also keine Werke, so Eckhart, da auch keine Verwirklichung.** Anders gesagt, nach dem Erwachen, nach Empfang des Heiligen Geistes werden noch viel größere Werke gewirkt und getan. Dies kann auch nicht anders sein gemäß dem uralten hermetischen Gesetz: Wie innen, so außen, wie oben, so unten. Wenn die Seele also mit Gott verbunden und voll der göttlichen Kraft ist, dann *muss* sie scheinen und strahlen und große Werke offenbaren:

> *"**Darum kann das äußere Werk niemals klein sein, wenn das innere groß ist,** und das äußere niemals groß oder gut, wenn das innere klein oder nichts wert ist. Das innere Werk hat allzeit alle Größe, alle Weite und Länge in sich beschlossen. Das innere Werk nimmt und schöpft sein ganzes Sein nirgends als von und in Gottes Herzen; es nimmt den Sohn und wird als Sohn geboren in des himmlischen Vaters Schoß. Nicht so das **äußere Werk: Vielmehr empfängt dies seine göttliche Gutheit vermittels des inneren Werkes** als ausgetragen und ausgegossen in einem Abstieg der mit Unterschied, mit Menge, mit Teil umkleideten Gottheit."* [254]

> *"Soweit die Seele in den Grund und in das Innerste ihres Seins kommt, so weit ergießt sich die göttliche Kraft völlig in sie und wirkt gar verborgen und offenbart gar große Werke."* [255]

> *"Und darum geh in deinen eigenen Grund und wirke dort; **die Werke aber, die du dort wirkst, die sind alle lebendig.**"* [256]

Fazit ist also, dass der Mensch nach dem Erwachen erst recht große Werke tun kann und als äußerer Ausdruck des inneren überfließenden Seins auch tut, aber dieser Erfolg und dieses Wirken muss stets von innen kommen und nicht von außen. Die Werke kommen also aus dem Inneren, und so sind sie alle lebendig und erfolgreich. Solch ein Mensch kann nicht versagen, sonst würde Gott versagen können.

Der Mensch wird als Gottessohn gott-gleicher Mitschöpfer.

Hier ist der erleuchtete Mensch, der, wie schon gezeigt, Mensch und Gott zugleich ist (nach Eckhart sogar völlig eins nach Sein und Natur) als **Mitschöpfer in Gott** und erschafft mit Gott nicht nur einige Details der Schöpfung, sondern nach Eckhart mit ihm die *gesamte* Schöpfung, bringt mit Gott alle Kreaturen hervor und soll darin nimmer nachlassen, bis er „des Werkes so gewaltig werde wie Gott". Er ist dabei von nichts ausgeschlossen, „in keiner Weise":

> *„**Weil ich ja eins mit ihm bin, er kann mich nicht ausschließen,** und in diesem Werke empfängt der Heilige Geist sein Sein und sein Werden **von mir ebenso wie von Gott! Warum? Weil ich in Gott bin.** Empfängt er (der Heilige Geist) es nicht von mir, so empfängt er es auch von Gott nicht; er kann mich nicht ausschließen, in gar keiner Weise."* [257]

> *„Wenn sie dann so heimkommt und so mit ihm (= Gott) vereint ist, so ist sie **eine Mitwirkerin.** Keine Kreatur wirkt, vielmehr wirkt einzig der Vater. Die Seele soll **nimmer nachlassen, bis sie des Werkes so gewaltig werde wie Gott.** Dann wirkt sie mit dem Vater alle seine Werke; sie wirkt mit ihm einfaltig und weise und liebend."* [258]

> *„Nun achtet auf die Frucht, die der Mensch darin bringt. Die besteht darin, dass, **wenn er mit Gott eins ist, er mit Gott alle Kreaturen hervorbringt** und, soweit er mit ihm eins ist, allen Kreaturen Seligkeit bringt."* [259]

Der Mensch, wieder erwacht als Gottessohn und durch die Geburt im Herzen wieder Mensch und Gott zugleich, ist nicht nur Beobachter, nicht nur wieder ein Diener wie die Engel oder nur ein kleiner Mitgestalter mit dem großen, denn hier gäbe es keine echte Einheit. Wenn aber die Seele und Gott so in eins verschwinden können, dass sie völlig eins werden, oder, wie in den Ochsenbildern des Zen gezeigt (8.Stufe), Mensch und Gott vergessen sind, dann folgt daraus notwendig, dass Mensch und Gott in völligem Einklang handeln müssen und ebenso in gleicher Machtfülle. So kann folgerichtig der Mensch Jesus, als er zum Christus ward, den Wellen gebieten, Lahme gesunden lassen und Tote auferwecken, und er sagte selbst, dass wir noch viel größere Dinge tun könnten! Bisher sind es allerdings wenige, die dies auch ernst genommen und beherzigt haben und solche Dinge wirklich tun. Das erwachte Gotteskind bekommt also nicht einen Teil von Gott, sondern **Gottes ganze Macht und Fülle**:

> *„Wenn dich der Vater in dieses selbe Licht hinein nimmt, ...**so gibt er dir die Macht, mit ihm selbst dich selbst und alle Dinge zu gebären... seine eigene Kraft**, ganz wie demselben Worte*

*(Sohn). So denn gebierst du mit dem Vater ohne Unterlass in des Vaters Kraft dich selbst und alle Dinge in einem gegenwärtigen Nun (im ewigen JETZT). In diesem Lichte, wie ich gesagt habe, erkennt der Vater **keinen Unterschied zwischen dir und ihm** und nicht mehr oder weniger Vorteil als zwischen sich und demselben Worte. Denn der Vater und du selbst und alle Dinge und dasselbe Wort sind eins in dem Lichte."* [260]

„Leben wir denn also mit ihm, so müssen wir auch **von innen her mit ihm mitwirken**, so dass wir nicht von außen her wirken; wir sollen vielmehr daraus bewegt werden, woraus wir leben, das heißt: durch ihn. Wir können und müssen aus unserm Eigenen von innen her wirken. Sollen wir also denn in ihm oder durch ihn leben, **so muss er unser Eigen sein** und müssen wir aus unserm Eigenen wirken; so wie Gott alle Dinge aus seinem Eigenen und durch sich selbst wirkt, so müssen wir aus dem Eigenen wirken, das er in uns ist. Er ist ganz und gar unser Eigen, und **alle Dinge sind unser Eigen in ihm. Alles, was alle Engel und alle Heiligen und Unsere Frau haben, das ist mir in ihm eigen** und ist mir nicht fremder noch ferner als das, was ich selber habe. Alle Dinge sind mir gleich eigen in ihm." [261]

„Der wahrhaft demütige Mensch **braucht Gott nicht zu bitten, er kann Gott gebieten**, denn die Höhe der Gottheit hat es auf nichts anderes abgesehen als auf die Tiefe der Demut.. Der demütige Mensch und Gott, das ist eins; der demütige Mensch ist Gottes so gewaltig, wie er seiner selbst gewaltig ist, und alles, was in den Engeln ist, das ist dieses demütigen Menschen Eigen; **was Gott wirkt, das wirkt der demütige Mensch, und was Gott ist, das ist er:** ein Leben und ein Sein.." [262]

Gott erkennt also – in diesem Lichte, d.h. als Bewusstsein – keinen Unterschied zwischen ihm und dem bewussten, erwachten Menschen, der dann folgerichtig alles hat, was Gott hat, und alles gebieten kann, was Gott gebietet, er hat also extreme Machtfülle. Diese Macht des Bewusstseins haben manche schon immer erkannt und wollten es gern für sich und ihre persönlichen, eigenen Zwecke oder ihren Ego-Willen nutzen.

> *„Nun sagen gewisse Leute: „Habe ich Gott und die Gottesliebe, so kann ich recht wohl alles tun, was ich will". Die verstehen das Wort nicht recht. Solange du irgendetwas vermagst, das wider Gott und wider seine Gebote ist, so lange hast du die Gottesliebe nicht."* [263]

Hier wird klar die Voraussetzung dieser Machtfülle übersehen: Dies ist der demütige und mit Gott ganz vereinte Mensch, und ist hier noch Trennung oder Widerspruch, so hat der Mensch diese Demut und Gottesliebe nicht und kann daher auch diese Macht nicht nutzen. Und hat er diese Gottesliebe und Gotteinung, so will er nichts anderes mehr als das, was Gott will. Es gibt hier also nicht mehr zwei Willen, sondern nur noch einen. Nicht dass der menschliche Wille unterdrückt oder aufgegeben worden ist, das wäre Unterwerfung und Machtlosigkeit. Im Gegenteil wird der Wille mit dem göttlichen Willen, oder man könnte auch sagen, mit dem Willen des Ganzen, des Lebens gleichgeschaltet, und beide haben jetzt denselben Willen und wollen jetzt ganz dasselbe, wie etwa zwei Liebende ja auch nicht ihren Willen ausschalten oder aufgeben, sondern beide weiter etwas wollen, aber füreinander dasselbe wollen!

> *„Der Mensch, der nun so im Willen Gottes steht, der will nichts anderes, als was Gott ist und was Gottes Wille ist. Wäre er krank, so wollte er nicht gesund sein. Alle Pein ist ihm eine Freude, alle Mannigfaltigkeit ist ihm eine Einfachheit und eine Einheit, sofern er recht im Willen Gottes steht."* [264]

> *„Wenn der Mensch erhoben ist über die Zeit in die Ewigkeit,* **so wirkt dort der Mensch ein Werk mit Gott...** *Was Gott vor tausend Jahren getan und geschaffen hat und nach tausend Jahren (tun wird) und was er jetzt tut, das ist nichts als ein Werk. Darum wirkt der Mensch, der über die Zeit erhoben ist in die Ewigkeit, mit Gott, was Gott vor tausend und nach tausend Jahren gewirkt hat."* [265]

Der Gottmensch gibt also seinen Willen nicht auf, sondern hin, und das ist etwas anderes. Er koordiniert oder besser synchronisiert ihn mit dem göttlichen Willen, so dass *beide* wie zwei synchrone Liebende weiterhin wollen und der Mensch auch weiterhin schöpferisch tätig sein kann. Anders kann es zwischen zwei Liebenden und Vereinten auch gar nicht sein, sonst wäre es Knechtschaft und Unterwerfung oder Abhängigkeit, wie es manche Menschen des Islams, aber auch im Christentum leider missverstehen. Gott als Liebe will aber nicht von Knechten oder Marionetten oder Sklaven, sondern von seinen Kindern geliebt werden, von Gleich zu Gleich, und nur so ist überhaupt dieses Einssein möglich. Es ist also ganz wichtig zu betonen, dass hier der menschliche Wille nicht aufhört, sondern vielmehr erkannt und realisiert wird, dass in der Liebe **beide dasselbe wollen**, dass es in Wirklichkeit nur *ein* Wille ist, der die Welt, das Leben will und es im ewigen Jetzt ständig gestaltet. Dabei gestaltet der Mensch in Gott als Gott mit ihm die ganze Schöpfung, ist Mitschöpfer, Mitregent und kann, wie es Plotin einst ausdrückte, mit ihm das All regieren. Daher kann Eckhart sogar behaupten, dass nicht wir nur wollen, was Gott oder das Leben will, sondern **dass auch Gott nur das will, was wir wollen**, und nichts vermag, als was der (gottgeeinte, erwachte, demütige) Mensch will:

> *„Wer immer seinen Willen Gott gänzlich hingibt,* ***der fängt Gott und bindet Gott, so dass Gott nichts vermag, als was der Mensch will.*** *Wer immer seinen Willen Gott gänzlich aufgibt, dem gibt Gott hinwieder seinen Willen so gänzlich und so im eigentlichen Sinne,* ***dass Gottes Wille dem Menschen zu eigen wird****, und er (= Gott) hat bei sich selbst geschworen,* ***dass er nichts vermag, als was der Mensch will…"*** [266]

Es ist wirklich wie zwei Liebende, die einfach nichts mehr für sich persönlich wollen, sich nun einander hingegeben, aber keineswegs aufgegeben oder sich zum Sklaven des anderen gemacht haben. In dieser Hingabe wollen sie jetzt beide das Beste für sich (und für die anderen), und sie wollen daher dasselbe, weil sie beide nur noch aus der Liebe handeln und nur daraus handeln können. Es ist nur *eine* Liebe, ohne persönliche Färbung, und daher entsteht daraus nur *ein* Wille, der dennoch alle mögliche Ideen und Werke hervorbringen kann, aber doch niemals solche, die gegen den anderen gerichtet wären. Dies ist die beste Analogie für das geeinte Leben in Gott und das „Mit-Gott-Wollen", die ich kenne. Solche

Gottmenschen verachten daher nicht das Leben, das ja der Ausdruck des Geistes oder Gottes ist, sondern gestalten es jetzt mit ihm, freuen sich, mit dem Geliebten zusammen seine Herrlichkeit bzw. die Fülle des Lebens gestalten zu können. Die Erwachten können daher durchaus schlichte, einfache Menschen, aber niemals Asketen sein, sondern sind, wie auch immer sie auftreten, lebensfrohe und – da sie das Spiel durchschaut haben – stets humorvolle Leute, die gerne lachen oder lächeln. Daher ist die höchste Stufe des Erwachens im Zen, dargestellt an den Ochsenbildern, die Stufe 10, wo der Gottmensch mit offenen Händen auf den Markt (der Welt) geht mit einem Lächeln auf den Lippen.

Der mystische Schlüssel ist Hingabe, nicht Aufgabe.

Der wichtige Unterschied zur bisherigen religiösen Praxis der Aufgabe und Unterwerfung und Selbstverleugnung ist in der Mystik also die Hingabe und die Selbstliebe, gepaart mit völliger Wertschätzung und Annahme, sich als Gotteskind göttlich nach Natur und Sein wissend. Wer also seinen Willen Gott gänzlich hingibt, und dies heißt lediglich, auf persönliches Wollen zu verzichten und nur noch für das Ganze (Leben) in Liebe zu wollen, dem wiederum gibt sich Gott hin und er kann mit Gott alles wissen, alles wirken, alles mitgestalten, so dass „Gott nichts vermag, als was der Mensch will". So jedenfalls verkündet es uns unser Meister. So geben wir vor oder im Erwachen, – wenn wir ja nicht nur wissen und sehen, sondern auch begreifen und realisieren, dass alles eins ist und es gar keine singulären Interessen gibt-, unseren Willen in den All-Willen, voller Hingabe und Vertrauen. Aber nicht so, dass wir dann nichts mehr wollen, sondern so, dass wir ab dann als und mit und in Gott das Ganze wollen und nur für das Ganze wollen. Und daher ist notwendig Gottes Wille mein Wille und daher für mich das Beste, und mein Wille ist Gottes Wille. Eckhart sagt auch, dass dies Christus im Vaterunser so gelehrt hat: „…dass mein Wille *sein* Wille werde, dass ich er werde: das meint das Paternoster (Vater unser)."[267] **Daher erfordern die letzten Schritte im Erwachen Hingabe oder sind letztlich nur noch Hingabe**, sich ganz dem Geist, dem Leben, Gott zu überlassen, und sich dabei einbringen:

„Ihr müsst dies wissen: Die Menschen, die sich Gott überlassen und mit allem Fleiß nur seinen Willen suchen, was immer Gott einem solchen Menschen gibt, das ist das Beste; sei dessen so gewiss, wie dass Gott lebt, dass es notwendig das Allerbeste sein muss und das es sonst keine Weise geben könnte, die besser wäre. Mag es auch sein, dass doch etwas anderes besser scheine, so wäre es für dich doch nicht so gut; denn Gott will eben diese Weise und nicht eine andere, und diese Weise muss notwendig für dich die beste Weise sein.. Nun könntest du vielleicht sagen: Woher weiß ich, ob es der Wille Gottes sei oder nicht? Wisset: Wäre es Gottes Wille nicht, so wäre es auch nicht. Du hast weder Krankheit noch irgendetwas, Gott wolle es denn." [268]

„Wir rufen alle Tage und schreien im Paternoster: „Herr, dein Wille werde!" (Math.6,10). Und wenn dann sein Wille wird, so wollen wir zürnen, und sein Wille befriedigt uns nicht. Indessen, was immer er täte, das sollte uns am allerbesten gefallen. Die es so als Bestes hinnehmen, die bleiben bei allen Dingen in vollkommenem Frieden." [269]

Akzeptanz und Hingabe bedeutet nicht Fatalismus und Selbstaufgabe.

Daher sagen uns nicht nur Eckhart, sondern alle Meister oder Erwachten oder Erleuchteten aller Kulturen, dass wir in dieser Angleichung an und Hingabe an den göttlichen Willen zuerst das annehmen müssen, was jetzt ist. Daher die Forderung nach völliger Akzeptanz des schon Bestehenden, denn weil es jetzt so ist, war es der Wille des Ganzen, dass es so geworden ist. Nicht aber in dem Sinn, dass es so sein und bleiben muss, sondern in dem Sinn, dass wir es in der (noch unbewussten und daher teils blinden) Schöpferkraft unserer Seele so entschieden haben. Was wir entschieden haben, müssen wir auch erfahren, aber es muss nicht so bleiben. Daher heißt Akzeptanz nur, das anzunehmen, was jetzt ist, bei zugleich völliger Freiheit, es jetzt ganz neu und anders zu erschaffen, wenn wir dies wollen. Wenn also die Meister immer wieder fordern, jeden Widerstand gegen das Bestehende aufzugeben und auch alle Begierde, dass es nicht so sein sollte, so heißt dies einfach, den bisherigen Allwillen zu akzeptieren und sich dem hinzugeben, dass es nun einmal jetzt so ist und wir jetzt hier sind. Es bedeutet aber keinesfalls, wie es manche Religion und manche Führer missverstanden haben, dass wir es für immer so lassen müssen oder uns einfach einem willkürlichen Willen unterwerfen müssen. Sondern nachdem wir es völlig akzeptiert haben, wie es jetzt ist, haben wir alle Freiheit, daraus zu lernen, Erfahrungen und Schlussfolgerungen zu ziehen und es neu und anders zu gestalten. Somit ist unser freier Wille, unsere Kreativität und Schöpferkraft gefordert und wird auch gebraucht, denn was wäre das Leben ohne all die Schöpfungen des menschlichen Geistes? Sie sind ein wesentlicher Teil des Ausdrucks des Geistes wie auch die Schöpfung der Natur. Dies ist unsere Freiheit und Mitschöpferfunktion im mit Gott vereinten All-Willen. Diese Einung geschieht nach dem Läuterungsprozess von Begierden und Widerständen, nach dem Abscheiden der Anhaftung (Kleben) an die Kreaturen durch Hingabe, durch ein Angleichen und Vereinen des Willens mit dem göttlichen Willen, letztlich einzig durch Liebe. Durch sie werden wir so eins, auch im Willen und im Wirken, dass es nicht mehr *zwei* Willen gibt, dass etwa „ich wirke und er nachschiebt", er also mithilft, sondern ich in der göttlichen Macht *ganz in meinem Eigenen wirke*, dass Gott oder der ganze Geist mein Eigen ist:

> *„Soll ich Gott... erkennen,* **so muss Gott geradezu ich werden und ich geradezu er***, so völlig eins, dass ich mit ihm wirke, und zwar nicht so mit ihm wirke, dass ich wirke und er nachschiebe: ich wirke vielmehr ganz mit dem Meinigen. Ganz eigentlich so wirke ich mit ihm, wie meine Seele mit meinem Leibe wirkt."* [270]

> *„Willst du, dass Gott dein Eigen sei, so sollst du sein Eigen sein, so wie meine Zunge oder meine Hand (mein Eigen ist), so dass ich mit ihm tun kann, was ich will. So wenig ich etwas tun kann ohne ihn,* **so wenig kann er etwas tun ohne mich.***"* [271]

> *„...und so, wie der Sohn eins ist mit dem Vater nach Sein und nach Natur, so bist du eins mit ihm nach Sein und nach Natur und* **hast es alles in dir, wie es der Vater in sich hat***; du hast es von Gott nicht zu Lehen, denn* **Gott ist dein Eigen.***"* [272]

> *„Alles, was Gott je erschuf und noch erschaffen könnte, gäbe das Gott meiner Seele vollends und Gott dazu, bliebe aber da nur so viel wie eine Haaresbreite zurück, so würde das meiner Seele nicht genügen; ich wäre nicht selig. Bin ich (aber) selig, so sind alle Dinge in mir und Gott (dazu).* **Wo ich bin, da ist Gott; so bin ich in Gott, und wo Gott ist, da bin ich.**" [273]

Daher können also die wahrhaft Erwachten, die dieses Einssein nicht nur erkannt, begriffen, sondern auch existentiell realisiert haben, mit Eckhart ausrufen: Wo ich bin, da ist Gott… und wo Gott ist, da bin ich. Daher kann es gar keine Vielheit des Wirkens mehr geben, denn hier wirkt nur noch *einer* durch viele Körper und Seelen, so wie auch der heilige Paulus ausrief: Nicht mehr ich wirke, sondern Christus in mir. Und dies heißt *mit mir*, nicht gegen oder ohne mich.

Die gottvereinte Seele lässt ihr Licht leuchten, zeigt sich durch ihre Werke.

In diesem Wirken werden immer große Werke getan, wie wir gezeigt haben, denn wie könnte ein großes Licht nicht auch nach außen leuchten. Vielmehr hat sich immer gezeigt, dass solche Menschen dann anfingen, große Dinge zu tun, nicht notwendigerweise im Materiellen, vielleicht im Seelischen wie Mutter Theresa oder im Geistigen wie die großen Dzogchen – Lehrer oder in allen Bereichen zugleich wie Meister Eckhart, der geistig das Höchste lehrte, zugleich seelisch seine Klosterbrüder und Schwestern in der Seelsorge betreute und inspirierte und dazu noch im Dominikanerorden ganze Ordensprovinzen verwaltete und leitete. Ist das innere Licht groß, wird es auch im Äußeren auf irgendeine Weise groß sein. Dieses Licht soll man nicht unter einen Scheffel stellen, sondern leuchten lassen, so dass alle teilhaben können.

Auch ist im Wirken mit Gott ein **Versagen ausgeschlossen**, wie könnte dies auch sein ? Abgesehen von dem großartigen inneren Gefühl, das Leben und Gott auf seiner Seite zu haben bzw. sogar damit vereint zu sein, wirkt es auch im Äußeren so, dass diesen Menschen alles Notwendige einfach zufällt, ganz konkret und praktisch, wie es übrigens Christus auch verkündet hat: Strebt zuerst nach dem Reich Gottes, alles andere wird euch zufallen. Dies ist nicht nur ein Spruch, sondern tägliche Realität für die mit Gott so Vereinten, und es ist wirklich wahr, wie Eckhart spricht, und muss auch wahr sein, wenn Gott mit uns vereint ist, dass alles Gute, das in Gott, das in allen Engeln und in allen Heiligen ist, **das ist alles unser**. Mir fällt hier der Ausspruch ein: Wer kann ermessen, was Gott denen bereitet hat, die ihn lieben? Auf jeden Fall bestätigt uns Eckhart in Superlativen, dass wir dann mit und in Gott wirken, dass es hier weder Fehler noch Versagen geben kann, und selbst wenn, dann wäre Gott noch in der Hölle mit uns. Als erwachter Mensch wirkt also das Göttliche nicht nur durch uns, wir selbst sind dann das göttliche Sein und leben in diesem göttlichen Sein, als „Eins und nicht Zwei":

> *„...denn **der demütige Mensch und Gott sind eins und nicht zwei**. Dieser demütige Mensch ist Gottes so gewaltig (!), wie er seiner selbst gewaltig ist; und alles das Gute, das in allen Engeln und in allen Heiligen ist, das ist alles sein Eigen, so wie es Gottes Eigen ist... Ja, bei Gott, wäre dieser Mensch in der Hölle, Gott müsste zu ihm in die Hölle... Er (= Gott) muss dies notwendig tun, er würde gezwungen dazu, es tun zu müssen (!); denn **da ist dieser Mensch das göttliche Sein, und das göttliche Sein ist dieser Mensch**."* [274]

> *„Zu dieser Vereinigung hat unser Herr den Menschen geschaffen."* [275]

Dieses Erwachen, das Einswerden des Willens und das Wirken in Einheit mit Gott – oder wie im Zen das bewusste Auf-den-Markt-Gehen mit offenen Händen – ist das Geschehen für die Zeit nach dem Erwachen, ist das letzte Ziel unserer Erdenreise, wie es uns die großen Meister, vor allem aber Christus oder Buddha, gezeigt und vorgemacht haben. Es ist das Leben eines göttlichen Menschen und zugleich menschlichen Gottes. Es ist unsere letzte und völlige Erfüllung und Glückseligkeit, die jenseits der dualistischen Zustände des gespaltenen Bewusstseins liegt. Denn es ist das zugrunde liegende Sein der Seele, das uns selig macht:

> „Und **dieses Eine macht uns selig,** und je ferner wir dem Einen sind, um so weniger sind wir (Gottes)Söhne und Sohn, und um so weniger vollkommen entspringt in uns und fließt von uns der Heilige Geist; hingegen, je nachdem wir dem Einen näher sind, um so wahrhaftiger sind wir Gottes Söhne und *fließt auch Gott, der Heilige Geist, von uns aus.*" [276]

> „Und alles, was er in der Mannigfaltigkeit gelassen hat, das wird ihm allzumal wieder zuteil in der Einfaltigkeit, denn er findet sich selbst und alle Dinge im gegenwärtigen Nun der Einheit. Und wer so `ausgegangen` wäre, der käme viel edler wieder heim, als er `ausgegangen` war. **Ein solcher Mensch lebt nun in einer ledigen Freiheit und in einer lautern Entblößtheit,** denn er braucht sich keiner Dinge zu unterwinden noch anzunehmen, wenig noch viel; denn *alles, was Gottes Eigen ist, das ist sein Eigen.*" [277]

Auf diese letzte Wahrheit über unser Wesen, unser Sein und unsere Bestimmung kann man zwar mit Begriffen und Worten hinweisen und sie umschreiben, wie wir es hier auch tun bzw. hilflos versuchen, doch am besten und wahrhaft und endgültig ist es nur zu erkennen jenseits aller Begriffe, jenseits selbst unserer bildlichen Vorstellungen durch direkte innere Schau und innere Erfahrung:

> „Wer ohne vielfältige Begriffe, vielfältige Gegenständlichkeit und bildliche Vorstellungen innerlich erkennt, was kein äußeres Sehen eingetragen hat, der weiß, dass dies wahr ist. Wer aber davon nichts weiß, der lacht und spottet meiner; mich aber erbarmt es seiner. Indessen, solche Leute wollen ewige Dinge schauen und empfinden und göttliche Werke und im Lichte der Ewigkeit stehen, und dabei flattert ihr Herz noch im Gestern und noch im Morgen." [278]

3. VORBEREITUNG UND PRAXIS

Nachdem wir nun Einsichten über unser Wesen, unser Sein und unsere Bestimmung gewonnen haben, wollen wir nun auch einige praktische Hinweise geben, wie zu dieser direkten Schau und dem direktem Erfassen des eigenen Wesens zu gelangen ist. Leider sind von Meister Eckhart hinsichtlich der Praxis der mystischen Schulung nur allgemeine Hinweise, aber wenig konkrete Anweisungen überliefert. Kein Wunder, entstammen doch diese Zitate zumeist aus öffentlichen Predigten, wo man vorsichtig sein musste, denn eine direkte Gotteserfahrung, eine Verbindung mit Gott über die von der Kirche verwalteten Sakramente hinaus war der damaligen Amtskirche äußerst suspekt und wurde von ihr häufig bekämpft und unterbunden, beispielsweise bei den damaligen „Gottesfreunden". Schon wegen einiger theologischer Aussagen aus Meister Eckharts Predigten kam es bereits zu großen Konflikten mit dem Kölner Erzbischof, der bekanntlich ein Verfahren wegen Häresie gegen den Meister einleitete und ihm am Ende seines Lebens große Probleme bereitete. Wie erst wären dann noch konkretere Aussagen zum Auffinden des Göttlichen in der eigenen Seele bewertet worden. So ist es nicht verwunderlich, dass er zumindest öffentlich keine speziellen Anweisungen für den mystischen Weg gegeben hat, wenn wir auch wissen, dass er einen engen Kreis von Schülern um sich geschart hat, die allesamt mystische Erfahrungen machten. Leider sind uns auch keine konkreten schriftlichen Aufzeichnungen über persönliche Anweisungen an seine Schüler wie Tauler oder Seuse oder über deren Übungen erhalten geblieben.

Natürlich gibt er uns überall klare allgemeine Richtlinien und Wegweisung, beispielsweise im Traktat von der Abgeschiedenheit, wie und wohin der Weg zu gehen hat. Immer wieder betont er, wie sehr sich die Seele abscheiden muss von allen Anhaftungen an die Kreatürlichkeit, von Verwicklung mit Zeit und Raum. Dieses Abscheiden muss aber innerlich vonstatten gehen und nicht äußerlich, und er prangert explizit die äußeren Bußübungen von Kollegen an, die damit großtun, und fordert stattdessen, dass dieses Loslassen wie auch das Beten oder Kontemplieren innerlich geschehen müsse in der Stille und in der Kammer, nicht aber in der Öffentlichkeit. Auch sagt er an einer Stelle, dass es besser sei, dem Nächsten und Bedürftigen eine Suppe zu geben, als irgendwelche frommen Übungen zu verrichten. Die Öffnung des Herzens und die Verwirklichung im Leben stehen also an vorderer Stelle.

Ferner, selbst wenn er uns welche aus seiner Epoche und seinem geistigen Umfeld gegeben hätte, wie später vielleicht Ignatius von Loyola für seine Jesuiten, dann wären sicher in der heutigen Zeit nur noch wenige Menschen gewillt, die damals üblichen Meditations- oder Kontemplationsübungen zu verrichten. Vielmehr erzeugt jedes Zeitalter und jede Kultur eigene Verfahren passend für die jeweilige Zeit, ihren Zeitgeist und ihr gesellschaftliches Umfeld. Zudem entwickelt sich Bewusstsein weiter, es ist über die Jahrtausende deutlich eine Evolution des Bewusstseins festzustellen, wie es beispielsweise Ken Wilber ausführlich dargelegt hat. Wir sind nicht mehr im magischen Denken und haben bereits das rationale hinter uns gelassen und stehen kollektiv an der Schwelle zu dem, was ich spirituelles Bewusstsein nennen würde. Daher verfügen wir heute über zahlreiche moderne und schnelle Methoden, Bewusstsein zu transformieren, wie NLP, AVATAR, Quantenheilung u.v.m., und ich selbst habe einige der neuesten und sehr effizienten Verfahren entwickelt, wie die Seelenhaus-Methode oder die Dynamischen Aufstellungen, mit denen *jedes* geistige oder seelische Problem sofort analysiert, die wahre Ursache gefunden und dann aufgelöst werden kann, mit sehr hoher Erfolgsquote, wobei die Lösung im Außen deutlich sichtbar wird. (vgl. entsprechende Bücher des Autors im Via-Nova-Verlag).

Daher halte ich es durchaus für sinnvoll, wenn wir dem gezeigten Weg Eckharts, seinen Richtlinien und seiner Wegweisung folgen wollen, beispielsweise, um wie gefordert die Abgeschiedenheit des Geistes zu verwirklichen, es mit den Bewusstseinsmethoden und effizienten Techniken unserer Zeit zu tun, zumal vor allem in den letzten Jahrzehnten sehr viele solcher effizienten Methoden hervorgebracht wurden. Dies geschah, weil das allgemeine Bedürfnis nach Meditation, Innenschau und Selbstverwirklichung seit den 80er Jahren des letzten Jahrhunderts in immer breiteren Kreisen hervortrat und sich immer mehr Menschen diesem Thema widmeten. Diese Übungen und Übungswege zeichnen sich vor allem durch ihre Kürze aus, denn in östlichen Systemen von Yoga und Buddhismus werden oft sehr lange Zeiten veranschlagt, um bestimmte Veränderungen im Bewusstsein herbeizuführen. Dies ist nicht mehr zeitgemäß, denn kaum jemand

– selbst wenn er wollte – kann dies realisieren und noch ein normales bürgerliches Leben führen. Die Alternative wäre dann, auszusteigen oder auf solche Wege zu verzichten. Dieses Dilemma muss aber nicht mehr sein, die neuen Methoden lassen es zu, diesen Weg mit dem modernen Zeitbudget und auch im Alltag ohne lange Zurückgezogenheit zu gehen und zu praktizieren.

Dies aber, das Praktizieren und Umsetzen seiner Erkenntnisse, will Meister Eckhart auf jeden Fall, und er betont stets die Wichtigkeit der praktischen Verwirklichung, denn er sagt: „Ein Lebemeister (der dies lebt) ist besser als tausend Lesemeister", und fügt an anderer Stelle hinzu: „Was nützt es dir, wenn du einen reichen Bruder (gemeint Christus) hast, du selbst aber bist arm…". Noch treffender sagt es Angelius Silesius: „…und ist Christus tausendmal in Bethlehem geboren, aber nicht in dir, so bist du ewiglich verloren." Man kann, wenn man einmal von dieser Wahrheit gehört hat, sie schwerlich wieder in die Kiste packen und auf dem bloßen Wissen ausruhen, denn das Leben lässt Stillstand nicht zu. Hat man einmal davon gehört und sie erfasst, so ist man auch reif dafür, sie umzusetzen und zu praktizieren, sonst hätte man nie davon gehört oder selbst wenn, hätte es einen nicht tangiert. Wenn Sie also bis hierher gelesen und diese Weisheit verinnerlicht haben, sollten Sie den Weg auch praktisch weitergehen, und daher möchte ich Sie anregen, mit der eigenen Praxis und Verwirklichung dieser Worte zu beginnen, hier und jetzt, mit welcher Methode und welchem Tempo auch immer.

Im Folgenden biete ich Ihnen einige meiner bewährten Übungen an, die ich jedes Jahr in speziellen Kursen und Retreats („Schritte ins Erwachen") anwende, die sich also in der Praxis bereits als sehr nützlich und effizient für die Teilnehmer erwiesen haben, speziell in Bezug auf unser Ziel. Sie sollen gemäß dem hier dargelegten Weg der Mystiker und Meister Eckharts dazu dienen oder ihnen auf leichte Weise helfen, ihren unsteten Geist von Begierden zu reinigen, die ihn rastlos umhertreiben, ihren Verstand zu beruhigen und ihr Bewusstsein zu erweitern und zu verfeinern. Natürlich können Sie auch jede andere Methode anwenden, die zu demselben Ziel führt, doch falls Sie einmal Interesse daran haben, etwas Neues auszuprobieren, so lade ich Sie ein, diese fortschrittlichen Methoden zu testen. Sie haben aber – das möchte ich noch einmal betonen, um kein Missverständnis aufkommen zu lassen – mit den Angaben Meister Eckharts nur insoweit zu tun, als dass sie dasselbe Ziel anstreben: Stille, Abgeschiedenheit,

Frieden des Geistes, Angleichung an das Göttliche. Sie sind aus heutiger Zeit und neu entwickelt, haben sich aber in der Praxis bewährt und gezeigt, dass es mit ihnen leicht möglich ist, die angestrebten Ziele zu erreichen. Sie dienen also der Bereitung der Seele für die kommende Hochzeit, die aber dann sicher kommen wird. Denn ich möchte hier wie in allen meinen Büchern nicht nur die Theorie und die schönen Worte des Meisters stehen lassen, wie sie auch sind – wenn diese auch allein schon in der Seele wirken –, sondern Ihnen zugleich einen praktischen Weg anbieten, zu seinem Ziel zu kommen, wohl wissend, dass es noch zahlreiche andere Wege gibt. Wählen Sie einfach den für Sie passenden, denn alle führen schließlich zum einen Ziel: **dem Einssein in Gott.**

Prinzipiell gliedern sich die Übungen in drei große Abschnitte, und so sind seit jeher Sucher auf dem spirituellen Pfad vorbereitet worden, doch je nach Schule mit verschiedenem Schwerpunkt. Zunächst (erster Abschnitt) muss der übliche „Alltagsgeist" beruhigt und stabilisiert werden, bevor er überhaupt etwas darüber hinaus wahrnehmen kann. Viele Schulen versuchen dies durch jahrelanges Geistestraining, doch es gibt auch hier einen kürzeren Weg, indem man die Ursachen der Ablenkungen und der Unruhe des Geistes beseitigt. Beruhigt man sozusagen die Stürme des Lebens, so wird das Meer von selbst ruhig, anstatt zu versuchen, es mit Disziplin und bloßem Kraftaufwand ruhig zu stellen. Was ist es also, was den Geist so aufwühlt und ständige Gedankenunruhe und Ablenkung verursacht?

3.1 Bereitung der Seele durch Ablegen der Wünsche, Begierden, Widerstände

Es sind die im Geist durch das Ego angehäuften Begierden und Widerstände, die ständig Gedanken produzieren und uns zu bestimmten Ereignissen und Situationen hinziehen oder davon abstoßen. Dabei sind Widerstand und Begierde letztlich dasselbe mit anderem Vorzeichen, sozusagen Plusladung und Minusladung, denn ein Widerstand ist zugleich eine Begierde, etwas anderes haben zu wollen, und eine Begierde ist ein Widerstand gegen das, was jetzt ist. Das Ego nun, da es letztlich keine eigene Substanz hat, sondern nur ein Konglomerat von Gedanken und Gefühlen ist, mit dem wir uns mehr oder weniger identifizieren und für die wir unsere Energie zur Verfügung stellen, will immer etwas haben, besitzen oder sein. Dies geht auch nur so lange, wie wir (natürlich unbewusst) diese Energie zur Verfügung stellen, zumal es sonst keine Basis hat als das Verlangen. Schon der Buddha erkannte, dass daher das gesamte Leiden auf den Durst, auf die Begierden (und Widerstände) und die Verblendung daraus (Identifikation mit Ego) zurückzuführen ist. Keine Begierde, kein Leiden, so einfach ist das. Prüfen Sie selbst, woran Sie leiden, und Sie werden sehen, dass immer ein Wunsch da ist, dass es anders sein sollte, oder ein Widerstand, dass es nicht so sein sollte, was letztlich dasselbe ist. Auch wenn Sie nun nicht bewusst daran denken, so arbeiten diese Plus- oder Minus-Träger in Ihrem Bewusstsein und ziehen den Geist in die eine oder andere Richtung, Ihre Gedanken werden darum kreisen, ob Sie wollen oder nicht.

Daher war es das erste Ziel aller mystischen Schulen und auch der höheren Religion, die Begierden der Menschen zu zügeln und möglichst aufzulösen, denn diese ziehen die freie Aufmerksamkeit, die Geistkraft des Menschen, in alle möglichen Richtungen, so dass letztlich für freie Wahrnehmung oder gar Manifestation kaum noch Kraft übrig bleibt. Also war **Wunschlosigkeit** ein wichtiges Ziel, was aber keineswegs Ziellosigkeit bedeutet. Es ist hier wichtig zu unterscheiden, dass man durchaus Ziele haben sollte, um den Geist auszurichten und sich auch weiterzuentwickeln, oder seine Lebensaufgabe zu leben, aber dies bedeutet nicht, Wünsche im Sinne von Begierden zu haben. Eine Begierde brauche ich und bin darauf fixiert und leide, wenn ich sie nicht erfüllt bekomme. Ein Ziel hingegen ist einfach ein Richtungsweiser, auf den ich zuhalte, aber den ich jederzeit ändern kann, also nicht brauche. Ich kann das Ziel jederzeit ändern, modifizieren oder loslassen, eine Begierde hingegen nicht so leicht. Sie drängt, quält und terrorisiert den Menschen, zwingt seine Gedanken stets in diese Richtung und lässt ihn leiden. Daher sind Ziele förderlich und sogar notwendig, sonst kommt man nirgends hin, Wünsche und Widerstände hingegen nicht.

Im Laufe des Menschenlebens und oft noch weit vorher haben wir als Persönlichkeiten oder Egos viele Wünsche entwickelt, viele Bedürfnisse (+), von denen wir glaubten, sie haben zu müssen. Aufgrund dessen haben wir aber auch Abneigungen und Vorurteile entwickelt und somit auch negative Wünsche, d.h. Widerstände (-) gegen Personen, Situationen oder Dinge. Selbst wenn wir das längst vergessen oder gar verdrängt haben, so sind wir dadurch positiv und negativ aufgeladen und ziehen somit, wie jeder Esoteriker heute weiß, aufgrund des Resonanzgesetzes oder Karmas entsprechende Erfahrungen an, auch wenn wir sie heute vielleicht gar nicht mehr wollen. Diese meist unbewussten Ladungen kosten Kraft und zehren von unserer Energie und je mehr wir begehren oder widerstehen, umso erschöpfter sind wir. Also ist eine der wichtigsten Vorübungen auf dem Weg, um Gedankenstille überhaupt möglich zu machen, diese Ladungen aufzulösen, und es sind seit Menschengedenken sehr viele Methoden entwickelt worden, die aber zumeist viel Zeit oder viel Mühe kosten. Ein Beispiel ist im Zen das jahrelange Sitzen vor einer leeren Wand. Auch hier werden nach einiger Zeit die Wünsche sicher nachlassen, jedoch kann dies dauern, zumal wenn die Gedanken nur unterdrückt werden, was hier die Gefahr ist, auch bei TM. Oder Stille entsteht, aber nicht nachhaltig, und sobald diese Menschen wieder im normalen Leben sind, kommt all dies wieder zurück. Moderne Verfahren prozessieren dies sicher effizienter, da sie an der Wurzel, an den Begierden und Mustern, die den Geist unruhig machen, direkt arbeiten (z.B. Dynamische Aufstellungen). Aber noch schneller ist die im Folgenden vorgestellte Methode, eine des kurzen Weges, die schon in wenigen Tagen und Wochen deutliche Resultate zeigt, und dies geschieht mit Hilfe der Gnade.

Denn, wie Meister Eckhart stets betonte, ist der Himmel oder ist Gott noch viel mehr bestrebt, zur Seele zu kommen, als die Seele zu Gott, wenn doch der Mensch nur die Gelegenheit böte. Wir öffnen nun der Gnade den Weg durch die Methode des „Himmlischen Handelsplatzes", die sich in der Praxis auch wirklich bewährt hat und Begierden wie Widerstände im Minutentakt auflösen kann. Einzige Voraussetzung für das Wirken der Gnade ist jedoch, dass der Mensch **erstens** fühlt und konkret erkennt, was er erschaffen hat, **zweitens** bereit ist, die Verantwortung dafür zu übernehmen, es ihm also leid tut, und **drittens** entscheidet, es radikal aufzugeben. Einen ganz ähnlichen Weg geht übrigens auch die im Moment populär gewordene Ho'oponopono-Methode aus Hawaii, die auch nur voraussetzt, dass ich es fühle, es mir leid tut, und ich um Vergebung bitte, es damit aufgebe und ich mich am Schluss in Liebe wieder verbinde.

Die Begierden und Widerstände könnte man daher alle mit derselben Methode bearbeiten, und wir tun dies auch, jedoch mit verschiedenen Schwerpunkten oder Ausgangspunkten, sozusagen mit drei Variationen, zumal alle Begierden und seelischen Verwicklungen des Menschen sich in drei große Gruppen einteilen lassen und wir die Grundübung für die jeweilige Anwendung etwas modifiziert haben. Doch im Grunde ist es dieselbe Übung. Neben den Dingen und Personen, die wir zu brauchen glauben, gibt es solche, die wir nicht loslassen wollen, und andere wiederum, gegen die wir noch Hass- oder Rachegefühle haben. Bei allen drei geht es letztlich um das Loslassen oder Loswerden, aber in der Praxis lassen sich diese Anhaftungen besser finden und identifizieren, wenn wir sie einteilen in

a) WÜNSCHE: Begierden und Widerstände allgemein, Haben- oder Bekämpfen-Wollen
b) GEGNER: Hass, Rache, Täter-Opfer-Muster
c) VERWICKLUNG: Anhaftung, Verwicklung und Nicht-Loslassen-Wollen

Demzufolge haben wir die Übung in drei Gruppen eingeteilt, die wir abwechselnd machen:

A) Radikale Wunschauflösung
B) Radikale Vergebung
C) Radikales Loslassen

Alle Übungen werden üblicherweise paarweise durchgeführt, wobei jeder abwechselnd der Coach und der Klient ist. Sie sind als Partnerübung zu empfehlen, da heftige Sachen hochkommen können und auch die Gefahr verringert wird, Muster nicht zu erkennen oder nicht zu verantworten. Doch nach Einübung kann die Übung auch alleine mental durchführt werden. Für die Übungen selbst erlaube ich mir, Sie wie die Schüler in meinen Retreats mit dem vertrauteren „Du" anzusprechen.

A) Übung 1: Radikale Wunschaulösung

Der Coach gibt folgende Fragen bzw. Anweisungen:

1. Was wünschst/ begehrst/ brauchst Du noch oder gegen was hast Du Widerstand?

2. Fühle es, verstärke es, gib dem Gefühl eine **Farbe** und ein **Gewicht** (konkret in kg/Tonnen).

3. Entscheide Dich: Willst Du es um der Liebe (oder des Erwachens) willen aufgeben?

4. Stell Dir vor, Du bringst es jetzt mental/visuell zum himmlischen Handelsplatz (vorstellen wie ein Recycling-Hof etc.), dort triffst Du den Geist der Liebe (Heiliger Geist) und bittest ihn, es wieder anzunehmen, zurückzunehmen, wobei Du die volle Verantwortung übernimmst (es tut mir leid, ich will es nicht mehr tun, brauche das nicht mehr….).

5. Wenn er es akzeptiert, übergib ihm die gesamte Menge (Visualisiere dabei das Abladen oder Übergeben). *Danach* frage, ob Du dafür etwas im Tausch zurückbekommst.

6. Wenn ja, fühle es, verstehe es bzw. frage: Was kann man damit machen?

7. Wenn Dir die Gabe des Geistes gefällt, nimm sie an, entscheide Dich dafür und integriere diese.

B) Übung 2: Radikale Vergebung

1. Wem oder was hast Du noch nicht vergeben? Wem oder weswegen grollst Du noch?

2. Groll fühlen und verstärken, auch schädliche Konsequenzen des Grolls fühlen. Gib dem Groll/Hass eine **Farbe** und ein **Gewicht** (konkret in kg/Tonnen).

3. Entscheide Dich: Willst Du das um der Liebe (oder des Erwachens) willen aufgeben?

4. Bring den Groll mental zum himmlischen Handelsplatz (vorstellen wie Recycling-Hof usw.), zum Geist der Liebe und bitte ihn, es wieder anzunehmen, zurückzunehmen.

5. Wenn er es akzeptiert, übergib ihm die gesamte Menge (Visualisiere das Abladen oder Übergeben). *Danach* frage, ob Du dafür etwas im Tausch zurückbekommst.

6. Wenn ja, fühle es, verstehe es bzw. frage: Was kann man damit machen?

7. Wenn Dir die Gabe des Geistes gefällt, nimm sie an, entscheide Dich dafür und integriere sie. Anschließend teile sie mit dem, dem Du gegrollt hast, und vergib ihm von ganzem Herzen.

C) Übung 3: Radikales Loslassen

1. An wem oder was hältst Du noch fest? Was kannst oder willst du nicht loslassen?

2. Anhaftung fühlen und verstärken, hier auch fragen, **wie viel %** halte ich das noch fest? (Skala 0-100) Gib der Verhaftung eine **Farbe** und ein **Gewicht** (konkret in kg/Tonnen) und fühle auch seine Klebrigkeit so intensiv wie möglich (Fühl den „Klammeraffen").

3. Entscheide Dich: Willst Du das um der Liebe (oder des Erwachens) willen aufgeben?

4. Bring es mental zum himmlischen Handelsplatz (vorstellen wie Recycling-Hof usw.), zum Geist der Liebe und bitte ihn, es wieder anzunehmen, zurückzunehmen.

5. Wenn er es akzeptiert, übergib ihm die gesamte Menge (Visualisiere das Abladen oder Übergeben). Lass es vollständig los. Wenn es noch Probleme gibt, frage: Was hält mich noch fest? Dies extra bearbeiten, dann damit weitermachen, bis alles weg ist. *Danach* frage, ob Du dafür etwas im Tausch zurückbekommst. Was will Dir der Himmel anstatt diesem klebrigen Ding in Wahrheit geben?

6. Wenn ja, fühle es, verstehe es bzw. frage: Was kann man damit machen?

7. Wenn Dir die Gabe des Geistes gefällt, nimm diese an, entscheide Dich dafür und integriere sie.

Dies ist eine ganz einfache Übung in drei Variationen, die schneller als irgendeine andere mir bekannte Sie von allen Verwicklungen, Anhaftungen, Begierden und Widerständen befreit und Ihnen sogar noch Belohnungen und Geschenke im

Austausch dafür anbietet und gibt. Voraussetzung für diesen schnellen Weg ist jedoch, grundsätzlich und ohne Diskussion die **volle Verantwortung** für diese jeweilige Kreation zu übernehmen und ohne Diskussion zu bereuen. Ferner müssen wir hier auch die Fähigkeit entwickelt haben, demütig zu bitten und auch **empfangen zu können**. Daher ist dieses Verfahren nur für fortgeschrittene Schüler möglich, dort aber sehr willkommen. Die Resultate zeigen, dass in wenigen Tagen bzw. Wochen fast alle drängenden Begierden und Verwicklungen aufgelöst werden können und der Geist daher ganz von selbst, ohne jahrelange Anstrengung und Disziplin, in einen ganz ruhigen, friedvollen, gesammelten Zustand gelangt. Wie wunderbar! Von hier aus kann man fortschreiten und das Ziel anvisieren, entweder auf dem männlichen oder weiblichen Weg oder über beide.

Der sich daran möglicherweise weiter anschließende Weg über die Meditation und das Gebet in die Stille, den ich auch den **männlichen Weg** nenne, ist wohl der klassische Weg der Mystiker, der sich in allen großen Religionen findet, zumindest im Christentum, Buddhismus und Hinduismus. Schon der alte indische Weise Patanjali (ca.2.Jhd.v.Chr.) gibt klar die sieben wichtigsten Stufen auf diesem Weg in seinen klassischen Yoga-Sutren an. Jener Weg zielt über Reinigung und manchmal vorbereitende Energie- und Atemübungen direkt auf den zentralen Punkt ab, die Erlangung der Stille des Geistes, der wachen Leere ohne Objekte, in der der Geist sich schließlich selbst schaut. Viele mystische Schulen, auch große christliche Mystiker wie Origenes oder Meister Eckhart lehren, dass durch das Leerwerden, die Abgeschiedenheit und die Stille im Geist diese Erfahrung möglich wird, in welcher der Geist *sich selbst als Geist, als wesenhaft Licht und Liebe erkennt*. Denn solange der Geist unterscheidet, definiert, „träumt", entsteht die Vielheit der Dinge, unterlässt er es aber und wird vollkommen still, so gewinnt er Einblick in das wahre Sein dahinter, das aber zugleich sein eigenes Sein ist, da er als Bewusstsein ja selbst die Grundlage aller Dinge und Erscheinungen ist. Dies bedeutet also praktisch, indem wir alle Unterscheidungen aufheben, uns von allen Definitionen und Formen lösen, uns – wie Eckhart formuliert – von allem Zeitlichen und Vergänglichen, ja von überhaupt allen Formen abscheiden, sogar noch von uns selbst als denkendes Selbst, dann wird es still und leer. Ein Zen-Meister sagt dazu: „Lass deinen Geist sein wie leerer Raum, aber hege keinen Gedanken an die Leere". Es sollen also alle Gedanken aufhören bis zur vollkommenen Stille, denn auch Meister Eckhart erklärt: *„So lange noch Bilder in der Seele sind, so lange wird die Seele nimmer selig."*

Das Gebet wie beispielsweise das Herzensgebet ist bei dieser Herangehensweise nur *ein* Hilfsmittel auf dem Weg wachsender Konzentration, Kontemplation und Versenkung. Man versenkt sich damit in sich selbst hinein, lässt dann aber später das Gebet weg, so wie man das Boot zurücklässt, wenn man den Fluss überquert hat und ans andere Ufer steigt. Wer hier am Hilfsmittel festhält, der kann nie ans andere Ufer gelangen, sondern sitzt im Boot fest. Sind wir also – mit welcher Methode oder welchem Gebet auch immer – völlig ausgerichtet und wach, ganz im Hier und Jetzt, und wird es leer und still, so müssen wir auch noch das Hilfsmittel loslassen, schließlich uns selbst, also unser Bemühen loslassen und uns einfach in die Stille werfen, in die Stille versenken, uns der Stille hingeben.

Doch es kann nur funktionieren, wenn mit oder in dieser Stille immer zugleich völlige **Wachheit** und Bewusstheit herrschen. Still und zugleich dumpf oder wie ohnmächtig und nur regungslos zu sein, nützt nichts. Das Ziel heißt hier: *Wach und leer zugleich sein. Gewahr sein, ohne sich irgendetwas Bestimmtem bewusst zu sein.* Wenn wir so leer sind, dass unser Geist nichts mehr sonst, sondern nur noch seiner selbst gewahr ist, sozusagen „reines Gewahrsein" ist (wie im Tiefschlaf, aber wach), und es keine Unterschiede mehr im Geist gibt, dann werden wir als reiner Geist in Geist, als Licht ins Licht, in göttliches Sein hineingerissen. Dies ist der Durchbruch, bei dem wir Erleuchtung erfahren und von jener immensen Freude und Liebe erfüllt werden.

Nun gibt es aber auch den eher **weiblichen Weg** über die Entwicklung von Liebe und Mitgefühl, so dass wir – manchmal nach entsprechender Reinigung durch bestimmte Übungen oder mit Hilfe eines Meisters – in uns das Einfühlungsvermögen steigern, wieder Fühlen lernen (direkte Wahrnehmung aus dem Sein – hat nichts mit Emotionen zu tun), dann die Wertschätzung und das Liebesgefühl für andere Wesen und Dinge immer stärker werden lassen, *bewusst* immer mehr verstärken. Wir müssen also alles intensiver fühlen wie mitfühlen lernen und dabei zugleich die Ausstrahlung von Liebe immer mehr steigern, bis es zum Durchbruch einer inneren Liebe kommt, die unsere „persönliche, normale" Liebe bei weitem übersteigt.

In meinen Kursen hat es sich als sehr nützlich erwiesen, **beide Wege zu kombinieren**. Denn rein auf dem Weg der Liebe kann es sehr schwerfallen, wie selbst bei hochmotivierten Christen zu sehen ist, diese Liebesfähigkeit, diese Hingabe zu entwickeln und vor allem substantiell zu praktizieren *ohne* vorausgehende Ruhigstellung und Stabilisierung des Geistes, *ohne* vorhergehende Aufhebung von Bewertungen, Lösung von Blockaden, Begierden, Widerständen durch Meditations- oder moderne Therapieverfahren. Doch nur, wenn sie echt gefühlt und gelebt wird, nur dann spüren es die anderen Menschen, nur dann zeigt dies im alltäglichen Leben Wirkungen, nur dann geschehen Wunder und echte Transformationen, auch von schwierigen Situationen. Andererseits kann es auf dem **Weg der Meditation** schwerfallen, *ohne* Praxis der Liebe und *ohne* Entwicklung des Mitgefühls in den Meditations- oder Stille-Übungen beispielsweise des Zen oder TM über das bloße Ruhigstellen des Geistes hinauszukommen zu den erwähnten ekstatischen Erlebnissen und Gotteserfahrungen. Dies geschieht vermutlich nur, wenn wir auch die Liebe und das Mitgefühl in uns entsprechend entwickeln, und so wird es auch von vielen buddhistischen Meistern gefordert. Sonst bleibt die Gefahr, dass Meditation und Kontemplation „trockene Übungen" ohne wirklichen Fortschritt bleiben, etwa so nützlich wie das bloß heruntergeleierte Beten. *Denn wer wenig Liebe hat und gibt, der kann auch nur wenig empfangen, und wenn er noch so viel meditiert.*

Denn wenn Gott die Liebe ist, wie wir gesehen haben, und sich nur Gleiches zu Gleichem gesellt und gesellen kann aufgrund des Resonanzgesetzes, kann und wird er demzufolge nur wenig von Gott empfangen. Wenig Liebe, wenig Göttlichkeit, so einfach ist das. Obwohl also beide Wege letzten Endes sowieso in eins münden – denn in Wahrheit sind wir die Dreieinigkeit aus Willen, Erkennen, Liebe, und egal, welchen Schwerpunkt wir auf unserem Weg wählen, er wird in die anderen münden – so erscheint es mir aus den dargelegten Gründen optimal, sie gleich von vornherein miteinander zu kombinieren und parallel zu nutzen. Wir haben im Laufe dieses Buches viele **Erkenntnisse** (indisch Jnana-Yoga) gesammelt, und nachdem wir nun mit unserem **Willen** und den entsprechenden Übungen den Geist beruhigt und in die wache Stille gebracht haben (indisch Raja-Yoga), können wir mit den eigentlichen mystischen Übungen beginnen, die vor allem mit **Liebe** und Hingabe (indisch Bhakti-Yoga) darauf abzielen, jegliche Trennung zu durchschauen, zu durchbrechen und zu überwinden und damit die immer schon hinter allem Seiendem existierende ewige Liebe zu erfahren.

3.2 Bereitung der Seele durch Liebe, Verbindung, Aufhebung von Trennung

Wenn der Geist des Menschen gesammelt ist, kommt er zur Ruhe oder in einen sehr wachen, friedvollen Zustand. Anders gesagt, wenn der Wind der Emotionen und Gedanken die See nicht mehr aufpeitscht, kommt das Meer ganz von selbst zur Ruhe und es wird still und friedlich. In diesem Frieden fängt das wache Bewusstsein an, ganz neutral und viel intensiver wahr-zu-nehmen, also ganz wörtlich „die Wahrheit zu nehmen", statt der vielen Gedanken und Vorurteile. Das Bewusstsein kann also viel mehr in Konzentration (dhyana) oder Kontemplation gehen, bei einem Gegenstand verweilen und schließlich darüber hinausgehen in die Stille des Geistes, in den eigenen Grund, wo nach Meister Eckhart Gottesgrund und Seelengrund ein Grund sind oder wo Welle und Meer *ein* Wasser sind.

Um dies zu erreichen, ist aber nicht nur eine Beruhigung des Geistes sinnvoll, so dass er sich letztlich selbst schauen und erkennen kann, sobald sein Gewahrsein nicht länger von anhaftenden Objekten in Beschlag genommen ist und er seine Aufmerksamkeit nun auf sich selbst richtet. Doch normalerweise unterliegt er, auch wenn er ruhig geworden ist, noch der Illusion der Trennung (von Ihm und der Welt, von Ihm und Anderen, von Subjekt und Objekt usw.). Daher ist es hier sehr hilfreich, durch bestimmte Übungen diese Trennung aufzuheben oder zumindest aufzuweichen, so dass später, wenn er sich selbst schaut, er sich selbst als dieses Einssein des Grundes, sich als die Liebe erkennen kann, die einzig existiert. Natürlich stellt sich diese Einsicht auch über Stillemeditation und Gewahrseinsübungen letztlich ein, doch wird der Erwachensprozess offensichtlich beschleunigt, wenn (die Illusion der) Trennung aufgehoben und zugleich die Liebe entfacht und immer stärker gefühlt wird, wenn also zu dem Erwachen des Geistes auch das Erwachen des Herzens hinzukommt oder parallel gefördert wird.

Manche Schulen gehen von vornherein ganz diesen Weg des Herzens und der Liebe, und sie kommen zum Ziel, doch kann es sehr schwer werden, wie ich in meinem Buch „Die Kunst der Lebensfreude" versucht habe zu zeigen, diese bedingungslose, reine Liebe wirklich zu entwickeln und Einheitserfahrungen zu machen, solange noch die egoistischen Begierden und Widerstände im Wege stehen. Es ist also ratsam, wie es auch die alten tibetischen Lehrer immer favorisierten, einen Weg anzustreben aus einer Verbindung von Mitgefühl und Weisheit, und Übungen zur Stille und Geistesdisziplin mit Übungen der Herzensöffnung, Verbindung, Liebe und Mitgefühl zu kombinieren. Jedenfalls machen wir dies in unseren Kursen so und erzielen damit viel größere und schnellere Resultate als bei Einsatz nur einer Methode. Es wird von den Übenden auch sehr viel leichter angenommen, zumal die Ergebnisse dieser Art von Übungen sehr schön sind und bis zu ekstatischen Erfahrungen reichen können. Natürlich sind diese Bliss-Zustände, wie wir sie nennen, nicht Erwachen, dies ist etwas völlig anderes und eben kein vorübergehender Zustand, wie schon dargelegt, sondern ein wirkliches Erwachen aus dem Welten-Traum. Aber sie sind angenehme Vorboten, sozusagen die „Morgenröte des Erwachens", und selbst wenn es dabei nicht zu einem Erwachen kommt, so sind die Erfahrungen von Herzöffnung, Liebe, Einheitserfahrung und die Steigerung der Verbundenheit mit allem Sein schon an sich Belohnung genug.

Fühlen und Gewahren –
direkte Verbindung mit allem herstellen

Alle Lebewesen, ja alles Sein, wie neben der Mystik sowohl die moderne Physik wie speziell auch die Chaostheorie inzwischen wissen, sind sowieso miteinander verbunden. Nichts im Kosmos kann schon aufgrund der interagierenden Felder unabhängig von anderem sein, und so ist Trennung eine Illusion und immer schon gewesen, und Verbundenheit der natürliche Zustand. So können fühlende Wesen auch immer schon fühlen, was in anderen und im Kosmos vorgeht, auch ohne direkte Kommunikation. Tiere fühlen einen Tsunami nahen und flüchten rechtzeitig auf höhere Gebiete, Menschen können dies meist nicht mehr, da sie in ihrem Weltbild getrennt sind und dieses Fühlen nicht mehr wahr-nehmen (= als Wahrheit nehmen!). Fühlen ist also keine Emotion, sondern ein außersinnliches Wahrnehmen, und in Aufstellungen kann dies auch beim Menschen nachgewiesen werden, wobei die Aufgestellten Inhalte von anderen Menschen wahrnehmen, die sie überhaupt nicht kennen bzw. kennen können oder die räumlich getrennt am anderen Ende der Welt sind.

Wir können hier nicht weiter auf die Theorie eingehen, doch ist Verbindung und Fühlen der natürliche Zustand, wie ihn auch noch Naturvölker kultivieren, die Trennung hingegen der unnatürliche Zustand, der mit der Selbstbestimmung und Selbstdefinition des Menschen aufkam. In der Entwicklung des Bewusstseins, wie es bei Ken Wilber oder G.W.Hegel sehr schön dargestellt ist, ist das Stadium der Entwicklung des Selbstbewusstseins, damit auch des Egos und der einzelnen Persönlichkeit mit Trennung verbunden, da jede Definition zugleich eine Abgrenzung, eine Negation ist („omnis determinatio est negatio"/ Spinoza). Beispiel: Wenn ich mich als religiösen Menschen definiere, schließe ich alle nicht-religiösen aus meiner Einheit aus, wenn weiter als christlichen, schließe ich alle nicht-christlichen aus, wenn als katholischen, alle evangelischen und freikirchlichen usw. Jede Definition führt also zu weiterer Trennung, und so nennt man die Stufe des Selbstbewusstseins auch das unglückliche, das getrennte Bewusstsein. Es erlebt sich nicht mit, sondern *gegen* die Natur gestellt, *gegen* Gott oder zumindest außerhalb von Gott, und auch *gegen* den Anderen, so dass man flapsig sagen könnte: Der Zustand fühlt sich an wie *jeder gegen jeden* und Gott gegen alle.

Während im animalischen (Tiere) oder sinnlichen Bewusstsein, wie es noch viele Naturvölker haben, noch viel gefühlt und danach auch gehandelt wird (wir nennen es Instinkt oder sechsten Sinn), ist das intellektuelle Bewusstsein, wie man das Selbstbewusstsein auch nennt, gespalten und abgetrennt und kämpft daher auch gegen alles oder versucht daher die Kontrolle zu bekommen und sich alles untertan zu machen. Trennung führt zu Kampf, und wir sehen in der heutigen Welt und in den letzten Jahrtausenden, wozu das geführt hat. Daher muss dieser Zustand überwunden werden. Die Entwicklung führt aber nicht zurück zum sinnlichen Bewusstsein, wie es manche Esoteriker im Rückschritt zu alten schamanischen Praktiken und Bewusstseinszuständen versuchen, sondern sie führt über diese beiden hinaus hin zu spirituellem Bewusstsein (oder Vernunftbewusstsein nach Hegel), wo die Trennung der einzelnen Teile gegeneinander wieder aufgehoben wird, ohne aber im Einheitsbrei zu versinken, sondern es kommt zu einer Synthese, einer nun bewussten Vielheit in der Einheit, ähnlich wie Christus vom Weinstock und den Reben gesprochen hat. In dieser Einheit bleibe ich zwar weiter ein selbstständig definiertes Wesen, reihe mich aber zugleich wieder ein in diese Verbindung mit allem, fühle sie und kann daher auch aus ihr alles Wissen beziehen (über das Fühlen nämlich), was ich wissen will, so, wie wenn ich mit meinem

Computer wieder am Internet teilnehmen kann und in unserem Fall wieder mit allem Bewusstsein vernetzt bin, diesmal aber als bewusstes Individuum.

Fühlen ermöglicht also wieder diese Teilnahme und ist, um im Bild zu bleiben, der Wiederanschluss an das Ganze, an das kosmische Internet, und somit ein außersinnlicher Kanal und Zugang zum gesamten Sein, prinzipiell zu allen Wesen. Fühlen geht aber nicht wie die anderen Sinne (daher ist es auch ein nichtsinnlicher Kanal) über Kommunikation zwischen zwei Subjekten. Das Erfassen eines anderen über selbst die feinsten Sinne oder Schwingungen wäre Sensitivität und ist hier nicht gemeint, sondern hier ist emphatisches Erfassen gemeint über das Verschmelzen und Einswerden mit dem anderen. Es ist also keine Kommunikation in der Erscheinungswelt, keine Übertragung von etwas, sondern ein bewusstes Verschmelzen für kurze oder längere Zeit, ein Einswerden im Sein. Konkret: Wenn wir dies also üben, und beispielsweise einen Baum fühlen, so tun wir dies nicht wie ein Sensitiver, der dessen Schwingungen aufnimmt, sondern wir werden für kurze Zeit selbst zu diesem Baum, sind der Baum, fühlen uns als der Baum, fühlen seine Blätter, Wurzeln usw. als unsere. Da ist nur **ein** Baum, oder ein Bewusstsein eines Baumes, und nicht einer, der den Baum fühlt, also etwas, das ausstrahlt, und einer, der wahrnimmt. Fühlen ist also ein Wissen und Erfassen im Sein und daher so kostbar. Selbst wenn Sie nicht sensitiv sind, ist dies möglich, solange Sie bereit sind, Trennung zu negieren und zu überwinden. Wenn Sie somit alles sein können, können Sie über alles direkt und von innen her wissen und brauchen gar keine Sensitivität mehr im Außen. Das eine ist der magische, das andere der mystische Weg.

Trennung überwinden wir vor allem durch Liebe, und jenes Mit-Fühlen und sich Hinein-Fühlen in etwas oder jemand anderem, der oder das vermeintlich von uns getrennt ist, ist daher wahres Mit-Gefühl. Das für das Leben in Freude und Heiterkeit sowie für das Erwachen so notwendige Mitgefühl entsteht aus der eingeübten und praktizierten Wertschätzung und Liebe zu allen Wesen und allem Sein. Durch das neue Verständnis, die vermehrte Dankbarkeit, in jedem Fall aber durch die Liebe werden noch vorhandene Grenzen gegenüber anderen Dingen und Menschen abgebaut und vielleicht noch unbewusst gebliebene Blockaden aufgelöst. Wir beginnen wieder zu fühlen, und dies ist nicht nur eine Emotion, sondern es ist vielmehr eine ganz andere Art des Erkennens, eine neue Art der Verbindung und der unmittelbaren, ganzheitlichen Wahrnehmung direkt aus dem Sein heraus, die keine Sinne und keine weitere Vermittlung braucht. Dieses Fühlen nimmt daher etwas nicht über seine Teile oder äußeren Merkmale wahr, auch nicht nacheinander oder nebeneinander, sondern als Ganzes – im Hier und Jetzt, sofort, ohne Verzögerung, ohne weiterer Analyse oder Synthese zu bedürfen.

Dies ist ein weiterer großer Zugewinn auf unserem Weg: Über diese Liebe und Offenheit können wir uns wieder direkt mit dem Sein der Dinge verbinden, da letztlich nur *ein* Seinsgrund, der Geist, existiert. Wir fühlen einfach so, wie es ist, wir brauchen, bildlich gesprochen, keinen Dolmetscher, keine Schubladen oder Kategorien mehr. Auch müssen wir ein Ergebnis nicht mehr aus der Fülle von Daten konstruieren oder zusammensetzen. Im perfekten Fühlen wissen wir *sofort*, wie etwas ist, was es ist, wie es sich anfühlt, direkt und ohne Umschweife, etwa so, wie wir auch ein Bild sehen und zugleich in allen Teilen erkennen und nicht Linie für Linie oder Stück für Stück nacheinander. Auch schon der animalische Instinkt entstammte aus dieser direkten Seinsverbindung der Dinge untereinander, er weiß es auch sofort und als Ganzes, ist aber noch ohne Bewusstsein darüber. Im *bewussten* Einfühlen und Mitfühlen sind wir uns dagegen der Inhalte voll bewusst, können sie auch bewusst einsetzen und frei gebrauchen, während der Instinkt stets gebunden und fixiert ist, keine Wahl hat. So können wir nur durch die Bewusstheit diese Fähigkeit auch genießen und Freude daran haben.

Ein Beispiel für den Unterschied von indirektem Erkennen über die Sinne zu unmittelbarem, direktem Erkennen über das Fühlen gibt uns vielleicht der Vergleich von Sprache und Musik. Das gewöhnliche Erkennen über die Sinne gleicht dem Verstehen einer fremden Sprache mit Hilfe eines Simultan-Dolmetschers, der die einlaufenden Sprachdaten in eine für mich verständliche Sprache übersetzt und umwandelt. Dies kann nur nacheinander fortlaufend geschehen, und es können hierbei natürlich viele Fehler auftreten – abhängig von der Qualität des Dolmetschers. Ebenso ist die Sinneswahrnehmung ja auch abhängig von der Qualität der Sinne. Wenn ich dagegen Musik höre, auch wenn es eine fremdartige, ungewohnte Musik ist, wenn ich mich aber dafür öffne, so kann ich sie unmittelbar erfassen und verstehen, und zwar über mein Gefühl, das ganzheitlich wahrnimmt. Ich fühle einfach unmittelbar, welches Gefühl die Musik in mir auslöst, weiß durch das Fühlen beispielsweise, ob sie traurig oder fröhlich, kraftvoll oder getragen ist, ob sie Schmerz oder Freude ausdrückt, ohne dass ich jemand bräuchte, der es mir übersetzt oder erklärt. So etwas brauchen allenfalls

Menschen, die eben das Gefühl dafür bzw. jene Art von Fühlen verloren haben und es durch den Intellekt ersetzen wollen. Doch es ist wohl offensichtlich, dass damit Musik nicht erfasst werden kann.

Daher braucht das Fühlen den Intellekt nicht, so wenig wie diese Art der Wahrnehmung und Einsicht mit dem Intellekt erfasst oder ausgeschöpft werden kann. Es sind zwei völlig verschiedene Ebenen, und beide haben ihren Wert für sich. Der Intellekt hat seine Domäne in der materiellen Welt, der polaren Wirklichkeit, der dualistischen Erscheinungswelt, dort, wo es nur ja oder nein gibt, und ist daher prädestiniert für lineare Denkprozesse. Das Fühlen dagegen hat seine Domäne in der geistigen Welt, wo alles in allem holographisch enthalten ist, wo alles mit allem vernetzt ist und somit eine synthetische Einheit bildet. Es ist eine Einheit des Seins, in der nicht nur prinzipiell alles Wissen verfügbar und abrufbar ist – daher auch die Genialität der Intuition –, sondern etwas auch stets zugleich als Ganzes und nicht in seinen Teilen bzw. nacheinander erfasst wird. An folgendem Beispiel soll noch einmal dieser Gegensatz von herkömmlicher raum-zeitlicher Sinneswahrnehmung gegenüber dem ganzheitlichen Erfassen durch Einfühlen illustriert werden:

a) Das Erfassen über die Daten der Sinne und den Intellekt ist mit einem Fernsehstrahl zu vergleichen, der nacheinander Bildpunkt für Bildpunkt, Zeile für Zeile auf eine Oberfläche (=Fernsehschirm) schreibt und abbildet, der räumlich nacheinander und zeitlich erst nach einer gewissen Zeitspanne ein komplettes Bild aufbaut.

b) Das Erfassen über das Fühlen, das ganzheitliche geistige Wahrnehmen ist mit einem Filmprojektor zu vergleichen, der zeitgleich alle Bildpunkte zusammen auf eine Oberfläche projiziert und dort abbildet, eben nicht räumlich-zeitlich nacheinander, sondern als Ganzes zugleich, (nur mehr oder weniger deutlich je nach Qualität und Reinheit der Leinwand, auf die projiziert wird).

Durch den bisherigen Bewusstseinswandel, vor allem durch den Abbau der Abgrenzungen und Bewertungen, aber auch mittels Wiederverbindung mit anderem Sein, durch Tolerieren, Annehmen, Wertschätzung und Liebe kann und wird uns dieses Fühlen (wieder) möglich werden. Damit können wir Dinge, Situationen oder Menschen unmittelbar und ohne Zeitverzug *ganz* erfassen, indem wir uns einfach als geistiges Wesen mit dem Geist des anderen oder als Bewusstsein mit anderem Bewusstsein verbinden. So praktizieren es manchmal bestimmte Heiler, und so können Sie es auch erlernen und einüben, um mühelos an Informationen aller Art zu kommen. Dies bringt auch viel Freude. Dazu müssen Sie lediglich die Illusion der Trennung für sich auflösen, die eigentlich nie wirklich existiert, da es letztlich nur ein Sein gibt, und dies ist der eine Geist, der bereits ewig in sich eins ist und nicht erst vereint werden muss. Diese Einheit des allen Erscheinungen zugrundeliegenden Geistes ist auch der Grund, warum bestimmte Menschen mit bewusstem Zugang dazu die Fähigkeit haben, in diesem erweiterten Bewusstseinszustand sowohl räumlich weit entfernte Dinge wahrzunehmen – dieses in Fachkreisen sogenannte „remote viewing" wird sogar schon von Geheimdiensten genutzt bzw. missbraucht – wie auch Erkenntnisse von zeitlich vergangenen oder zukünftigen Ereignissen zu bekommen. So könnten auch Sie nach einiger Übung direkt und unmittelbar wissen, wie sich ein anderes Lebewesen anfühlt, was es fühlt, denkt oder begehrt, welche Probleme, Sorgen oder Gefühle es hat, und so tiefes Mitgefühl entwickeln.

Wenn wir „Fühlen" üben, dann üben wir zugleich Einswerdung mit allem Sein, tauchen in das Sein und nicht in das Werden ein. Wenn wir fühlen wollen, dann setzt das voraus, dass wir nicht mehr mit irgendeiner bestimmten Form voll identifiziert sind, sonst könnten wir nur diese fühlen und nichts sonst, sondern wir de-identifizieren uns mit der jetzigen Form und für kurze Zeit identifizieren wir uns mit einer anderen, wie einem Baum, einem Glas, einem Tier, einem Menschen. Um ein Beispiel zu nennen: Wenn ich in einer Aufstellung für etwas stehe, wie für ein Lebewesen, dann muss ich von meiner Form für einen Moment Abstand nehmen, sie keineswegs zerstören, sondern nur meine Aufmerksamkeit davon abziehen und mit jenem verschmelzen, muss für einen Moment jenes Wesen sein, so denken und fühlen wie es, und dann kann ich alles wahrnehmen *als dieses Wesen*, aber nicht *von diesem Wesen*.

Wem dies zu kompliziert ist, der muss nur wissen, dass Fühlen der einfachste und natürlichste Zustand ist, und so können kleine Kinder auch gut fühlen, und dass die Vorstellung, wir seien von allem getrennt, der unnatürliche ist, der aber deshalb leicht überwunden werden kann, wenn wir uns bewusst entscheiden, einfach einmal diese Vorstellung aufzugeben. Als Hilfsmittel können dazu auch Affirmationen eingesetzt werden, um beim Üben alle Trennung zu negieren. So können wir wie Kinder, wenn sie etwas zu spielen beginnen, einfach affirmieren: Ich bin jetzt x, oder y (Baum, Glas, Schrank, Blume etc), und um dann zu fühlen, welche Gefühle kommen. Aller Anfang ist sicher schwer, nachdem wir so lange in der Illusion der Trennung gefangen waren, aber es lohnt sich, da wir hier wieder einen absoluten und direkten Zugang zu allem Sein bekommen und auch langfristig alle Trennung im Bewusstsein mehr und mehr nachlässt, bis es schließlich ganz von selbst zu Satori-Erlebnissen, zu Einheitserfahrungen kommt.

Wichtig ist, bei den Fühlübungen das Wissen im Hinterkopf zu behalten, dass wir alle und alles in unserer Essenz reines Bewusstsein sind (Wasser), das alle Form beliebig annehmen kann, einfach durch unseren Willensentscheid: Ich bin… , so wie Kinder beim Spielen einfach annehmen: „Ich bin Indianer", und dabei zugleich ihre bisher angenommene Identität so lange ablegen und „vergessen", bis sie wieder entscheiden: Ich bin der Peter usw. und damit ihre „Indianer-Identität" wieder aufgeben. Bewusstsein ist wirklich wie Wasser, das in jede Form gegossen werden kann und so jede Form annehmen kann, bis es wieder umgegossen wird. Durch das Üben können wir lernen, immer mehr Formen zu sein, und können so in allen Formen sein, mit allen Formen fühlen, alles erkunden und alles erleben, was wir wollen, ohne wie vorher damit verhaftet zu sein.

Übung 4: Fühlen lernen

Als Voraussetzung bringe Deinen Verstand zur Ruhe, durch welche Vorübung auch immer (Meditation, Musik, Trance, Mantren u.v.m.), und führe diese Übung in einem gelösten, entspannten und friedlichen Zustand durch.

1. Schaue einen Gegenstand, ein Lebewesen, einen Menschen von außen an. Erkenne bzw. schätze den Raum, den dieses Objekt einnimmt.

2. Spielerisch sage nun zu Dir selbst: „Ich bin dieser …, dieses…."
Identifiziere Dich damit, fühle es von innen, seine Ausdehnung, sein Gefühl. Nimm einfach für kurze Zeit wahr, wie es ist, dies zu sein.

3. Dann gehe (spätestens nach einigen Minuten) wieder bewusst aus dem Gegenstand heraus und in Dich als Person zurück und fühle Dich selbst.

Dies machen Sie mit Gegenständen, Pflanzen, Menschen, mit allem, was Ihnen ins Auge fällt. Wechseln Sie ab zwischen lebendigen und leblosen, zwischen großen und kleinen, zwischen harten und weichen Objekten usw., bis Sie sicher sind, Ihr Bewusstsein mit allem identifizieren zu können, was immer Sie wollen. Hinderlich während der Übung ist Denken, Urteilen, Bewertungen und auch eine zu große oder bestimmte Erwartungshaltung. Es muss wie bei Kindern spielerisch geschehen, die einfach einen Baum oder Tier machen oder sich in Tante Emma reinfühlen und sie nachmachen oder was auch immer darstellen.

Wenn Sie sehr rational veranlagt sind und der Verstand Ihnen einreden will, dass dieses Objekt ja räumlich getrennt ist (Raum und Zeit sind nur Kategorien des Verstandes / Kant) und man es daher nicht *sein* kann, weil man eben hier und nicht dort ist, so können Sie für den Anfang auch etwas Ihre Phantasie zu Hilfe nehmen und sich ein bisschen vorstellen, wie es wäre, wenn man sich als dieses Objekt fühlt, was könnte man dann fühlen? Später sollten Sie aber immer mehr dazu übergehen, es einfach von innen wahrzunehmen und Ihren Wahrnehmungen zu vertrauen, ohne zu denken oder zu urteilen. Üben Sie zunächst in der Natur, später auch im Alltag, wann immer Sie einige Minuten Zeit haben, beliebige *Objekte Ihrer Umgebung zu fühlen*.

Die einzige zusätzliche Voraussetzung ist eine möglichst neutrale Geisteshaltung und ein beruhigter Verstand. Fühlen Sie zuerst unbewegliche Dinge wie einen Stein oder Kristall, später bewegliche Objekte, Pflanzen und Lebewesen. Verbinden Sie sich mit dem Objekt und verschmelzen Sie damit, schlüpfen Sie mental hinein wie in einen Handschuh oder lassen Sie sich hineinsinken wie beim Baden in warmes Wasser, und achten Sie dann einfach auf die aufkommenden Gefühle, ohne zu werten oder darüber nachzudenken. *Fühlen Sie einfach, wie es sich anfühlen würde, so zu sein.* Einfach mal spielerisch ohne Anstrengung, einfach mal zum Spaß.

Zu Beginn gibt es meistens nur wenige, undeutliche, vage Eindrücke, doch nehmen Sie einfach mal das, was Sie bekommen können, und seien Sie überzeugt, dass es möglich ist, dass auch Sie es können, denn auch Sie sind sicher Bewusstsein, und dass die vagen Eindrücke, die Sie zunächst haben, völlig in Ordnung sind. Mit wachsender Übung werden sie immer deutlicher werden. Viele Menschen machen gute Erfahrungen mit Bäumen, in die sie sich hineinfühlen, oder mit nahestehenden Tieren. Wichtig ist, sich in etwas reinzufühlen, ohne es sofort wieder benennen oder in Kategorien einordnen zu wollen. Letzteres würde Sie sofort wieder in den Verstand bringen und die Übung zunichte machen.

Erst wenn Sie darin einige Übung haben und sich in Ihrem Vorgehen einigermaßen sicher sind, *fühlen Sie andere Menschen*. Denn wenn wir noch selbst irgendwelche – und zumeist unbewusste – Vorurteile haben, dann wirken diese wie ein Filter, wie eine gefärbte Brille, die unsere Eindrücke entsprechend ihren Eigenschaften färbt, verzerrt, in jedem Fall verfälscht. Daher ist Neutralität für sichere und reproduzierbare Ergebnisse so wichtig und notwendig. Übrigens geschieht das Fühlen anderer Menschen durch uns ständig, wenn auch meistens unbewusst, und so spricht man von der „Chemie, die stimmt", oder man kann den einen „riechen", den anderen nicht, oder „er ist auf meiner Wellenlänge". Alle diese Aussagen beschreiben nichts anderes als das Fühlen eines anderen, und die Informationen daraus sind oft gegen alle Logik oder Verstandesargumente. Sie sehen also, wir tun es sowieso schon, also tun Sie es nun bewusst, und fühlen Sie sich in einen Menschen hinein, fühlen Sie, wie er sich fühlt. Schlüpfen Sie in ihn hinein, und seien Sie jener Mensch. Sie können sich dabei auch einfach sagen: Ich bin (Name), und sich dann über die dem Menschen eigene Haltung, Gestik und Mimik hineinfühlen, so wie ein Schauspieler, der eine Rolle lernt. Bleiben Sie aber auf Empfang, achten Sie lediglich auf die Eindrücke und hüten Sie sich davor, etwas in jemand hineinzuprojizieren oder mit Ihrer Phantasie auszumalen, – nur achtsam fühlen. Das Schöne beim Üben mit Menschen, vor allem mit Bekannten ist, dass Sie hier Ihre Ergebnisse auch experimentell überprüfen, also verifizieren können, indem Sie jenen Ihre Eindrücke erzählen und dann nachfragen, inwieweit dies zutrifft. Es sollten aber Menschen mit hoher Ehrlichkeit und Selbsteinsicht sein, sonst können sie Ihre Informationen vielleicht nicht annehmen oder nicht erkennen, obwohl sie richtig sind. Sie können diese Übungen auch mit Gleichgesinnten als ein Spiel spielen, dies bringt noch mehr Feedback und Freude.

Wenn Sie nun gelernt und vielleicht sogar Spaß damit haben, zu fühlen und sich mit anderem oder anderen zu identifizieren, sich überall hineinzufühlen, so können Sie nun dazu übergehen (oder auch parallel dazu üben), mit anderen Menschen, die Sie nun von innen fühlen können, in Liebe zu verschmelzen, also nicht nur aus Ihrem Bewusstsein aus- und in ein anderes einzusteigen, sondern beide in Liebe zu vereinigen oder ihre schon bestehende Einheit zu fühlen, die immer da ist. Dies kann ziemlich schnell zu ekstatischen Erfahrungen führen und zu Einheitsgefühlen, wovon der sexuelle Akt nur eine Andeutung vermittelt.

Übung 5: Joining –
Einheitserfahrung durch Seelenverbindung

Die Übung besteht darin, anderen Personen, beginnend mit vertrauten Menschen, still und ohne Erwartung, nur mit bedingungsloser Liebe und im Gefühl des Gleichseins und Einsseins längere Zeit zu fühlen und uns mit ihnen zu verbinden, indem wir ihnen liebevoll, aber absichtslos in die Augen schauen. Eigentlich schaust Du dabei durch die Augen hindurch in die Seele des anderen (Augen galten schon immer als Fenster der Seele). Wenn Du entsprechend vorbereitet und voller Liebe bist, dann kannst Du im Spiegel des anderen nicht nur seine Seele, sondern durch sie hindurch das Göttliche in ihm direkt erkennen und erfahren und dabei göttliche Ekstase erleben und Einheitserfahrungen machen. Diese von meiner geschätzten Lehrerin Lency Spezzano entwickelte Methode nennt sich „Joining", ich nenne sie auch „Einheitserfahrung durch Seelenverbindung" und praktiziere sie in den Mystik-Seminaren, wo es damit oft zu schnellen Ergebnissen kommt, denn wo mehrere in dieser Energie beisammen sind, da ist das Göttliche mitten unter ihnen. Sie dient auch zur Herzöffnung und Erweiterung der Liebesfähigkeit. Probiere die Übung zunächst mit Deinem Partner oder einem nahestehenden Menschen wie beschrieben aus:

Ort, Zeit:
Empfehlenswert sind ein ruhiger, harmonischer Ort // zunächst 1-2 Stunden, nicht zu früh aufhören, allenfalls Augen schließen und weiter das Gegenüber fühlen.

Vorbereitung:
Lege eine schöne, harmonische, herzöffnende, aber doch lebendige Musik auf, keine zu ruhige Meditationsmusik. Setze Dich bequem Deinem Partner gegenüber, direkt vor ihm, so dass Du seine Augen gut sehen kannst. Beim Prozess

auftauchende negative Emotionen werden gefühlt, ohne sie zu bewerten oder festzuhalten. Wenn Du dennoch weiter im Mitgefühl bleibst, es in Liebe mitfühlst, werden sie im Feuer dieser Liebe verbrennen.

Durchführung:

a) **Gleichheit herstellen:** Entscheide Dich dafür, Dich ganz zu öffnen und den anderen völlig in Dich hineinzulassen, ohne Trennung ganz willkommen zu heißen, ganz zu lieben. Entscheide dabei bewusst, dass Ihr beide im Grunde des Herzens *völlig gleich* seid, gleich wertig, beide Geistwesen, Licht vom Licht, Kinder Gottes, rein, unschuldig und völlig liebenswert.

b) **Verbindung herstellen:** *Schaue nun voller Wertschätzung und Liebe* Deinen Gegenüber an. Schaue gelassen und liebevoll in dessen Augen, wobei Du ein Auge auswählst, Du kannst dies auch wechseln. Schaue einfach voller Liebe, im Bewusstsein, dass Ihr letztlich im Geist alle eins seid, in die Augen und *spüre, wie Du in die Seele schaust, in den hinter der Person liegenden Betrachter.* Keinesfalls solltest Du stieren, analysieren oder etwas suchen, sondern Liebe und Mitgefühl ausstrahlen und spüren, wie Du im Grunde Deines Herzens mit diesem Wesen eins bist, ja, dass Du selbst es bist, der da zurückschaut, wie in einem Spiegel. Ja, wirklich, Das bist Du!

c) **Emotionen und Hindernisse auflösen:** Während Du so schaust, können plötzlich alle Arten von Emotionen, Ängste, Vorstellungen auftauchen (Du kannst später damit auch konkrete Probleme auswählen und bearbeiten). Es ist *wichtig, sie zuzulassen und intensiv zu fühlen*, jedoch ohne darauf einzusteigen, darauf zu reagieren oder sie gar auszuagieren! Fühle sie so lange, bis nichts mehr kommt, bis diese Gefühle sozusagen verbrannt sind, wobei Du stets weißt, dass Du nicht diese Gefühle bist, sondern der, der sie fühlt und wahrnimmt. Beim Fühlen könnt Ihr auch weinen oder lachen, dies beschleunigt den Prozess. Wichtig ist aber, den Augenkontakt oder die Seelenverbindung zu Deinem Partner möglichst aufrechtzuerhalten. Auch sollte der Partner nicht in die Kreation einsteigen und sich Sorgen machen oder mit-leiden, dies würde die Heilung behindern, sondern den Prozess nur einfühlsam und voller Mitgefühl begleiten, im Wissen, dass dies nur vorüberziehende Wolken am Himmel sind.

Resultat:
Verbundensein, Auftauchen und Auflösen unterdrückter Emotionen und Muster, Lachen, Weinen, Liebesgefühle, Ekstase, starken Energiefluss im Körper (nicht behindern, denn die Kanäle werden freigespült). Sind nun einige Schichten aufgelöst, aber vielleicht auch schon gleich zu Beginn, wirst Du plötzlich Anfälle von Heiterkeit spüren, oder Du kannst im Gegenüber bestimmte Muster, Persönlichkeitsstrukturen, Masken sehen, die einfach komisch, manchmal auch etwas gewöhnungsbedürftig sind. Möglicherweise siehst Du wechselnde Gesichter im anderen. Wenn es spontan lustig wird, dann lache einfach frei heraus und folge Deiner Intuition, Deinem Spieltrieb. Es kann sehr lustig werden, wenn beide lachen. Es kann bis zum Gefühl der Ekstase kommen, wenn die Schranken aufgelöst sind und die Liebe und die Freude aus allen Poren ausbricht. Aber dies ist nichts, was getan werden müsste. Dies nur zulassen, wenn es so weit ist und von selbst passiert. Und es wird passieren, wir haben es schon Tausende von Malen so erlebt.

Falls jemand noch nicht in Meditation und Kontemplation geübt ist, kann es zu Beginn leicht vorkommen, dass Tausende von Gedanken wie aus dem Nichts erscheinen und jede Konzentration auf die Übung oder den Gegenüber oder auf das Gefühl schwierig ist oder sogar unmöglich wird. Bei solchen Konzentrationsproblemen oder einer Verstandesdominanz kann es von Vorteil sein, den Verstand vor den Übungen direkt zu beruhigen. Man kann dies (klassische Methode) durch Atemübungen tun, beispielsweise durch Achtsamkeit auf den Atem oder das Zählen von Aus- und Einatmung oder durch spezielle Meditationsmusik oder durch Aufenthalt in der Natur. Es gibt aber auch folgende Möglichkeit, den Verstand zur Ruhe zu bringen durch eine Übung, gegen die er sicher absoluten Widerstand hat (zu dumm, zu sinnlos), die aber nichtsdestotrotz enorme beruhigende Wirkung auf ihn hat, wenn sie per Willen dem Verstand verordnet und durchgesetzt wird. Dies ist eine der Resurfacing-Übungen aus der Vorbereitung zum Avatarkurs von Harry Palmer, den ich gelegentlich auch selbst durchführe, damit in der Praxis schon viele Jahre wie auch weltweit erprobt:

Zusatzübung: Formen zählen

Durchführung:
Entspanne Deinen Geist so weit wie möglich und mache einen Spaziergang in ruhiger Umgebung. Dann beginne jede Form, die du spontan wahrnimmst, fortlaufend zu zählen:

Du siehst eine Stange – eins
Du siehst ein Blatt – zwei
Du siehst einen Vogel – drei
Du siehst eine Wolke – vier ... und so weiter und so weiter....

Denke nicht darüber nach, welche Form du nehmen sollst, sondern Du nimmst einfach die, die Dir als nächstes ins Auge fällt, ohne weiteren Kommentar. Dies machst Du so lange, und bitte nicht zu kurz, bis sich das Denken verlangsamt, so ein Gefühl von Entspannung und „Was soll's" eintritt, bis Du die Welt leichter und heller wahrnehmen kannst.

Achtung:
Dies erfordert Willenskraft, denn der Verstand wird sich energisch dagegen wehren und Tausende von Argumenten finden, warum Du dies nicht machen kannst, es sinnlos ist oder völlig verblödet und unter Deinem Niveau und Zeitverschwendung und vieles mehr. Mach es trotzdem!

Der Weg des Herzens

Dieser hier nun gezeigte Weg des Herzens ist Bewusstseinsentwicklung über die praktische Entwicklung von reiner Nächstenliebe, Öffnung des Herzens, absolute Nähe zu anderen, Einssein mit anderen. Es ist ein typisch *weiblicher Weg* mit der Betonung von Liebe, Hingabe, Empfangen aus Gnade. Hier muss man nichts tun außer sich dem Mutteraspekt Gottes, der Göttin, hingeben und so empfangen, ohne es erst verdienen oder erarbeiten zu müssen. Jeder kann dies in der Praxis erleben und die Resultate zeigen sich sehr schnell. Daraus lässt sich wieder deutlich ersehen, wie jedem Menschen ein Weg zu dieser Liebe und Freude offensteht, wie es prinzipiell jedem möglich ist, zumindest diesen Weg der Liebe praktisch zu gehen, wie einfach und leicht er sein kann und welche unglaublichen Resultate daraus zu gewinnen sind. Denn es zeigt sich auf diesem Weg auch, wie schon Meister Eckhart betonte: Wer der göttlichen, absoluten Liebe entgegengeht, dem kommt sie noch viel schneller entgegen, und ehe er es sich versieht, ist er von Ekstase überschwemmt, ist inmitten einer Lichtwelt, strömend in einem unendlichen Fluss von Liebe, von Schönheit, von Wahrheit und Glück. Dieser von mir weiblich genannte Weg ist daher nicht so sehr ein Stufenweg wie der männliche, sondern *hier kann alles jetzt geschehen, spontan und unverdient*, denn die göttliche Liebe überwindet leicht Raum und Zeit. Es ist ein schneller, mystischer und zugleich steiler Weg, aber er hat den Vorteil, dass er im Unterschied zum Meditationsweg gleich von vornherein die Praxis und konkrete Resultate mit einschließt.

Dies bedeutet: *Sie beginnen die Übungen hier und jetzt*, in Ihrer Umwelt und im Alltag, mit Ihren Mitmenschen. Sie fangen hier und jetzt konkret an zu lieben und diese Fähigkeiten zu erproben und sehen auch gleich die Reaktionen und Resultate. Hier können Sie sich nichts vormachen oder in die Tasche lügen, da Sie mit realen Menschen und Situationen und nicht mit bloßen geistigen Vorstellungen üben. Positiv ist auch, dass hier *keinerlei Vorkenntnisse oder Schulungen nötig* sind, auch keine Voraussetzungen an Zeit und Ort. Jeder kann lieben und dies überall und jederzeit praktizieren, auch ohne erst irgendeine Methode erlernen zu müssen. Dennoch müssen wir hier zugleich so einsichtig und so stark sein, unsere Blockaden, Begierden, Widerstände, alten Muster ständig zu erkennen und in dieser Liebe aufzulösen. Aber dies können wir auch mit den oben gezeigten Methoden der radikalen Wunschauflösung oder radikalen Vergebung tun, und so ist solches ebenso einfach geworden.

Ein weiterer Weg ist nun, nachdem wir gelernt haben, zu fühlen und zu verschmelzen und die ewige Liebe in uns oder im anderen zu erfahren, diese Liebe weiter in Raum und Zeit auszudehnen, zu entwickeln oder vielmehr uns zu dieser Liebe hin weiter zu öffnen. Hierfür gibt es sicher viele Methoden, auch das Gebet oder die bekannten buddhistischen Mitgefühlsübungen. Wir empfehlen hier die einfach und überall zu praktizierende folgende Übung der Herzensmeditation.

Der Weg zur Leichtigkeit und Heiterkeit des Seins ist der Weg des Herzens, und darum nenne ich diesen Zustand auch die Heiterkeit des Herzens, die unauflöslich mit der Lebensfreude verknüpft ist. Schon das Symbol des Herzens drückt es in seiner symbolischen Darstellung aus, wie das Herz die zwei Halbkreise in eins zusammenführt, die Dualität in die Einheit aufhebt, und zwar im dreifachen Wortsinn: indem es **erstens** die Dualität, die Trennung als solche negiert und überwindet, also auflöst; **zweitens,** indem es alles in die höhere Einheit des Geistes hinaufhebt; **drittens,** indem es das Einzelne und Individuelle in der Einheit aufbewahrt und nicht etwa zerstört. Dadurch wird die Einheit zur Ganzheit, in der alle eins sind und eins alles ist. Diese Realisation der Einheit geschieht einzig durch die Liebe:

Nur in der Liebe können zwei oder mehrere eins sein, ohne sich als einzelne zu vernichten. Nur in der Liebe, die sich im Herzen ausdrückt, ist Einheit in der Vielheit, Vielheit in der Einheit möglich.

Dies ist eine der größten Einsichten des Lebens. Die Weltsicht und das Lebensgefühl aus solcher Einsicht heraus, diese Souveränität tolerant zu leben und leben zu lassen, alles auch wieder loszulassen, dieser gelassene Standpunkt, gepaart mit unendlicher Geduld und Mitgefühl, können wir „die Heiterkeit des Herzens" nennen oder „gelassenes Mitgefühl". Grundlage für die Entwicklung solch ganzheitlicher, nicht-bedingter, nicht-klebriger Liebe in uns ist völlige Gelassenheit, geistige Neutralität, Toleranz und Offenheit. Entwickeln wir uns auf diesem Fundament weiter über das Annehmen, über die Dankbarkeit zu Wertschätzung und Liebe für alle Wesen und alles Sein, dann heben wir damit die einst selbst gezogenen Grenzen auf, die uns von den anderen Wesen, also von anderen Teilen des Bewusstseins trennen. Damit erleben und erfahren wir zugleich mehr und mehr das Gefühl der Einheit, zuerst mit bestimmtem Seienden, schließlich mit allem Sein. Letzteres ist dann wahre Ekstase.

Dieses grundlose Glücksgefühl mag in unserem Leben zunächst in bestimmten harmonischen Momenten vage auftauchen, noch unklar und vielleicht mit anderen Emotionen vermischt. Es wird aber mit zunehmender Bewusstseinsentwicklung immer klarer wie auch stabiler und dauerhafter werden, sich schließlich auch im Alltag mehr und mehr durchsetzen, so dass wir, wie Eckhart fordert, Gott nicht nur in der Kirche oder in harmonischer Umgebung haben, sondern überall, selbst in schlimmsten Situationen, ihn nicht mehr verlieren. Wir fühlen dann ganz intuitiv die Verbindung mit bestimmten Ereignissen, mit Menschen die uns begegnen, nehmen sie ganz innerlich und wesenhaft wahr, und – dies ist das Schöne daran – wir kennen automatisch und spontan auch deren Botschaft, deren Bedeutung für uns, ohne noch weiter analysieren zu müssen. So wird das Leben leicht und mühelos, frei und heiter, und mit einem solchen Herzen werden wir wieder die wahre und ewige Liebe kennen lernen, die wir im Grunde unseres Herzens schon sind. Spätestens hier wird Lebensfreude zum Dauerzustand.

In dieser Gelassenheit wird enormes *Vertrauen in das Leben* freigesetzt, und die Sorgen und Berechnungen, die ja ausschließlich aus dem Verstand kommen, verschwinden damit. In dieser Heiterkeit des Herzens können uns auch auftretendes Leid und Verlust nicht mehr grundsätzlich erschüttern, weil wir erstens um die Relativität dieser im Grunde virtuellen Welt und den ständigen Wandel der Erscheinungen wissen und sie losgelassen haben; und weil wir zweitens über eigene Erfahrungen wie auch über das Mitgefühl mit allen leidenden Wesen diese Emotionen und Trauer reichlich durchgemacht, mitgemacht, mitgetragen und miterlebt, und somit auch alle „negativen" Gefühle dauerhaft in uns integriert haben. Dies bedeutet praktisch, dass wir keine noch so großen oder fremdartigen Gefühle und Emotionen mehr ablehnen müssen, also auch Menschen aller Art verstehen, akzeptieren und lieben können. Wir sind nun Schöpfer, nicht mehr Opfer der Gefühle und können – wie Christus, Buddha oder Franz von Assisi oder Pater Pio, oder wie jene Vorbilder auch immer heißen mögen – alle Menschen in unsere Liebe einschließen und sie ihnen zukommen lassen.

Wer diese tiefe Herzensverbindung speziell zu anderen Menschen und Wesen so stärken will, oder wer eine generelle Wandlung und Transformation hin zu mehr Liebe durchführen, vertiefen und ausbauen möchte, der kann die folgende Übung probieren, die mit der uralten Technik des Mantra arbeitet. Ein Mantra ist ein „Feuerwort", das durch stete Wiederholung wirkt, langsam, aber unaufhaltsam. Sie ist vor allem empfehlenswert, wenn Sie nicht nur bestimmte Menschen und Situationen oder einzelne Lebensbereiche bearbeiten und sich dabei jeweils Stufe für Stufe entwickeln möchten, sondern wenn Sie eine schnelle, grundlegende und allesumfassende Transformation, einen grundsätzlichen Wandel ihres Seins anstreben. In dieser Übung wird unterschiedslos und ohne Einschränkung, ohne jede (Vor-)Bedingung **Liebe zu allen Lebewesen** entwickelt. Dies geschieht ganz ähnlich den Intentionen großer Meister wie beispielsweise der tibetischen Weisen, die ganz generell allen Lebewesen Wohlergehen und Erleuchtung wünschen und dafür tätig wirken. Somit kann Sie eine solche Übung analog auch in ähnliche Bewusstseinszustände führen wie jene Meister. Da sie kollektiv und nicht mehr individuell angelegt ist, kann sie auch zu kollektivem Bewusstsein und Wissen führen. Dies können Sie einfach selbst auszuprobieren.

Trotz dieses hohen Zieles ist es zugleich eine ungemein leicht durchzuführende Übung, wenn man nur konsequent ist und auch dann weiter übt, wenn sich anfänglich keine besonderen Ergebnisse zeigen. Dann muss eben erst der Boden bereitet werden, doch bei Fortführung wird sie in jedem Fall schöne und vielleicht auch süße Früchte bringen, denn keine Ursache ist ohne Wirkung. Die Liebe aber ist die stärkste Ursache und Kraft im Universum, da sie die Grundkraft aller geistigen Welten ist, ja, da sie die Essenz des Geistes selbst ist, und somit werden hier auch große Wirkungen ausgelöst. Die Liebe ist somit die einzige Kraft, die das Gesetz der niederen Welten, das Gesetz des Karma oder Schicksals jederzeit aufheben, alles wieder heilen und in die Einheit zurückbringen kann, denn die Liebe verzeiht alles, heilt alles, überwindet alles und gibt niemals auf. Daher führt die Entwicklung dieser in uns schon schlummernden Liebeskraft zu einer solch gewaltigen Transformation unseres Lebens und Seins, zu Frieden und Freude.

Übung 6: Herzensmeditation

Zweck:
Liebeskraft entwickeln und sich durchlichten, geistige Schwingung erhöhen.

Empfohlene Vorübung:
Betrachte nacheinander Objekte Deiner Umgebung, in Deiner Wohnung, Deinem Haus oder Garten oder in der Natur, und empfinde für alles bewusst Dankbarkeit und Wertschätzung, so lange, bis Du es fühlen kannst. Fahre fort, dies mit Lebewesen und dann mit Menschen zu üben, bis Du die Wertschätzung und Liebe wirklich in Dir fühlst und nicht nur im Denken bloß vorstellst.

Durchführung:
Teil 1: Fühle Dein Herz oder Herzzentrum und visualisiere dort ein kleines, wundervolles Licht, dass mit jedem Atemzug und mit Deiner Konzentration darauf immer größer und größer wird. Lasse es so intensiv werden, dass das Herz das Licht nicht mehr halten kann und es (möglichst in goldenen Strahlen) aus dem Herzen ausbricht. Stelle Dir weiter Deine Familie, Deine Freunde vor oder einfach die Menge der leidenden Wesen und, dass Deine Strahlen von deren Herzen aufgenommen werden, also Lichtbrücken oder Lichtverbindungen geschaffen werden. Fühle aufmerksam, wie sich dies anfühlt. Wann immer Du im Alltag Zeit hast, aber *mindestens eine Stunde pro Tag*, lieber öfter, sprich das Mantra bzw. den Satz „**Liebe allen Wesen**" in Dich hinein, wo immer Du gehst, stehst, sitzt, wartest, bei allen sich Dir bietenden Gelegenheiten, so oft wie möglich. Erzeuge dabei das Gefühl von Wohlwollen und Mitgefühl für alle diese Wesen und fühle, wie es von Dir wie von einer Sonne ausstrahlt. Optimal wäre es, wenn Du zusätzlich 1-2-mal am Tag meditieren könntest und dabei das Mantra gezielt und ohne Ablenkung in Dich hineinsprechen kannst. Führe dies über beliebig viele Wochen aus, bis es ganz automatisch wird, bis das Gefühl in Dir so stark wird, dass Du innerlich zu vibrieren beginnst.

Teil 2: Nun achte vor allem auf die Vorstellung, wie es auf manchen Heiligenbildern zu sehen ist, dass *aus Deinem Herzen Lichtstrahlen ausbrechen*, möglichst in reinem Licht (oder leicht rosa und blau gefärbt), wie also Licht und Liebe sichtbar aus Dir ausströmen. Dann lade diese von Dir ausgehenden Lichtstrahlen gezielt auf mit dem Mantra „**Liebe allen Wesen**" (oder ähnlicher Affirmation oder Segen) und fühle dies zugleich beim Aussenden, so wie Radiowellen mit einer Botschaft versendet werden. Nimm wahr, wie sich dies in Deinem Herzen anfühlt, es dabei immer liebevoller und größer wird und wie es Dich in eine immer feinere und liebevollere Schwingung bringt. Bleibe achtsam bei der bildlichen Vorstellung, die sich dadurch verstärkt (Gedanken sind Kräfte!), während Du weiter Dein Mantra sprichst. Visualisiere Dich als Lichtbringer oder Bodhisattva, als ein Wesen des Lichts, und strahle dies unaufhörlich weiter aus, bis das Mantra, das Licht und Du eins werden. // Verstärke es nach Wunsch, indem Du immer wieder *bewusst entscheidest,* Dich noch mehr dem Licht und der Liebe zu öffnen, Dich der Liebe ganz hinzugeben, in ihr zu versinken, sie immer intensiver zu fühlen und auszustrahlen. Genieße es, habe Freude daran, und achte auf die Wirkungen in Deinem Herzen und Deinem Wesen.

Resultate:
Empfinden intensiver Liebe und Mitgefühl, Verbindung, Ekstase, Einssein.

Haben wir solch tiefe Liebesverbindung mit der Welt und anderen fühlenden Wesen erreicht, können wir solche Energien von Licht und Liebe in uns fühlen, stabil ausstrahlen und spüren, dann zeigen sich bald entsprechende Wirkungen, sowohl innen wie außen in unserer Umwelt. Wir selbst verspüren Freudentränen, erleben intensive Emotionen und ekstatische Glücksgefühle und werden schließlich – bei völliger Gelassenheit – reine Ekstase und göttliche Liebe erfahren.

Empfehlung:
Die Bereitung darauf ist das wesentliche Ziel der Übung. Achte nicht so sehr darauf, wie Deine Lichtstrahlen aufgenommen werden. Sei vielmehr wie eine „Liebessonne", die über „Gut und Böse" strahlt, ohne Ansehen der Person, ohne Beachtung, wie es aufgenommen wird. Mit jeder Wiederholung kommst Du mehr und mehr in eine totale Liebesschwingung und zugleich in eine tiefe Verbindung zu allem Sein, die besten Voraussetzungen fürs Erwachen, dass ja darin besteht, Dein Selbst in allen Wesen und alle Wesen in Deinem Selbst zu erkennen oder zu realisieren, dass Du selbst reine Liebe bist, die alles erschafft.

3.3 Das Ziel – Erfahrung reinen Gewahrseins

Über solche Schritte wie einerseits die Erzeugung von Wunschlosigkeit (vgl. „Mensch ohne Wünsche ist Gott)" und Stille oder andererseits die Erzeugung von selbstloser Liebe zu allen Wesen werden die Voraussetzungen geschaffen, dass schließlich der Geist in seiner Bloßheit, ohne Erscheinungen, in seiner Nacktheit, ohne Phänomene, als reines Bewusstsein oder reines Gewahrsein erkannt werden kann. Dieses Erkennen geschieht dann nicht mehr von Subjekt zu einem Objekt oder Subjekt zu Subjekt, sondern der üblicherweise in Verkleidung befindliche Geist (in einem Wesen) erkennt sich nun als Geist ohne Verkleidung, als reines Sein oder Bewusst-Sein, was die Tibeter Rig-pa nennen (Gewahrsein). Der Geist sieht sich nicht mehr als ein Gegenüber, sondern ist sich seiner selbst gewahr, ist reines Bewusstsein von sich, also „gewahres Sein" – wach in der Leere. Dies geschieht, wie Meister Eckhart erklärte, in *einem* Erkennen, in *einem*

Lieben, in *einem* Sein. Licht erkennt Licht, und *damit sich und alles als Licht*, es ist daher kein Wissen von etwas, auch keine Weisheit, sondern es ist eine Selbst-Realisation, ein Aufwachen, wie es so treffend genannt wird, in dem einfach das Nicht-Wissen, der Schlaf, verschwindet.

Dies geschieht zumeist plötzlich (nach Aussagen des Zen oft wie mit einem Donnerschlag) und unerwartet, denn auch gemäß christlicher Lehre kann niemand sagen, wann genau der Bräutigam kommen wird. Aber sicher können wir sagen, dass er nicht kommt, wenn die Seele (die Braut) nicht bereitet ist, sich nicht geschmückt und mit dem Öl der Bewusstheit versorgt hat, um metaphorisch mit jenem Gleichnis zu sprechen. Bereitung ist nötig, aber nicht hinreichend, denn den letzten Schritt vollzieht die Gnade, die Liebe selbst, und von der Seele ist hier nur noch Hingabe gefordert, ein Sich-Einlassen, ein Verschmelzen, ein Sich-ganz-Entscheiden für diese Hochzeit. Doch dass sie kommt, wenn die individuelle Geist-Seele bereitet ist, das ist nach Meister Eckhart absolut gewiss, dürstet es doch Gott noch viel mehr nach der Seele als die Seele nach Gott, und er wird jede Gelegenheit wahrnehmen, sich wieder mit ihr zu vereinen.

Um diesem Geschmack der reinen Bewusstheit des Geistes zumindest nahezukommen, gibt es eine außerordentlich wirkungsvolle Übung, die meines Wissens lange Zeit geheim gehalten wurde. Sie macht auch erst nach Bereitung des Geistes und nach den bisherigen Vorübungen Sinn. Sie funktioniert nach dem Prinzip der Aufstellung, dass man als Bewusstsein jegliche Form annehmen kann. Nun ist aber jegliche Form das Gegenstück des reinen Geistes und, welche Form auch immer ich annehme oder über welche ich auch meditiere oder kontempliere, ich entferne mich damit stets von der Leere, der Stille, der Formlosigkeit. Doch es gibt eine Form, die jener Leere sehr nahekommt, eine Form, die schon formlos ist, und dies ist die Vorstellung des Raumes. Raum ist zwar tatsächlich noch eine Kreation, wie die Zeit, aber nicht mehr wirklich fassbar und greifbar, sie hat kein Gewicht oder Farbe oder auch sonst nichts mehr, was Form ausmacht. Sie ist eigentlich nichts, und enthält doch alles, und damit ähnelt sie dem reinen Geist mehr als alles andere. Diese Ähnlichkeit wollen wir uns zunutze machen und über den Raum in den leeren Geist einsteigen.

Denn Raum ist wie Geist:

- überall ausgedehnt und allumfassend und doch nirgends, wie der weite Himmel,
- nicht greifbar, messbar, fassbar, ohne Farbe und Gewicht,
- er durchdringt alles Seiende, ohne von diesem beeinflusst zu werden,
- er ist nicht wie die Dinge vergänglich, wenn Dinge in ihm vergehen,
- er entsteht nicht oder wird nicht größer, wenn sie oder etwas in ihm entstehen,
- er bedingt alle Dinge, denn nichts kann ohne Ausdehnung sein, er aber braucht die Dinge nicht, wird nicht davon bedingt,
- er wird nicht mehr, wenn er gefüllt wird, und nicht weniger, wenn er geleert wird,
- er ist also die unbeeinflusste Grundlage alles Seienden, gibt allem Koordinaten, weist allem seinen Platz zu, ohne von diesen beeinflusst zu sein.

Durch diese hohe Übereinstimmung mit dem reinen Geist – zumindest in unserer Vorstellung- können wir nun einen kleinen Trick versuchen, über die Identifizierung mit dem leeren Raum uns ein Gefühl oder eine Erfahrung von reinem Geist zu verschaffen oder dem nahezukommen, was in der Anwendung dieser Übung auch tatsächlich geschieht. Wenn wir uns also glaubhaft und intensiv mit Raum identifizieren und uns vorstellen, Raum zu sein, so werden wir irgendwie zu diesem Ungreifbaren, Formlosen, alles Durchdringenden, zu diesem Grund aller Dinge, und werden uns zugleich bewusst, wie alles in uns enthalten ist, ohne uns je zu tangieren. Ein unglaubliches Gefühl und ein Vorgeschmack auf das Erwachen.

Übung 7: Raummeditation

Voraussetzung:
Beherrschung des Geistes und Steuerung der Vorstellungskraft; Fähigkeit zu fühlen

Durchführung:
Bringe Deinen Körper in eine meditative, aber zugleich bequeme Haltung, in der er für die Dauer der Übung bleiben kann, und sorge dafür, dass Du in dieser Zeit nicht gestört werden kannst!! Entspanne Dich vielleicht mit einer Atemübung oder Musik.

Nun fühle ganz intensiv den Raum, den Dein Körper und Dein Energiesystem gerade jetzt einnimmt, und dessen Grenzen. Statt wie üblich mit der Masse des Körpers, identifiziere Dich nun einmal mit diesem Raum, wobei Du auch affirmieren kannst: „Ich bin dieser Raum, den der Körper jetzt einnimmt." Erst wenn Du zumindest vage fühlen kannst, Raum zu sein, als ob Du in einer Aufstellung dafür aufgestellt wärest, dann mache wie folgt weiter:

So mühelos Du kannst, dehne diesen Raum nach allen Richtungen hin aus, bis er das ganze Zimmer ausfüllt. (PAUSE). Dann fühle, dass alles in diesem Raum Enthaltene in Dir enthalten ist. (Also fühle Dich zuerst als dieser Raum, und dann fühle alles, was nun in Dir / darin enthalten ist.)

So mühelos Du kannst, dehne diesen Raum nach allen Richtungen hin aus, bis er das ganze Haus und die umliegende Natur ausfüllt. (PAUSE) Fühle, dass alles darin Enthaltene in Dir enthalten ist (z.B. Haus, Bäume, Parkplatz etc.) Wie fühlt sich dies an?

So mühelos Du kannst, dehne diesen Raum nach allen Richtungen hin aus, bis er die ganze Stadt / Landkreis / weitere Umgebung ausfüllt. (PAUSE). Fühle, dass alles darin Enthaltene in Dir enthalten ist (z.B. Flüsse, Straßen, Seen, Berge etc). Wie fühlt sich dies an? Einfach nachspüren und auch mal genießen.

Mache nun immer weiter: So mühelos Du kannst… (weiter über Bundesland, Nation, Europa, Erde, Sonnensystem, Galaxis bis schließlich über den gesamten Kosmos, das gesamte Universum…) Spüre bitte jedes Mal intensiv, wie alles in Dir enthalten ist, dass jedoch nichts davon Dich tangiert, ob es nun kommt oder geht, entsteht oder stirbt, während Du allem Raum gibst oder zuweist. Fühle dabei auch, dass, wenn etwas ins System hineinkommt, Du als Raum nicht mehr wirst, und wenn etwas vergeht oder zerfällt, Du nicht weniger wirst, sondern zeitlos und formlos weiter existierst, ohne Grenzen, alles umfassend, alles enthaltend.

Identifiziere Dich dann immer mehr statt bloß mit Raum, mit bewusstem Raum oder bewusstem Sein, so dass Du Dich schließlich sowohl als umfassender Raum wie auch als das alles umfassende Bewusstsein wahrnehmen kannst.

Wenn Du dies einige Minuten lang still wahrnehmen kannst, dann wende plötzlich Deine Achtsamkeit vom Raum und den Dingen darin weg und auf Dich selbst mit der Frage: „WER BIN ICH? WAS BIN ICH?" und lausche einfach in die Stille und Leere, ohne eine Antwort zu erwarten. Frage die Frage mehrmals mit anschließendem Lauschen. Nach einiger Zeit in dieser Stille beende die Übung nach eigenem Ermessen.

Resultate:
Üblicherweise erfährst Du zunächst eine unglaubliche Bewusstseinserweiterung und Ausdehnung. Zudem bekommst Du vielleicht zum ersten Mal das Gefühl oder sogar die Bewusstheit, nicht mehr ein Körper, eine Form, ein Ding zu sein, sondern etwas viel Tieferes hinter den Dingen, etwas Zeitloses, Ewiges, nicht Veränderliches, etwas Allumfassendes. Und vielleicht kannst Du plötzlich, wenn Du die Aufmerksamkeit dann nach innen richtest, Dich als dieses Auge, als das eine Erkennen, als gewahres Bewusstsein oder reinen Geist erkennen. Du solltest dies aber nicht erwarten oder fordern, sondern gelassen schauen, was passiert.

Eine weitere sehr weitführende und absolut geniale Übung, die ich nach wie vor in meinen Kursen auch zur De-identifizierung mit den Gedanken verwende, und damit ebenfalls zur Loslösung und Auflösung von allem Leid (denn Leid kommt nur aus Verhaftung mit Gedanken, indem wir sie glauben), ist die aus tibetischen Quellen abgeleitete Übung **„Die Katze vor dem Mausloch"**. Wer sie beherrscht, hat dauerhaft Macht über die Gedanken und damit über seine Welt, die letztlich ein Konstrukt und eine Folge dieser Gedanken ist oder, wie Jesus sagte: „Dir geschieht stets nach deinem Glauben." Fast alle Menschen, selbst wenn sie es intellektuell besser wissen, glauben ihren Gedanken, zumindest einigen, und so glauben sie: „Ich bin ein Versager...schlechtes Kind, bin nichts wert, dumm, ich hatte eine schlimme Kindheit...meine Eltern waren böse... niemand liebt mich" bis hin zu ganzen schrecklichen Lebensgeschichten, die aus solchen Mustern gestrickt sind. Die Folge ist, dass sie an diesen ihren Gedanken und Geschichten leiden, die sie selbst meist unbewusst gewählt haben, da sie keinen Abstand zu ihnen haben und sie für sich halten. Welch ein Irrtum!

In der folgenden Übung lerne ich nicht nur meine Gedanken zu beobachten und damit auch zu kontrollieren, sondern weit darüber hinaus lerne ich mich von ihnen zu distanzieren und damit auch zu wählen, welchen ich folgen will und welchen nicht. Vor allem aber lerne ich zu erkennen, dass ich nicht diese Gedanken bin, sondern der, der sie ja erkennen, beobachten, annehmen oder verwerfen kann, dass ich also der Beobachter bin und damit irgendetwas jenseits von Gedanken. Spannend wird es dann, herauszufinden, wer oder was diese „Katze" ist, die da vor dem Mausloch sitzt und die Gedanken beobachtet, doch davon später. Zunächst einmal die Übung, die vor allem anfangs einige Disziplin erfordert, die aber mit großen Geschenken wie Leidfreiheit und Geistesmacht den Aufwand reichlich lohnt.

Übung 8: Die Katze vor dem Mausloch

Voraussetzung:
Beruhigung und Beherrschung des Geistes / Steuerung der Aufmerksamkeit

Ort:
Meditationsplatz oder ruhiger ungestörter Ort

Durchführung:
Nach meditativer Einstimmung (eventuell über Atemübungen) und Zentrierung (den Geist bitten, dass man in seine Mitte gebracht wird) beobachte in Deinem Bewusstsein, wo die Gedanken herkommen. Nimm die gesamte Aufmerksamkeit und frage Dich: „Was ist wohl mein nächster Gedanke?" Bleibe ganz dabei, lausche, warte, bis ein Gedanke auftaucht. Dies muss mit ganzer und ungeteilter Aufmerksamkeit geschehen, so wie eine Katze vor einem Mausloch lauert, bis sich eine Maus zeigt.

Sobald sich ein Gedanke zeigt, ihn bemerken, vielleicht auch aussprechen, z.B. „das ist wieder ein langweiliger Tag heute….". Bemerke ihn wie ein Objekt, wie eine Wolke am Himmel, die vorüberzieht, aber *gehe auf keinen Fall darauf ein*, das heißt, schenke ihm keinen Glauben, mache ihn nicht real. Nur bemerken, dann ziehen lassen, dann sofort wieder „zum Mausloch" zurück und warten, was wohl der nächste Gedanke ist.

Während die Gedanken so kommen und gehen, erkenne, dass manche Gedanken die starke Tendenz haben, Dich mitzunehmen auf ihre Reise (dann wirst Du abgelenkt / jemand anders lenkt!). Beispielsweise der Gedanke „Ich kann das einfach nicht…." und ehe Du Dich versiehst, schenkst Du ihm Glauben und er nimmt Dich ein Stück weit mit „…das war schon immer so, ich bin einfach ein Versager, zu wenig Disziplin, sagte schon meine Oma…" (HALT!)

Sobald Dir bewusst wird, dass Du auf einen Gedanken „hereingefallen bist", Dich damit identifiziert hast und den Gedankeninhalt dann glaubst, stoppe ihn, lassen ihn einfach los und kehre zum Mausloch zurück. Die Übung ist also ganz einfach:

1) Beobachte voll Neugier und mit ganzer Aufmerksamkeit den jeweils nächsten Gedanken von einem imaginären Beobachterstatus aus, den wir die Katze nennen, einfach vom Gewahrsein.

2) Sobald ein Gedanke auftaucht, nimm ihn voll und ganz zur Kenntnis, mach ihn Dir ganz bewusst. Dann verabschiede ihn und lasse ihn ziehen, mach ihn auf keinen Fall Dir eigen.

3) Solltest Du (am Anfang sicher häufig) doch mit dem Gedanken mitfahren und ihn für wahr halten und Dich damit identifizieren (wobei Du sicher bemerkst, dass hier das Leiden anfängt), dann lasse ihn einfach bewusst los und kehre wieder gelassen zum „Mausloch" zurück.

4) Nach einiger Zeit der Übung, wenn Du kaum noch in Gedanken einsteigst und mit ihnen mitfährst, sondern wenn Du sie einfach nur zur Kenntnis nehmen kannst, ohne mitzuleiden oder mitzufühlen, dann entscheide Dich plötzlich, das Mausloch zu schließen und für eine bestimmte Zeit keine Gedanken mehr kommen zu lassen. Sollte dennoch einer rauskommen, sofort abschneiden. Schon bei kurzer Gedankenstille könnte etwas Interessantes passieren.

Resultate:
Mit der Zeit und bei hoher Achtsamkeit wirst Du vielleicht bemerken, dass der Gedankenstrom nachlässt, sich die Gedanken fast nicht mehr trauen, aus dem Loch zu kommen. Sie beruhigen sich also mehr und mehr und Dein Geist wird still.

Hinweis:
Noch wichtiger ist aber, dass Du mehr und mehr erkennst, dass Gedanken auch *nur Objekte* sind und eigentlich nichts mit Dir oder Deinem Wesen zu tun haben (man kann alles denken).

Du erkennst also, *Du bist nicht Deine Gedanken*, sondern die Katze, jenes erfahrende Gewahrsein. Dadurch identifizierst Du Dich immer weniger mit ihnen, erkennst klar, dass Gedanken nur Gedanken sind und überhaupt nicht geglaubt werden müssen. Der übliche Automatismus wird durchbrochen, Gedanken sofort als wahr zu nehmen („Ich schaff das wieder nicht…., Habe mich schuldig gemacht…., Ich bin ein Einzelgänger.", usw.), sondern sie einfach nur als Objekte zu sehen genauso wie auch die Emotionen, die ich annehmen kann oder auch nicht. Das heißt, ich bekomme wieder die Wahl über die Gedanken und damit die Macht der Entscheidung, ob ich sie glauben will oder nicht und ob sie in meiner Welt etwas erschaffen oder nicht, ob ich mich schlecht oder gut fühle oder, was ich von außen in mir anziehe, und vieles mehr.

Dies bedeutet letztlich Bewusstwerdung, wie Geist funktioniert, Freiheit von Verwicklung und zugleich Macht, über die bewusste Wahl der Gedanken gezielt Welt und Schicksal zu erschaffen, aber auch Macht, Gedanken einmal völlig auszuschalten.

Übung 9: Das stille Auge

Voraussetzung:
Beruhigung und Beherrschung des Geistes / Steuerung der Aufmerksamkeit
Auf jeden Fall solltest Du Deine Gedanken und Gefühle so weit unter Kontrolle haben, dass Du nicht zwangsweise mit ihnen gehst und darauf einsteigst, sondern dass sie immer das Gegenüber bleiben.

Ort:
Meditationsplatz oder ruhiger ungestörter Ort

Durchführung:
Am besten nach meditativer Einstimmung (eventuell über Atemübungen) und Zentrierung (den Geist bitten, Dich in Deine Mitte zu bringen), oder anschlie-

ßend an die vorige Übung mit dem Mausloch, oder anderen Übungen zur Beruhigung des Geistes.

1. Fühle Deine **Körperempfindungen**, die jetzt da sind, konkret und eine nach der anderen. Bleibe dabei aber immer distanziert wie ein äußerer Beobachter. Fühl auch, wie der Körper sich als Ganzes anfühlt, seine Schwere, Ausdehnung, Müdigkeit oder Energie etc. // Nach jeder Körperwahrnehmung, sobald sie voll gefühlt und erfahren wurde, sage zu Dir selbst:
Ich bin nicht dieser Körper, ich bin ja der, der diesen Körper beobachtet.

2. Fühle nun eine Zeitlang Deine **Gefühle und Emotionen**, die jetzt da sind, wie beispielsweise Unruhe, Trauer um Verlust, Sorge, Ängste, Aggression, Wut, oder auch Stumpfheit, Langeweile und was auch immer. Aber bitte eine nach der anderen. // Nach jeder einzelnen Gefühlswahrnehmung, sobald sie voll gefühlt und erfahren wurde, sage zu Dir selbst:
Ich bin nicht dieses Gefühl/diese Emotion, ich bin ja der, der diese Gefühle beobachtet.

3. Beobachte nun eine Zeitlang den nächsten Gedanken wie schon in der vorigen Mausloch-Übung, wie er auftaucht, halte ihn fest, erkenne ihn, sprich ihn aus, fühle ihn. Nach jeder einzelnen Gedankenwahrnehmung, sobald sie voll erkannt oder gefühlt wurde (z.B. „Die Oma liebt mich nicht..."), sage zu Dir selbst:
Ich bin nicht dieser Gedanke, ich bin ja der, der diesen Gedanken beobachtet.

4. Nach einer Zeit frage Dich urplötzlich:
WER SCHAUT DENN DA? WER BEOBACHTET DENN DA?
Wende damit zugleich Deine Aufmerksamkeit ganz weg vom Objekt zum Beobachter, zum stillen Zeugen, zum Auge hin und fühle, lausche einfach....
Frage wiederholen:
WER SCHAUT DENN DA? WER BEOBACHTET DENN DA? ... wieder lauschen.

Dann am Schluss der Übung, oder zwischendurch, kannst Du Dir noch einmal klarmachen:

ICH BIN nicht dieser Körper mit seinen Empfindungen,
ich bin der, der sie wahrnimmt.

ICH BIN nicht diese Gefühle und Emotionen,
ich bin der, der sie fühlt und wahrnimmt.

ICH BIN nicht diese Gedanken und Ideen,
ich bin der, der sie sieht und wahrnimmt.

ICH BIN nicht diese Person mit meinem Namen,
ich bin der, der sie sieht und wahrnimmt.

ICH BIN nicht dieses Bewusstsein,
ich bin der, der es erkennt, untersucht und anschaut.

WAS BIN DANN ICH? WER SCHAUT DENN DA?

WER SCHAUT DA?

WER SCHAUT DA?

Lausche mit Interesse nach der Antwort, fühle, wo es die Aufmerksamkeit hinzieht, lassen Dich hineinsinken in das Erkennen, in das Auge, denn Eckhart sagte uns doch: Das Auge, mit dem du Gott erkennst, ist dasselbe Auge, mit dem Gott dich erkennt, also es gibt nur ein Auge. In dem Moment, wo ich stilles Auge oder waches Gewahrsein bin, habe ich die Antwort und bin mir dann meiner Natur und Essenz bewusst, bin erwacht aus dem Traum.

Diese Übung kann ich in leichter Form auch im Alltag fortsetzen, indem ich mich einfach auf den Beobachterstatus zurückziehe und die Welt und auch mein Ego ohne jede Wertung einfach nur beobachte, was es so macht. Liebevoll, ohne Erwartung, und dabei immer mehr erkenne: Ich bin eigentlich nichts von dem, was da so vorgeht, ich bin das stille Auge….

Dann kann ich mehr und mehr darin verweilen, ohne die Welt aufgeben zu müssen. Ich bin dann noch in der Welt, aber nicht mehr von der Welt, sondern ihr stiller Zeuge und habe einfach meine Freude daran, und alles Handeln, wenn es notwendig wird, geschieht dann mehr und mehr von diesem Standpunkt aus.

Einführung in die Natur des Geistes

Nach solchen Vorübungen, die aber durchaus schon das Potential haben, die reine Natur des Geistes auftauchen zu lassen, ist ein Schüler bereit, in diese Natur direkt eingeführt zu werden. Die bisherigen Übungen dienten dazu, sich von Identifikation frei zu machen, das Herz zu öffnen, die Verbindung mit dem Ganzen vorzubereiten und schließlich auch Stille herbeizuführen. Warum hat Stille so einen großen Stellenwert in dieser Sache? Weil der eigene Geist hier die Chance hat, einmal sich selbst zu sehen, da Objekte plötzlich fehlen. Alles taucht daraus auf und verschwindet wieder darin, und sie ist auch das, was bleibt, wenn alle Phänomene verschwinden, wie das Meer, wenn sich alle Wellen einmal beruhigt haben.

Es ist wie die Leinwand im Kino, die man normalerweise nicht wahrnimmt, es sei denn, wir stellen für einen Moment den Film ab. Stellen Sie sich einmal vor, Sie sind im Kino und es läuft ein spannender Film. Wo ist Ihre Aufmerksamkeit? Natürlich bei den Geschehnissen des Films und bei den Akteuren, so dass Sie sich selbst im Kinosessel ganz vergessen. So sind wir normalerweise in dieser Seinsvergessenheit, wie Heidegger es beschrieben hat. Wenn nun entweder gezielt oder zufällig der Film plötzlich stoppt oder reißt, folglich der Projektor keine Bilder mehr an die Leinwand wirft und auf der Leinwand kurz Leere herrscht, dann wird man sich schlagartig bewusst, dass man im Kino sitzt und damit seines wahren Selbst bewusst, das völlig unbeteiligt ist am Geschehen des Films, aber doch ein notwendiger Beobachter, ein Auge, ohne das nichts gesehen und erlebt werden konnte, ja, wie die Quantenphysik sogar behauptet, ohne das nichts existierte!

Ähnlich auch bei den Übungen der Stille: Normalerweise richtet sich unser Geist, unsere Aufmerksamkeit im Wachzustand, ja immer auf etwas, ist ständig wie zwanghaft auf diese Objekte fixiert, und noch schlimmer, damit identifiziert wie mit den Geschehnissen auf der Kinoleinwand. Wenn nun diese Objekte durch

Hinwendung zur Stille ausgeblendet werden, oder wenn der Film – wie bei einem riesigen Leidensdruck geschehen kann – plötzlich reißt, oder wenn die Objekte durch Meditation bewusst abgeschaltet werden, wie in der nächsten Übung, – dann ist er plötzlich wach in der Leere, wendet sich auf sich selbst zurück, erkennt sich schlagartig selbst, in seiner Ungeformtheit und Essenz, da jede Form fehlt. Diese zeigt sich sonst immer in Sinneswahrnehmungen, Emotionen und Gedanken, wobei die letzteren am schwersten abzustellen sind. Doch probieren Sie es selbst mit der vorigen Übung Nr.9.

Daher ist es auch möglich, auf dem kurzen Weg, falls ein Mensch da ist, der dieses Erkennen realisiert hat, direkt von ihm eingeführt zu werden, um die Natur des Geistes zu erkennen durch eine Art von Geist-zu-Geist-Verbindung, die ich hier nur andeuten kann. Voraussetzung ist großes Vertrauen und Hingabe des Schülers, und durch die entstehende Resonanz wird es dann möglich, dass der Lehrer sich mit ihm verbindet und ihm einen Geschmack oder Einblick in diese Weite und Leere des Geistes vermitteln kann, auch in die grundlegende Verbundenheit aller Dinge. Wenn deren illusionäre Realität erkannt ist, müssen sie nicht mehr abgeschaltet oder aufgelöst werden, dann können sie ruhig bleiben, wie bloße Erscheinungen oder Spiegelungen auf dem Wasser. Dass sie nicht real sind, wen kümmert es? Dennoch kann ich dann, wie im Kino die Bilder, deren Schönheit trotz Vergänglichkeit annehmen und bewundern, die Geschichten genießen und mit ihnen den Schöpfer dahinter bewundern.

Die Erscheinungen des Lebens, die Gedanken, die Gefühle verlieren damit ihre Autonomie, Realität und Bedrohlichkeit und werden, wie der verehrte Lehrer Dilgo Khyentse Rinpoche es beschrieb, nur noch zu „Schreiben auf Wasser". Es sind „nur noch Gedanken, Gefühle", aber nichts was essentiell mit mir zu tun hat. Damit müssen Sie nicht mehr weg, um die Phänomene zu transzendieren und um die Leere und Stille dahinter zu sehen, im Gegenteil kann ich sie nun bewundern, ohne sie allzu ernst zu nehmen, und doch in jener Stille verweilen, von dort aus die Welt betrachten und genießen wie eine „göttliche Komödie", wie Dante es ausdrückt.

Diese Einführung in die Natur des Geistes kann nur durch einen Lehrer oder Freund geschehen, der schon den Traum durchschaut hat und den Schüler sanft dahin führt, vielleicht auch auf völlig unberechenbare Weise. Ist er genügend vorbereitet, gilt es für jene Einführung einen Moment zu finden, wo der Einzuführende den Verstand hinter sich gelassen bzw. das innere Geschwätz ausgeschaltet hat und in Gelassenheit nur wahr-nimmt. Vielleicht beobachtet er ganz aufmerksam einen Vogelflug oder schaut einem Sonnenuntergang zu, hört einen Frosch quaken oder hört einen Donnerschlag, und plötzlich fallen alle Dinge an ihren Platz, plötzlich erscheinen sie wie ein dünnes Gewand, aus der die Essenz hervortritt oder ins Bewusstsein einbricht. Meister Eckhart nennt es den Durchbruch, und so ist es auch. Es ist ein Durchbrechen der scheinbar so realen Matrix, die dann nur noch erscheint wie „Schreiben auf Wasser", wie ein Traum also, dessen man sich bewusst wird.

Und es ist wirklich wie beim Aufwachen aus dem Traum. Dieses Gleichnis ist absolut zutreffend. Man wird sich bewusst, dass man nur träumt, und das heißt, dass es bloß Erscheinungen, Gedanken, Gefühle sind, ohne weitere Realität, sein ach so wichtiges Leben mit all den Dramen nur eine Story ist, und das so wichtige Ego, für das gekämpft und gelitten und gestritten wurde, nur eine Ansammlung von wirren Gedanken. Noch wichtiger allerdings: Man erkennt beim Wachwerden zugleich den Träumer, das Bewusstsein, von dem es ausgeht, erkennt jetzt den, der da träumt, und dies nennen wir das reine Gewahrsein oder die Natur des Geistes. Diese Einführung kann durch einen Meister oder Lehrer initiiert werden, vielleicht kann es auch durchs Leben selbst geschehen. Es geschieht plötzlich, wenn das Bewusstsein des Einzelnen reif ist, so wie man einen Apfel pflücken kann oder er, sobald er reif ist, auch ohne äußere Einwirkung vom Stamm fällt. Doch es bleibt eine Einführung und muss nun in jedem Falle weiter vertieft und ausgebaut und integriert werden.

Die Wahrscheinlichkeit für einen solchen Durchbruch lässt sich erhöhen, wenn man sich beispielsweise mit voller Achtsamkeit in eine schöne Wahrnehmung vertieft, sei es musikalisch, sei es in ein Bild, in eine Landschaft, sei es in die klaren Geräusche einer monddurchfluteten Nacht, eines Sonnenuntergangs oder sei es durch meditatives Lesen bestimmter heiliger oder inspirierender Texte, wie es beispielsweise auch Ken Wilber empfiehlt, dessen Empfehlung ich mich ausdrücklich anschließe. Alles Schöne, Wahre und Gute in jedweder Form, in der es sich zeigt, ist hilfreich für diesen Prozess. Öffnen Sie sich daher wieder für erhebende Musik, für Vertiefen in schöne Landschaften, inspirierende Bilder, heilige Texte und natürlich vor allem für die Liebe, die alles heilen und erheben kann, und die davon ausgehende Freude, der schöne Götterfunke, der uns nach Elysium zurückbringt. Diese Rückverbindung, diese wahre Re-ligio, diese Heimkehr wünsche ich allen Lesern von ganzem Herzen, und sie ist gewiss, weil wir schon jetzt immer da sind.

4. DIE NEUE ZEIT – KOLLEKTIVES ERWACHEN

Wer die Zeichen der Zeit lesen kann, was die Alten genannt haben „im Buch der Natur lesen", der kann feststellen, dass offensichtlich noch nie so viele Meister und spirituelle Lehrer unter uns waren wie gerade jetzt. Da nichts in diesem Universum rein zufällig geschieht, sondern vom Geist erschaffen und damit stets vernünftig und sinnvoll ist, so kann dieses vermehrte Auftreten von Meistern und die steigende Zahl bewusstgewordener Menschen nur einen Sinn haben: Wir stehen am Anfang einer neuen Zeit oder haben die Chance, eine Transformation bzw. einen großen Bewusstseinssprung in unserer Evolution zu machen. Viele weitere Zeichen deuten ebenfalls darauf hin, wie das Ansteigen der Erdschwingung und vieles mehr, auf das ich hier nicht eingehen will. Doch wir und jeder einzelne entscheidet mit darüber, nicht *wohin* die Reise geht, das ist in der Evolution festgelegt, sondern wie die Reise geht, wie wir zu dem nächsten Etappenziel kommen, wie wir diese Transformation haben wollen, ob leidvoll, freudig, langsam oder schnell, mit viel oder wenig Kampf. Wir können dies ausgestalten, und so hat alles, was Sie jetzt denken und tun, Auswirkungen auf das Ganze der nächsten Jahre und Jahrzehnte, denn Sie sind ein wesentlicher Teil des Bewusstseins.

Es geht hier nicht mehr nur um persönliches Durchbrechen einzelner, um Erwachen des Bewusstseins in bestimmten Personen, wie es seit Jahrtausenden gelehrt wurde und auch immer wieder geschehen ist. Dann könnten wir wie früher dies weiter in Geheimgesellschaften und mystischen Schulen durchführen, deren Teilnahme streng reglementiert ist. Jetzt scheint es aber so, das der Hochzeitstag für viele gekommen ist und das Leben uns alle zu diesem Gastmahl einlädt, so dass nicht nur wenige Söhne nach Hause kommen, sondern viele oder gar alle. Erinnern wir uns, dass Christus selbst prophezeit, das seine Wiederkunft nicht im Äußeren stattfindet, so dass man sagen könnte hier oder dort (zumal er auch sagte, dass das Himmelreich in uns ist). Daher muss und wird seine Wiederkunft in den Herzen der Menschen, im Geist stattfinden. Hier in der Gottesgeburt im Herzen, im Durchbruch, wenn die Seele in Gott bricht und Gott in die Seele einbricht oder geboren wird, hier findet die Wiederkehr Christi statt, nur dass sie jetzt kollektiv stattfinden wird, und das ist neu.

Es sieht nun insgesamt so aus, dass diese Zeit kollektiven Erwachens gekommen ist, die übrigens von zahlreichen Sehern oder Propheten verkündet wurde. Sogar im Alten Testament steht über die „letzten Tage" Folgendes geschrieben: „In den letzten Tagen, spricht der Herr, will ich meinen Geist ausgießen über alles Fleisch. Eure Söhne und Töchter werden wahrsagen und prophetisch sprechen, eure Greise werden Wahrträume haben, eure Jünglinge Gesichte schauen. Selbst über die Knechte und Mägde werde ich in jenen Tagen meinen Geist ausgießen." (Joel 3,1-3) Ist es nun heute nicht so, dass immer mehr Menschen solche Begabungen entdecken und offenbaren und dies immer mehr zunimmt? Wir erleben dies ganz praktisch auch in unseren Seminaren, wo immer begabtere und offenere Menschen erscheinen und die Prozesse immer leichter, immer schneller immer tiefer gehen, ohne die früheren Widerstände. Plötzlich sind viele vordem schwer zu erlangende Geisteszustände fast selbstverständlich, in frühere Leben zu schauen ein Leichtes, und auf den Lichtreisen können fast alle bereits beim ersten Versuch durch das große Tor ins Lichtreich schreiten, was früher vielen zunächst verschlossen war. Bewusstsein verändert sich deutlich.

Dass die Tage (gemeint ist die Zeit, wie sie bisher war) gezählt sind und wir die letzten der alten Zeitrechnung erleben, dies ist auch an Aussagen vieler außerchristlichen Religionen und Überlieferungen wie die der Hopis oder die der Mayas belegen, deren tausendjähriger Kalender „rein zufällig" in diesen Tagen endet. Dies ist nun nicht so zu verstehen, dass an einem bestimmten Tag sich alles schlagartig ändert, sondern es ist ein sich vollziehender Wandel, der dennoch verglichen mit den Zeiträumen der bisherigen Evolution rasend schnell und in nur wenigen Jahren vor sich geht.

Als einer, der durch die Worte Meister Eckharts den Weg schon kennt, haben Sie nun die Wahl, hier mitzuschwimmen oder sich vom Leben (gegen Ihren Willen) mitreißen zu lassen mit der Gefahr, dabei unterzugehen. Daher ist es immer klug gewesen, die Zeichen der Zeit frühzeitig zur Kenntnis zu nehmen und sich wie bei einem herannahenden Tsunami rechtzeitig auf höheres Terrain zu begeben, in diesem Fall auf höhere Ebenen des Geistes.

Jeder, der dies fühlen und erfassen kann, ist nun aufgerufen, dies auch in sich zu verwirklichen und zu realisieren, die Samen aufgehen zu lassen, die Meister Eckhart, eine der größten unserer Mystiker und Wegweiser vieler Gottsuchender, vor 700 Jahren in dunkelster Zeit gesät hat. Wer Interesse hat, diese Schritte des Erwachens mit gleichgesinnten Menschen gemeinsam in einer kleinen Gruppe zu gehen, was auf jeden Fall auch viel Spaß macht, ist gerne zu den entsprechenden Kursen eingeladen, die wir jährlich anbieten.

Wir müssen diese Samen des Erwachens zuerst *in uns* aufgehen lassen. Da aber alles mit allem verbunden, und Trennung eine Illusion ist, werden alle unsere Gedanken, Taten und Realisationen wieder Auswirkung haben auf das Ganze, und so werden wir über das Innen das Außen verändern können. Dies sich zu erinnern ist vor allem in den nächsten Jahren wichtig, wenn viele Probleme im Außen auf uns zukommen und es so aussieht, als dass wir sie zuerst und dringend im Außen lösen müssten. Das hermetische Gesetz sagt aber: Wie innen, so außen, wie oben, so unten, und nicht umgekehrt. So ist jeder Leser aufgerufen, dies in sich, in seinem Herzen wachsen zu lassen, und von dort wird es ganz von selbst weitere Wellen schlagen, sich ausbreiten in die Herzen aller, weil alle Herzen nur ein einziges Herz sind, wenn man Eckharts Lehre von der Einheit in Christus ernst nimmt.

Kollektives Erwachen bedeutet also, Menschen realisieren ihr göttliches Wesen (wo die Seele ist, da ist Gott…), ihre wahre Buddhanatur. Christus wird nicht mehr an einem Ort wiederkommen, sondern in den Herzen vieler Menschen geboren, und von dort kann das erwachte Christusbewusstsein weiter leuchten und ausstrahlen in die restliche Welt hinein. Es wäre für uns alle sehr schön, noch erleben zu können, wie dieses kollektive Bewusstsein erwacht oder zumindest auf eine höhere und feinere Stufe kommt und wie das gemeinsame Leben in und mit diesem Bewusstsein aussehen wird. Wir leben in spannenden Zeiten, und statt nun kleine Schritte zu tun, sollte jeder mit seinem „Pfund wuchern" und nicht der faule Knecht sein. Denn am Schluss unseres Lebens zählt nicht, was wir eingesammelt oder was wir über die Zeit bewahrt haben, selbst wenn es noch so heilig ist, sondern – erstaunlicherweise – zählt nur, was wir gegeben haben, ob wir auf dem Markt mit offenen Händen alles gegeben und unseren Rucksack völlig geleert haben. Für diese Reise, unser Wirken und unsere Vollendung können wir jederzeit auf die göttliche Liebe zählen, von der ich hier gesprochen habe, die das Wesen Gottes und damit unser wahres Wesen ist und ewig sein wird, wie Eckhart uns zuruft: „Gott ist Liebe, denn er liebt mich mit der Liebe, mit der er sich selbst liebt; und wer ihm das nähme, der nähme ihm seine ganze Gottheit…" [279] und darum sollen wir niemals ruhen, bis wir das werden, was wir ewiglich in ihm gewesen sind"[280], also ganz dieselbe Liebe, eins in Einem und in Einem Eines ewiglich.

Nachtrag

Geführte „**Reise ins Licht**" durch Bilderleben mit CD

Ich möchte Sie noch kurz auf das Verfahren der geführten Bildmeditation hinweisen, das ich speziell für mystisches Erleben entwickelt habe und das auch sehr weit führen kann. Mit gezielten Bildern wird in Meditation oder leichter Trance der Seele Anweisung gegeben, in bestimmte höhere Bereiche vorzudringen und Sie bewusst zu erleben. Zunächst geht es über den Kosmos hinaus in das Licht der eigenen Geistseele, dann über astrale Himmelswelten, die sehr interessant sein können, bis hin an das Portal der Ewigkeit, und dahinter ins Lichtreich. Den meisten Menschen ist es möglich, oft sogar beim ersten Anlauf, sicher aber bei wiederholtem Versuch, die Himmelswelten geistig zu erleben und das reine Lichtreich selbst zu erfahren und damit einen Vorgeschmack auf die nicht-polaren geistigen Welten zu bekommen, und von der Freude und Liebe, die darin enthalten sind.

Dazu erhältlich vom Autor selbst getextet und gesprochen:

CD „Die Reise ins Licht" –
musikalisch untermalte Bildmeditation ca. 50 min. // 12.-Euro

Bestellung nur über:
Aline Reiter, Oberstraße 6, 56357 Himmighofen Tel. 0171-3030308

Hier auch Info zu allen Seminaren von Dr. Reiter, weitere Info und Termine siehe Webseiten

Infos oder Anmeldungen zu den 7-Tage-Retreats „Schritte ins Erwachen" ebenfalls bei obengenannter Adresse und Telefonnummer oder über die Webseiten.

Webseiten: www.peterreiter.com / www.dynamische-aufstellungen.com / www.tigertraining.de / www.oneness-aufstellungen.com / www.lebensfreude.tv

Quellenangabe der Zitate

Die Zitate sind fast ausschließlich und mit freundlicher Genehmigung entnommen aus der Veröffentlichung des Kohlhammer-Verlages, dem ich hiermit von ganzem Herzen danken möchte für die Erlaubnis, daraus zu zitieren, was meine Arbeit sehr erleichtert hat.

Meister Eckhart – Die deutschen Werke – Band 1-5

Herausgegeben und übersetzt von Josef Quint (†) und Georg Steer.
  Dies ist die beste und umfassendste derzeit vorhandene Ausgabe mit fast allen aufgefundenen Predigten und Schriften Meister Eckharts und übersetzt von dem großen Eckhart-Übersetzer Josef Quint, der sein Leben dieser Aufgabe gewidmet hatte.

DW=Deutsche Werke / DW1 = Bandnummer / .450 die Seitenzahl / M/90 = die Seitenzahl derselben Stelle im mittelhochdeutschen Original im selben Band

Beispiel: DW1.450 M/90 = Übersetzung Seite 450 im Band 1, mittelhochdeutsch Seite 90.

Q. = Meister Eckhart, Deutsche Predigten und Traktate, Diogenes Verlag

Endnoten

1	DW1.450 M/90	46	DW2.662 M/143	90	DW2.735 M/551
2	DW2.731 M/506	47	DW1.500 M/303	91	DW2.685 M/262-263
3	DW2.721 M/454	48	DW2.735 M/551	92	DW2.654 M/84
4	DW2.684 M/253	49	DW1.446 M/78	93	DW2.641 M/13-14
5	DW2.727 M/487	50	DW1.501 M/306-307	94	DW3.549 M/244-245
6	DW1.471 M/173	51	DW2.736 M/557	95	DW2.755 M/632
7	DW1.518 M/380-381	52	DW2.739 M/568	96	DW2.692 M/293-294
8	DW2.643 M/30	53	DW2.701 M/343	97	DW1.497 M/288-289
9	DW1.468 M/165	54	DW2.644 M/34-35	98	DW3.524 M/109
10	DW2.642 M/24	55	DW5.499-500 M/110-111	99	DW3.528 M/129
11	DW1.473 M/182-183	56	DW1.472 M/178	100	DW3.519 M/89
12	DW2.644 M/34	57	DW1.507 M/336	101	DW3.521 M/92
13	DW2.756 M/635	58	DW2.735 M/549	102	DW2.706 M/373
14	DW2.755 M/631-632	59	DW1.451 M/94-95	103	DW2.652 M/76-77
15	DW3.528 M/129	60	DW1.499 M/299	104	DW2.652 M/73-74
16	DW3.518 M/82	61	DW1.467 M/162	105	DW3.532 M/146
17	DW3.553 M/267	62	DW1.440 M/52-53	106	DW1.499 M/298-299
18	Q.425	63	Q.418	107	DW3.564 M/324-325
19	DW1.471 M/172	64	Q.423	108	DW3.535 M/162
20	DW2.695 M/308	65	Q.430	109	DW3.537 M/173
21	DW1.477 M/197-198	66	Q.433	110	DW3.546 M/222
22	DW2.755 M/631-632	67	Q.433	111	DW5.501 M/114
23	DW1.467 M/162	68	DW 1.520 M.389	112	DW5.500 M/111-112
24	DW1.429 M/5	69	DW5.504 M/118-119	113	DW1.521 M/394-396
25	DW1.431 M/13	70	DW1.454 M/86-87	114	DW1.507 M/336
26	DW2.654 M/88	71	DW2.707 M/380-381	115	DW1.506 M/331
27	DW2.651 M/66	72	DW3.564 M/321	116	DW1.521 M/394-396
28	DW2.710 M/404-405	73	DW2.708 M/383	117	Q.436
29	DW1.518 M/382-383	74	DW1.494 M/273 u.	118	DW2.666 M/163-164
30	DW2.708 M/382		DW2.644 M/32-33	119	DW1.522 M/398-399
31	DW1.444 M/69-70	75	DW3.590 M/469	120	DW2.677 M/216
32	DW1.447 M/80	76	DW1.454 M/107	121	DW1.502 M/315
33	DW2.713 M/418	77	DW2.647 M/49-50	122	DW3.544 M/215
34	DW1.477 M/199	78	DW2.656 M/95-96	123	DW3.533 M/148-149
35	DW1.520 M/387-388	79	DW3.522 M/100	124	DW3.560 M/298
36	DW2.729 M/495	80	DW2.682 M/241	125	DW3.585 M/442-443
37	DW2.728 M/492-493	81	DW1.467 M/163	126	DW3.590 M/469
38	DW3.514 M/64	82	DW3.511 M/38	127	DW1.447 M/80
39	DW2.663 M/145-146	83	DW2.710 M/400	128	DW2.652 M/74
40	DW2.752 M/616	84	DW3.574 M/379	129	DW2.731 M/505
41	DW 1.520 M.389	85	DW1.464 M/150	130	DW2.679 M/227-228
42	DW2.696 M/309	86	DW1.522 M/401 402	131	DW1.476 M/194
43	DW3.534 M/151-152	87	DW1.471 M/173	132	DW1.444 M/72
44	DW3.572 M/366	88	DW1.445 M/72-73	133	DW1.454 M/109-110
45	DW3.545 M/218	89	DW2.662 M/141	134	Q.418

135 Q.415	184 DW3.525 M/113	233 DW2.682 M/243-244
136 Q.425	185 DW2.658 M/108-109	234 DW3.578 M/400
137 Q.426	186 DW2.738 M/566	235 DW3.583 M/429
138 Q.418	187 Q.419	236 DW5.489 M/46
139 DW1.444-445 M/72	188 Q.272	237 DW3.541-542 M/196
140 DW2.679 M/230-231	189 Q.273	238 DW3.551 M/259-262
141 DW1.525 M/417-418	190 DW1.518	239 DW3.561 M/299-300
142 DW2.679 M/231	191 Q.273	240 DW1.515 M/366-367
143 Q.431.	192 DW2.728 M/492-493	241 DW2.664 M/152
144 DW1.434 M/27	193 DW2.651 M/64-65	242 DW2.698 M/326
145 DW1.472 M/179	194 DW1.437 M/42	243 DW2.705 M/366
146 DW2.652 M/74	195 DW1.437 M/40-41	244 DW2.664 M/154
147 DW2.695 M/306	196 DW2.713 M/421	245 DW3.524 M/109
148 DW1.520 M/387	197 DW1.437 M/42	246 DW1.476 M/195
149 Q.415	198 DW1.450 M/90	247 DW1.489 M/246-247
150 Q.426	199 DW2.731 M/504-505	248 DW2.640 M/12-13
151 Q.427	200 DW2.643 M/31-32	249 DW2.684 M/256
152 Q.425	201 DW3.596 M/488	250 DW1.430 M/9-10
153 DW3.575 M/387	202 DW1.514 M/360-361	251 DW1.435 M/29-31
154 DW1.470 M/171	203 DW1.496 M/281-282	252 DW3.598 M/492
155 DW2.681 M/238	204 DW1.496 M/284	253 DW3.594 M/485
156 DW2.698 M/321-322"	205 DW3.519 M/89	254 DW5.486 M/40-41
157 DW1.432 M/18-19	206 DW1.490	255 DW2.735 M/551
158 DW1.510 M/344-345	207 DW1.481 M/216	256 DW2.684 M/257
159 DW1.518 M/382-383	208 DW1.478 M/201	257 DW2.640 M/11
160 DW3.528 M/131	209 DW1.467 M/162	258 DW2.660 M/125
161 DW3.583 M/430	210 DW3.538 M/179	259 DW2.688 M/278
162 DW5.480 M/29	211 DW3.529 M/132	260 DW2.716 M/436
163 DW1.477 M/197-198	212 DW2.713 M/419-420	261 DW1.447 M/80-81
164 DW1.432 M/17	213 DW2.730 M/503	262 DW1.486 M/233
165 DW3.528 M/130	214 DW1.518 M/382-383	263 DW2.653 M/79
166 DW5.503 M/117	215 DW3.586 M/448	264 DW1.478 M/200
167 DW2.680	216 DW2.712	265 DW2.685 M/261-262
168 DW3.563 M/319	217 DW2.652 M/74-75	266 DW2.639 M/8-9
169 Q.427	218 DW1.477 M/197	267 DW2.657 M/99
170 DW2.680 M/232	219 DW1.521 M/394-396	268 DW1.442 M/61-62
171 DW1.346	220 DW2.713 M/421	269 DW1.443 M/64
172 DW2.682 M/241	221 DW2.656 M/95-96	270 DW3.541 M/194-195
173 DW1.439 M/32-35	222 DW1.520 M/389	271 DW1.487 M/240
174 DW1.435 M/31-32	223 Q.436	272 DW2.708 M/383
175 DW1.471 M/172	224 DW1.449 M/72-73	273 DW3.522 M/100
176 DW1.432 M/19-20	225 DW1.449 M/77-78	274 DW1.488 M/246
177 DW3.528 M/131	226 DW2.701 M/342	275 DW2.752 M/616
178 DW3.540 M/188	227 DW3.553 M/266-267	276 DW5.486 M/41-42
179 DW2.729 M/497	228 DW2.698 M/325	277 DW1.488 M/246
180 DW1.455 M/113	229 DW3.526 M/119	278 DW5.497 M/60
181 DW2.684 M/257	230 DW2.693 M/296-297	279 DW3.518 M/81
182 DW1.454 M/105	231 DW3.517 M/79-80-81	280 DW2.685 M/262-63
183 DW3.564 M/322	232 DW1.472 M/177	

Weitere Bücher aus dem Verlag Via Nova:

Geh den Weg der Mystiker
Meister Eckharts Lehren für die spirituelle Praxis im Alltag
Peter Reiter

Hardcover, 304 Seiten, ISBN 978-3-936486-37-7

Noch nie war Mystik so spannend, so aufregend! Zeitgemäß, lebendig und alltagsorientiert vermittelt der Meister-Eckhart-Experte Peter Reiter die Lehre des größten deutschen Mystikers – exemplarisch für alle mystischen Traditionen. Die Kraft und Inspirationen der Lehre Meister Eckharts werden hier so vermittelt, dass sie direkt ins Herz des Lesers fließen. Schritt für Schritt begleitet Peter Reiter den Suchenden an den Ort, wohin der alte Meister schon seine Zuhörer führte: zur unmittelbaren Erfahrung des All-Eins-Seins inmitten der Welt, ins Hier und Jetzt! In allen Lebensbereichen kann das Göttliche geahnt, gefühlt und erfahren werden. Der Weg zum Ziel führt mit entsprechenden Übungen über verschiedene Etappen: Mitgefühl mit allem Sein, leben in Gelassenheit, Widerstand aufgeben, die Welt annehmen, Verantwortung übernehmen, Altes bereinigen, Bewerten und Verurteilen sein lassen, mit Trauer und Leid umgehen und die Liebe leben. Die Übungen im Geiste Eckharts stammen aus verschiedenen mystischen Schulen und geistigen Traditionen.

Dein Seelenhaus
Ein direkter Weg mit der Seele zu sprechen
Peter Reiter

Hardcover, 200 Seiten, ISBN 978-3-86616-062-0

2. Auflage

Spielerisch die eigene Seele erkunden, Vorzüge und Defizite seiner Persönlichkeit in wenigen Minuten erkennen lernen und dabei auch noch Spaß und Entdeckerfreude haben – geht das? Ja, mit der hier vorgestellten und neu entwickelten Methode von Dr. Peter Reiter ist dies einfach. Nicht nur, dass Sie endlich wissen werden, welche Talente und Fähigkeiten in Ihnen schlummern, Sie erkennen in diesem Bild des Seelenhauses sofort, schnell und sicher Ihre Defizite oder Bereiche, die der Zuwendung, Entwicklung und Heilung bedürfen. Sie verändern mit dem Umbau des Seelenhauses auch Ihre Seelenmuster und von da ausgehend auch Ihre äußere Erscheinung und Ihr Verhalten zur Mitwelt. Dies funktioniert bei Ihnen selbst wie auch bei Ihren Freunden, Kindern, Partnern oder Klienten und Patienten – eine kurze Bildmeditation genügt, um das Innere zu erfassen. Es geschieht mühelos, nur über eine entsprechende Visualisation und Absicht, denn die Lebensenergie folgt den Gedanken oder Bildern.

Dein Seelenhaus
Ein direkter Weg mit der Seele zu sprechen
Übungen – Meditationen, 2 CDs
Peter Reiter

ISBN 978-3-86616-073-6

Hier nun die schon von vielen erwarteten zwei CDs mit den wichtigsten Meditationen zum Buch „Dein Seelenhaus" von Dr. Peter Reiter, der die Übungen noch einmal verbessert und verfeinert hat und sie auch selbst spricht, zusammen mit Renate Lippert. Sie können sich sanft mit Musikbegleitung entspannen sowie durch die geführten Visualisationen spielerisch leicht die eigene Seele erkunden und die Vorzüge und Defizite Ihrer Persönlichkeit in wenigen Minuten erkennen lernen. Dies geschieht mit Hilfe einer einfachen Metapher, die jeder versteht und sofort deuten kann – dem vorgestellten Seelenhaus, das mit Hilfe der ersten Übung auf dieser CD sofort in Ihrem Inneren auftaucht. Sie entdecken, welche Talente und Fähigkeiten in Ihnen schlummern und welche Anlagen Sie mitgebracht haben. In dem Bild des Seelenhauses erkennen Sie schnell und sicher Ihre Defizite, Blockaden oder seelische Bereiche, die der Zuwendung, Entwicklung und Heilung bedürfen – bei Ihnen selbst wie auch bei Ihren Freunden, Kindern, Partnern oder Klienten und Patienten, einzeln oder in Gruppen.

Dynamische Aufstellungen
Heilung durch die Macht der Liebe
Peter Reiter

Hardcover, 240 Seiten, ISBN 978-3-86616-008-8

„Dynamische Aufstellungen" sind ein neues und geradezu sensationell wirkungsvolles Heilverfahren, das Elemente von Mystik und Spiritualität mit moderner Psychologie verbindet. Hier werden nicht mehr wie beim Familienstellen die beteiligten Personen, sondern vor allem die Emotionen und Energien des zu heilenden Konflikts aufgestellt und geheilt. Ein weiteres wesentliches Element ist die Ausrichtung auf die göttliche Liebesenergie und die dem Menschen innewohnende geistige Kraft, die durch die Intelligenz und Ganzheit des Geistes die Konflikte auf der Ursachenebene wieder in den Fluss bringt und empirisch nachvollziehbar hier oft Wunder wirkt. Dr. Peter Reiter hat mit diesem weltweit ersten Grundlagenwerk einen Leitfaden für Heilungssuchende geschaffen, mit dem der Leser Schritt für Schritt in diese zukunftsweisende Heil- Methode eingeführt wird. Zugleich bietet es fundierte Einblicke in die Wirkungsweise, die Hintergründe sowie die Umsetzung in der Praxis und ist somit eine unabdingbare Orientierungshilfe für Heilungssuchende und Therapeuten.

Den Tiger reiten
Vision einer neuen globalen Ökonomie
Peter Reiter

Paperback, 320 Seiten, ISBN 978-3-86616-134-4

Das Buch fasst die 10 grundlegenden Kritikpunkte an unserer Wirtschaft zusammen, die im Informationszeitalter noch mit Leitbildern und Paradigmen des überholten Industriezeitalters arbeitet. Es zeigt auf, dass dies in eine große Krise führt, wenn Management und Wirtschaftsführer nicht umdenken, um diesen Wandel zu bewältigen. Der Autor, selbst Unternehmer, aber auch Philosoph und Businnes-Coach, bietet die Vision einer neuen Wirtschaft an, die vorrangig wieder den Menschen dient und langfristig Nutzen für alle bringt: ein Wirtschaften mit Vernunft und Herz, wo Manager als Unternehmer globale soziale Verantwortung übernehmen für ihr Tun und die Folgen und dabei zugleich Profit erwirtschaften. Die Wirtschaft wird dargestellt als Tiger, der wegen seiner Macht gefürchtet wird, aber gezähmt werden kann. Wer als Unternehmer überleben will, muss schnellstens lernen, den Tiger zu reiten. Das Buch zeigt ganz neue, klare und praktische Methoden aus der Bewusstseinsforschung, dies in kurzer Zeit bei sich und im Unternehmen umzusetzen.

Die Kunst der Lebensfreude
Ein praktischer Weg zu mehr Lebensglück und Erfüllung
Peter Reiter

Hardcover, 264 Seiten, ISBN 978-3-936486-19-3

Der Verfasser macht in diesem Buch dem Leser bewusst, dass Lebensfreude, Glück und Erfüllung bereits in jedem liegen, wie die mystische Philosophie sowie auch die großen Religionslehrer verkünden. Der Zustand der Freude ist kein Fernziel, kein Endzustand weniger Heiliger, Erleuchteter oder gereifter Persönlichkeiten, sondern kann von allen Menschen hier und jetzt erfahren werden, wenn sie bereit sind, sich vom selbstgeschaffenen seelischen Ballast zu befreien. Diese Lebenskunst anzuwenden, die vom Lebenskampf zur Lebensfreude führt, wird jeden freier, glücklicher und vor allem liebevoller machen. Der im Buch beschriebene Weg der Lebenskunst erfordert keine Vorbildung, ist jederzeit möglich, wo immer man steht. Wenn die wenigen einfachen Regeln und Methoden dieser Kunst angewendet werden, werden Lebensaufgaben fortan mit Freude statt mit Leid ausgeführt, um geradezu „unverschämt glücklich" zu sein. Denn Glück und Unglück liegen einzig im Geist, und was ist wichtiger, als glücklich und lebensfroh zu sein?

Die Geburt des wahren Selbst im Menschen
Die Botschaft Jesu für unsere Zeit im Lukasevangelium
Konrad Dietzfelbinger

Hardcover, 520 Seiten, ISBN 978-3-936486-28-5

Schon wenige Jahrzehnte nach Jesus ist vergessen worden, dass das Christentum ein spiritueller Weg ist, auf dem das Ebenbild Gottes, das der Mensch seinem tiefsten Wesen nach ist und das unter dem falschen, ichbezogenen Wesen des Menschen zu ersticken droht, wieder zum Leben erweckt wird. Jesus selbst hat diesen Weg vorgelebt. Verankert in den göttlichen Kräften, hat er das wahre Selbst, das Reich Gottes, in dem Maße zur Erscheinung gebracht, wie er das unwahre Selbst – die pharisäische Selbstgerechtigkeit und die dämonischen Kräfte des Macht-, Ehr- und Besitzstrebens – erkannte und dadurch entkräftete und erlöste. Die Schüler Jesu vollzogen diesen Weg in den Kräften ihres Meisters nach. Alle Wunder, Ereignisse, Aussprüche in den Evangelien sind Stationen einer genau strukturierten inneren Entwicklung. Wer das Lukasevangelium unter dieser Perspektive liest, erlebt wie in einem Vorgeschmack den spirituellen Weg Jesu und seiner Schüler, der auch sein Weg werden kann.

Die universelle Botschaft der Mystik
Mystische Wahrheiten aus 4 Jahrtausenden
René Bütler

Taschenbuch Edition „unio mystica", 356 Seiten, ISBN 978-3-86616-080-4

Zu allen Zeiten haben begnadete Menschen durch mystische Erfahrungen Wahrheiten erkannt, die in einem beeindruckenden Einklang stehen und daher als unbezweifelbar und ewig gültig betrachtet und bezeichnet werden können. Taoistische, hinduistische, buddhistische, altägyptische, altgriechische, parsische, jüdische, christliche und islamische Weisheitslehrer haben der Menschheit die Botschaft der Mystik überbracht, die auch in den heiligen Schriften aller Hochreligionen zu finden ist. Sie enthält Antworten auf die Fragen nach Ursache, Sinn, Zweck und Ziel des Universums, des Lebens und des persönlichen Daseins. Ihre Überzeugungskraft wurzelt darin, dass sie dem ewigen Urgrund entspringt, den wir das Göttliche nennen. Ihre Aussagen stehen nicht im Widerspruch zu den Erkenntnissen der modernen Naturwissenschaft und der Psychologie. Zum besseren Verständnis der Texte hat der Autor diese erklärt und interpretiert. Dieses Taschenbuch ist eine Fundgrube und ein spiritueller Schatz, der, wenn er gehoben wird, den Menschen auf dem Weg nach innen mit einer Fülle von Weisheit, Erfahrungen und Erkenntnissen bereichert.

Der Mut auf den Grund zu gehen
Von der Unerschrockenheit der Mystik
Hans Torwesten

Taschenbuch Edition „unio mystica", 288 Seiten, ISBN 978-3-86616-081-1

Die Mystiker besaßen stets den Mut, der Welt, dem Ich und sogar Gott auf den „Grund" zu gehen. Im Westen wurden sie bei der Verwirklichung dieses Grundes von den Kirchen nicht unterstützt. Da sich heute viele Strukturen der Gesellschaft auflösen und ein naives Gottvertrauen nicht mehr selbstverständlich ist, ist es existentiell notwendig, sich auf unseren ureigensten Grund zu besinnen. Anhand vieler Beispiele sowohl der westlichen als auch der östlichen Mystik macht dieses Buch Mut, den „Sturz aus den Festigkeiten" (Karl Jaspers) zu wagen und das Unzerstörbare zu entdecken. Eine große geistige Spannweite jenseits aller Dogmatik, von den Upanishaden bis zu modernen Existenzphilosophen, führt zum Kern der Mystik. Es geht nicht um theologische Diskussionen, sondern um ein neues Grundvertrauen, das nicht von Äußerlichkeiten wie Status, Beruf und Geschlechterrollen abhängig ist. Die Wirkung dieses Buches wird unterstützt durch einen lebendigen sprachlichen Ausdruck, gute Lesbarkeit und Übersichtlichkeit durch viele Zwischentitel.

Mit Buddha auf dem Pfad der Weisheit
Die Übung des Alltags als spirituelle Aufgabe
Max Lang

Paperback, 216 Seiten, ISBN 978-3-86616-100-9

Ist die Lehre des Buddha mit der Rede von Gott vereinbar? Muss, wer sich spirituell zum Osten hin orientiert, auf seine christlichen Wurzeln verzichten? Dieses Buch bietet in der Antwort auf diese Fragen einen völlig neuen Ansatz. Es geht über einen bloßen Vergleich zwischen Jesus und Buddha hinaus. Zunächst erwartet den Leser eine kompakte und profunde Darstellung dessen, was wir mit Gott bezeichnen, und den Lehren der „Fahrzeuge" des Buddha. Daraus kann der Autor die Verbindungslinien der beiden Weisheiten bis hin zu einer gemeinsamen Essenz aufzeigen. In einem eigenen Abschnitt finden sich konkrete Beispiele zur spirituellen Gestaltung und Bewältigung des Alltags. Anstelle trockener Erörterungen hat der Autor das Buch hier mit einer unverwechselbar persönlichen Note versehen.

Jesus – ganz Mensch und ganz Gott
Leben und Lehre Jesu für unsere Zeit
Michael Casey

Taschenbuch Edition „unio mystica", 384 Seiten, ISBN 978-3-86616-120-7

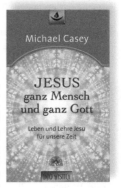

Schon die frühen Kirchenväter – insbesondere der östlichen Traditionen – lehrten, dass wahres christliches Leben weniger in dem Bestreben besteht, ein guter Mensch zu sein, als vielmehr darin, die eigene göttliche Wesensnatur zu verwirklichen. Das Wirken des Heiligen Geistes im Menschen geht weit über die Erneuerung seiner Moralvorstellungen hinaus. Basierend auf dieser für viele Menschen heute noch revolutionären Auffassung ergründet Michael Casey das Leben und die doppelte Wesensnatur Jesu, wie sie im Markusevangelium geschildert werden. Er überträgt sie auf unser Leben und in unsere heutige Zeit und vermittelt dem Leser dadurch ein viel tieferes Verständnis für sein eigenes Menschsein als genau dem Mittel, das ihn an dem kostbaren Geschenk göttlichen Lebens in und durch Jesus Christus teilhaben lässt. Casey selbst rät seinen Lesern: „Lesen Sie mit Bedacht, und seien Sie auf Überraschungen gefasst."

Der Seele Grund
Meister Eckhart und die Tradition der Seelenlehre
Peter Reiter

Paperback, 562 Seiten, 49,80 €, ISBN 978-3-88479-807-2

Die Frage nach der Seele und ihrem Grund ist eine der elementarsten und ältesten Fragen. Trotz der modernen Metaphysikkritik konnte deren dauernde Aktualität nicht wegdiskutiert werden, sie stellt sich für das gegenwärtige Denken in neuer Dringlichkeit. Die vorliegende Arbeit wendet sich einem faszinierenden Denker zu, der die generelle Frage in den Bereichen Philosophie, Theologie und Mystik in umfassender Ganzheitlichkeit aufgeworfen hat. Nach einer Übersicht über die Bedeutung Eckharts für unsere Zeit wendet sich der Verfasser zunächst der Tradition der Seelenlehre (Platon, Neuplatonismus, Stoa, Augustinus, Dionysius, Patristik, den Viktorinern etc. bis hin zu Eckhart) zu und gibt eine Aufschlüsselung der Traditionsströme. Seele und Seelengrund sind Eckharts zentrales Thema. Der Verfasser verfolgt die Thematik quer durch Eckharts Schriften fortwährend bezugnehmend auf die Eckhartinterpretationen. So werden der Zusammenhang der neuzeitlichen Metaphysik des Mittelalters und auch der Antike in vertiefter Form deutlich.

Verlag Königshausen & Neumann GmbH
Postfach 6007 - D-97010 Würzburg
Tel.(0931) 329870-0, Fax 83620, www.koenigshausen-neumann.de